LA VIE

DE LA

VÉNÉRABLE ALIX LE CLERC

en Religion

Mère Thérèse de Jésus

FONDATRICE

DES RELIGIEUSES DE LA CONGRÉGATION DE NOTRE-DAME

CHANOINESSES RÉGULIÈRES DE SAINT-AUGUSTIN

PAR LE

Révérendissime Père Dom J.-B. Vuillemin

CHANOINE RÉGULIER DE LATRAN

ABBÉ DE NOTRE-DAME DE BEAUCHÊNE

> *Le zèle de l'instruction est le sujet
> de ma vocation. (Devise de la Vén.)*

Se vend au profit d'une école libre

Société Saint-Augustin	Congrégation de Notre-Dame
Desclée, De Brouwer et Cie	Maison du Roule
LILLE — PARIS	22, Rue Vergote, 22
BRUGES - BRUXELLES	BRUXELLES

LA VIE

VÉNÉRABLE ALIX LE CLERC

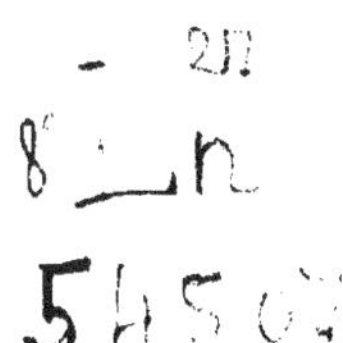

LA VÉNÉRABLE ALIX LE CLERC,
EN RELIGION MÈRE THÉRÈSE DE JÉSUS

LA VIE

DE LA

VÉNÉRABLE ALIX LE CLERC

en Religion

Mère Thérèse de Jésus

FONDATRICE

DES RELIGIEUSES DE LA CONGRÉGATION DE NOTRE-DAME

CHANOINESSES RÉGULIÈRES DE SAINT-AUGUSTIN

PAR LE

Révérendissime Père Dom J.-B. VUILLEMIN

CHANOINE RÉGULIER DE LATRAN

ABBÉ DE NOTRE-DAME DE BEAUCHÊNE

Le zèle de l'instruction est le sujet
de ma vocation. (*Devise de la Vén.*)

Société St-Augustin, Desclée, De Brouwer et Cie

LILLE — PARIS — BRUGES

A SON ÉMINENCE LE CARDINAL MERCIER,

ARCHEVÊQUE DE MALINES, PRIMAT DE BELGIQUE

Namur, le 25 décembre 1909,

*Anniversaire de la naissance de la Congrégation
de Notre-Dame.*

ÉMINENCE,

*Prié de composer, à l'usage de la jeunesse, une vie
de la vénérable Mère Alix le Clerc, fondatrice
de la Congrégation de Notre-Dame, j'étais invité
en même temps à la dédier à Votre Éminence.*

*Je signale cette invitation pour ne pas m'attri-
buer exclusivement cette initiative ; je la déclare
superflue, tant elle prévenait mes désirs et s'imposait par les circonstances.*

*A une heure douloureuse pour les ordres reli-
gieux en France, vous avez bien voulu, Monseigneur, accueillir dans votre diocèse plusieurs
communautés de la Congrégation de Notre-Dame,
avec une bienveillance toute paternelle qui les a
vivement touchées et dont elles garderont à jamais
un souvenir reconnaissant. Le petit volume qui
raconte la vie de leur fondatrice ira vous bégayer
leur profonde gratitude.*

*Vous déployez, Monseigneur, un zèle parti-
culier pour l'éducation de la jeunesse, persuadé
que vous êtes de sa souveraine importance. La
biographie de la vénérable Mère Alix qui avait
pour devise :* Le zèle de l'instruction est le sujet de
ma vocation, *s'en va donc comme naturellement
vers Votre Éminence solliciter une bénédiction*

spéciale avant de prendre son essor dans le monde et tenter d'y faire quelque bien.

Enfin, Monseigneur, vous avez pour titre cardinalice Saint-Pierre-aux-Liens, c'est-à-dire l'église même de la maison généralice des chanoines réguliers de Latran. J'ai donc l'honneur d'être un peu vôtre ; vôtre est également mon héroïne. Et si un de mes vénérés confrères de Rome a pu, pour cette raison, dédier à Votre Eminence une vie du bienheureux Jean Ruysbræck, ce mystique admirable, la gloire de votre diocèse, je me garderai bien, chanoine régulier fixé en Belgique, de dédier à un autre qu'à l'éminent titulaire de la Basilique eudoxienne, la vie de la fondatrice des religieuses de la Congrégation de Notre-Dame, chanoinesses régulières de Saint-Augustin dont vous avez bien voulu accueillir les enfants. Elle retrouvera d'ailleurs auprès de vous un membre de sa famille religieuse, puisque votre église cathédrale est dédiée à un chanoine régulier, saint Rombaut.

Daigne pour ces raisons Votre Eminence donner une bénédiction particulière au modeste travail que vous présente, au nom d'une maison de Notre-Dame que vous protégez, et en son nom personnel, celui qui a l'honneur d'être,

Monseigneur,

De Votre Eminence

Le très humble et très obéissant serviteur.

Dom J.-B. Vuillemin.
Ch. rég. de Lat.
Abbé de N.-D. de Beauchêne.

ARCHEVÊCHÉ
DE
MALINES.
—❋—

Malines, le 9 janvier 1910.

MON RÉVÉRENDISSIME PÈRE,

La Congrégation de Notre-Dame m'est, en effet, bien chère à plus d'un titre. Les filles de saint Pierre Fourier, sous la direction de la révérende Mère St-Charles, font dans mon diocèse un bien considérable et l'esprit de simplicité religieuse qui les anime édifie toutes les personnes qui sont témoins de leur zèle ou qui ont l'heureuse fortune d'entrer en contact avec elles.

Vous semblez considérer comme un acte de bienveillance de ma part l'accueil fait à ces humbles filles dans le diocèse que je dirige ; vous qui les connaissez et qui voyez à quel point elles ont conservé l'esprit de leur vénérable fondatrice, vous comprendrez qu'un évêque qui a la mission d'encourager la foi religieuse et de promouvoir, aujourd'hui surtout, l'enseignement populaire, est véritablement leur obligé.

Je m'en rends compte, mon révérend Père ; aussi est-ce par reconnaissance autant que par dévouement que je me fais un devoir et une consolation de patronner les filles de saint Pierre

Fourier et de la vénérable Mère Alix le Clerc et de les recommander spécialement à Dieu.

L'ouvrage que vous éditez : « La Vie de la vénérable Alix le Clerc » fera connaître davantage en Belgique la Congrégation de Notre-Dame et ce sera tout profit pour la gloire de Dieu, pour la cause de l'instruction populaire et pour le progrès de la vie religieuse.

Votre livre, dont j'ai lu avec un vif intérêt plusieurs chapitres, est bien fait pour favoriser ces desseins élevés.

J'en accepte très volontiers la dédicace et vous remercie d'avoir eu l'attention délicate de me l'offrir. Les chanoines réguliers de Latran sont presque mes fils spirituels et c'est de tout cœur que j'étends vers eux mes désirs de paternité.

Que Dieu bénisse votre livre, mon révérend Père, et lui accorde une large diffusion. Je le lui demande dans l'intérêt des âmes et pour votre récompense que vous méritez si bien.

Agréez, mon révérendissime Père, l'assurance de mes sentiments reconnaissants et dévoués en N. S. J.-C.

D. J. Card. MERCIER, *arch. de Malines.*

PROLOGUE

En envoyant ses apôtres dans le monde entier, Notre-Seigneur leur avait dit : *Voici que je suis avec vous tous les jours jusqu'à la consommation des siècles.*

N'est-il pas intéressant de constater, à la lecture des annales du monde, la réalisation de cette prophétie grave, précise et solennelle, de suivre, au cours des siècles, l'action incessante de Jésus-Christ dans son Église, et de voir comment, aux diverses périodes de son histoire, alors que le démon diversifie ses attaques contre elle, le Sauveur diversifie les moyens propres à la défendre ? On reconnaît alors avec joie l'intervention de Dieu dans la mêlée des événements ; on admire la sagesse de ses voies ; on le bénit de l'accomplissement de ses promesses. Qu'une telle étude est autrement attachante que les mille vaines questions du jour ! Faite avec une diligente attention, elle affermit la foi, augmente la confiance et avive dans le cœur l'amour pour le divin Maître et pour la sainte Église, son épouse, car, disait la bienheureuse Jeanne d'Arc, « c'est tout un de Notre-Seigneur et de l'Église. »

Ces réflexions consolantes se présentent à l'esprit et ces sentiments d'amour jaillissent du cœur, à mesure que l'on voit se dérouler les grandes périodes de l'histoire. Cet éveil se produit d'une manière fort accentuée quand, au seizième siècle, on voit surgir la pléiade des ordres enseignants. Il est naturel de se demander quelle est l'utilité de ces nouveaux instituts à l'époque où ils apparaissent, et comment leur éclosion se rapporte au plan divin. La réponse est dans les faits.

« *Quand de redoutables maladies se répandent, on voit paraître les ordres d'infirmiers; quand les mœurs se dépravent et que le scandale menace de tout envahir, viennent les ordres pénitents ; quand les troupes musulmanes menacent la chrétienté, surgissent les ordres militaires et ceux de la rédemption des captifs ; quand l'hérésie cherche à fausser l'enseignement divin, on voit se lever, pour le défendre, d'illustres champions portant au front la triple auréole de la science, de la sainteté et du génie, tantôt isolés, tantôt entraînant après eux des légions de combattants qui poursuivent la lutte commencée. A la fin du XVIe siècle, l'invention de l'imprimerie et la diffusion des livres ayant mis l'erreur à la portée des multitudes, il devenait nécessaire de prémunir le peuple par une instruction plus étendue et une éducation plus soignée. Dieu pourvut à ce besoin en faisant naître les ordres enseignants (1).*

Les Jésuites organisèrent de nombreux et florissants collèges où les jeunes gens pouvaient recevoir le bienfait de l'éducation et de l'instruction. L'apostolat fécond qu'ils exerçaient faisait naître tout naturellement l'idée d'une œuvre semblable pour les enfants du premier âge, et spécialement pour les jeunes filles, parce qu'elles étaient plus délaissées. Saint Pierre Fourier, entre autres, disait souvent : « Ah ! si l'on pouvait aussi trouver quelqu'un qui eût assez de zèle et de courage pour engager des personnes de l'un et de l'autre sexe à travailler gratuitement à l'instruction des petits enfants, dès que le premier usage de la raison les en rend capables, quel bien on ferait ! Par là on graverait la crainte et l'amour de Notre-Seigneur

1. L'abbé BARTHÉLEMY : *Histoire du B. P. Fourier.*

dans ces tendres esprits qui, comme une cire molle, en recevraient aisément toutes les impressions » (1).

Deux congrégations spécialement vouées à l'instruction gratuite de l'enfance, voilà donc ce que rêvait saint Pierre Fourier. Aujourd'hui elles abondent, mais alors il n'y en avait aucune. Le vœu de Fourier révèle donc autant l'intuition d'un esprit supérieur que le zèle d'un apôtre de l'enfance. Pour nous en convaincre, rappelons quelques dates.

Saint Vincent de Paul, contemporain de Fourier, institue bien les Filles de la Charité, mais ce n'est qu'en 1634.

Un autre de ses contemporains, saint François de Sales, son émule en douceur et en bonté, fonde bien la Visitation ; mais l'éducation n'est pas le but de cette congrégation, même après qu'on lui a imposé la clôture, et si plus tard des maisons acceptent cette œuvre, c'est par nécessité ou de vivre ou de se recruter. Et d'ailleurs la Visitation n'apparaît qu'en 1610.

Françoise de Bermond, surnommée la première Ursuline de France, Mme Acarie et Mme de Sainte-Beuve fondent à Paris une maison de religieuses ursulines qui, par un quatrième vœu, s'engagent à donner l'éducation aux jeunes filles ; mais c'est également en 1610.

A Bordeaux la bienheureuse Jeanne de Lestonac, nièce de Montaigne et veuve du marquis de Montferrand, établit les Filles de Notre-Dame sous la protection du cardinal de Sourdis avec un quatrième vœu d'enseigner les filles « à lire, écrire, travailler de l'aiguille et tout ce qui leur est bienséant d'apprendre et de savoir et de plus

_____

1. DORIGNY : *Histoire de l'institution de la Cong. de N.-D.*

couler et instiller dans leurs âmes les principes de la foi
et religion catholique, leur enseignant par cœur le sommaire de la doctrine chrétienne... et tout ce qui est requis
de savoir à une fille bien élevée, attendu qu'étant ainsi
instruites, elles seront préparées contre l'effet de la peste
des hérésies et vices qui ravagent la France »

Leur zèle devra s'attacher aux enfants de la classe
aisée, sans oublier les enfants pauvres. Mais Jeanne de
Lestonac ne fonda sa congrégation qu'en 1605.

Enfin, toujours en remontant le cours des années, nous
rencontrons les fondateurs de la Congrégation de Notre-
Dame et une autre fondatrice, Anne de Xainctonge.

Celle-ci, fille d'un conseiller au Parlement de Dijon,
née dans cette ville deux ans seulement après saint Pierre
Fourier, admirait « le bel ordre » du collège des Jésuites
et se disait : « Pourquoi ne ferait-on pas pour les filles
ce qu'on fait pour les garçons ? » Et, le 29 novembre
1593, elle partait de Dijon pour Dôle, afin d'exécuter
plus facilement son projet. En y arrivant, elle apprend,
non sans surprise et sans bonheur, que les dames pieuses
de la ville terminent une neuvaine au sanctuaire vénéré
de Notre-Dame du Mont-Roland, précisément pour
obtenir « que Dieu inspire de faire pour les femmes ce
qu'il avait inspiré à saint Ignace de faire pour les hommes. » Elle se met aussitôt à l'œuvre et, en 1606, Jean
Moran, évêque auxiliaire de Besançon, approuve le projet
de la Congrégation des Ursulines non cloîtrées et bénit les
premières compagnes d'Anne de Xainctonge. La Congrégation de Notre-Dame, fondée par saint Pierre Fourier
et par la vénérable Mère Alix le Clerc, apparaît à la
même époque. Commencée un peu plus tard que celle des
Ursulines de Dôle, elle reçoit néanmoins un peu plus tôt
l'approbation épiscopale.

En deçà des monts, Pierre Fourier, Alix le Clerc, Anne de Xainctonge sont les précurseurs de l'instruction gratuite; mais, en Italie, saint Joseph Calasanz les a devancés, en établissant dès 1597 des écoles pies pour les petits garçons.

Dans cette page d'histoire il est un détail intéressant à relever, c'est que les trois premières fondatrices d'instituts en faveur de l'éducation des enfants reçoivent leur mission de la très sainte Vierge. C'est elle qui se fait auprès de ces âmes d'élite l'écho de l'appel de Jésus : Laissez venir à moi les enfants. Elle apparaît à Alix le Clerc et lui remet l'Enfant Jésus en lui disant : « Nourris-le-moi jusqu'à ce qu'il soit grand. »

Anne de Xainctonge prie dans l'église de Notre-Dame, devant la statue vénérée de Notre-Dame de Bon-Espoir. Elle tombe dans un anéantissement extraordinaire dont elle est tirée par la vue d'une jeune fille pauvrement vêtue, mais d'un grand air de dignité. Anne ouvre son aumônière pour donner un secours à la solliciteuse. Puis en lui touchant la main, elle comprend que cette jeune fille est la très sainte Vierge elle-même et quand elle sort de l'église, une voix se fait entendre qui lui prédit les épreuves et le triomphe de son œuvre à Dôle.

Jeanne de Lestonac a fait un essai de vie religieuse aux Feuillantines de Toulouse. Mais ce n'est pas là que Dieu l'appelle. Une voix intérieure le lui dit : « Je te réserve, ma fille, d'autres desseins pour ma gloire. » Et au même instant l'enfer s'ouvre devant la servante de Dieu; elle voit sur les portes de l'abîme et prêtes à y tomber, une foule d'âmes qui implorent son secours. Au-dessus de cette scène poignante se détache, souriante et sereine, l'image de Marie dont toute la vie de ferveur et de zèle se reproduit dans celle des nombreuses vierges qui l'ont prise pour modèle et que Jeanne semble conduire. Ces âmes aux portes de l'abîme et qui implorent son appui, Jeanne les sauvera et déjà elle entrevoit les premiers linéaments de l'œuvre qu'elle établira pour leur venir en aide : la Congrégation des Filles de Notre-Dame.

Oui, au commencement du dix-septième siècle, Marie se souvenant de son titre de Mère des hommes que Jésus lui a donné au Calvaire, est descendue trois fois du ciel, en Lorraine, en Franche-Comté, en Gascogne, pour réclamer en faveur de ses enfants, surtout des plus petits et des plus délaissés.

Et, à son appel, des chrétiennes se sont levées, dociles et vaillantes, qui ont pris dans leurs bras ces fragiles créatures et les ont déposées dans les siens, qui ont créé des familles religieuses pour continuer avec elles et par elles ce magnifique mandat. Et ces familles saintes, foyers de vertu et de dévouement, ont, malgré les persécutions de tout genre, traversé les siècles et se sont perpétuées jusqu'à nous.

Aujourd'hui nous prenons l'une de ces âmes apostoliques et, dans un rapide récit, nous la présentons au public et plus spécialement à la jeunesse chrétienne dans le but de la lui faire connaître, aimer, invoquer et imiter : c'est la vénérable Alix le Clerc, en religion Mère Thérèse de Jésus, fondatrice des religieuses de la Congrégation de Notre-Dame (1), chanoinesses régulières de Saint-Augustin (2).

Longtemps des parfums exquis s'échappèrent du tombeau d'Alix ; si ce phénomène a cessé pour son corps, il n'en est pas de même pour son âme. Les parfums continuent de s'en exhaler ; ils semblent même être pénétrés

1 Voir appendice I. — 2. Voir appendice II.

d'une vertu plus profonde. Serions-nous dans l'erreur, en disant qu'après ses filles, les religieuses de Notre-Dame, il appartient surtout à la jeunesse qu'elles élèvent, de les respirer et de les répandre ?

La base de notre travail est la Vie de la Mère Alix, *publiée en 1666 par les religieuses de Nancy et rééditée en 1882 par M. le comte Gandelet. Elle comprend : 1° la* Relation *de sa vie qu'elle écrivit par ordre de son confesseur avant sa profession religieuse, 2° Les* Éclaircissements *de la Mère Angélique Milly, compagne et confidente d'Alix, qui lui succéda comme supérieure à Nancy, 3° divers autres mémoires et 4° quelques opuscules de la Vénérable. Nous avons également utilisé les vies de saint Pierre Fourier, sa correspondance et les vies manuscrites ou imprimées de la vénérable que nous signalons en détail dans notre dernier chapitre.*

Fils soumis et respectueux de la sainte Église catholique, apostolique et romaine, nous adhérons sans restriction à tous ses décrets, notamment aux décrets des papes Urbain VIII et Benoît XIV. Nous n'entendons prévenir d'aucune façon le jugement du Saint-Siège relativement aux titres de saint ou de vénérable que nous aurions pu décerner à certains personnages, pas plus que sur le caractère surnaturel de certaines révélations ou de certains faits réputés miraculeux. En un mot, nous approuvons tout ce que la sainte Église romaine approuve, nous condamnons tout ce qu'elle condamne. C'est dans ces dispositions que nous voulons vivre et mourir.

LA VIE DE LA VÉNÉRABLE ALIX LE CLERC

CHAPITRE PREMIER

REMIREMONT

1576-1595

Naissance d'Alix à Remiremont. — Education. — Portrait.
— Luttes. — Maladie. — Lecture providentielle. — Confession. — Premier appel de Marie.

FLEUR SPIRITUELLE — *Célébrer pieusement chaque année l'anniversaire de son baptême par la réception des sacrements et la rénovation des vœux.*

Au commencement du VII siècle, vers l'an 615, saint Romaric, docile aux conseils de saint Amé, s'était enrôlé à Luxeuil, cette pépinière franc-comtoise de saints, sous la règle de saint Colomban. Par suite de divergences de vues avec saint Eustase qui dirigeait alors l'abbaye, Amé et Romaric se retirèrent sur le mont Habend, dans les Vosges, en un château resté la propriété de saint Romaric. Là, ils fondèrent deux monastères, l'un de femmes et l'autre d'hommes qui, plus tard, descendirent dans la plaine arrosée par la Moselle. Au onzième siècle, le monastère de femmes devint un chapitre fameux de chanoinesses séculières. Princesse du Saint-Empire, l'abbesse jouissait seule du droit de souveraineté sur les bourgeois de la ville, elle battait monnaie et unissait l'épée à la crosse.

Le mont Habend, illustré par les deux fondations monastiques, devint le Saint-Mont, en souvenir des parfums de sainteté qu'y dégagèrent pendant des siècles des légions d'âmes d'élite, et la ville qui se forma à l'entour du monastère devint Remiremont, c'est-à-dire mont de Romaric.

C'est là, dans cette petite ville, à l'ombre de la célèbre abbaye, que vint au monde Alix le Clerc. Remiremont appartenait alors au diocèse de Toul; aujourd'hui il relève de celui de Saint-Dié et renferme cinq à six mille habitants.

Cette enfant de prédilection naquit le 2 février 1576, jour de la Purification de la très sainte Vierge, onze ans après saint Pierre Fourier, dont elle devait être l'active coopératrice, et qu'elle précéda de dix-huit ans dans la tombe.

Son père, Jean le Clerc, originaire de Hymont, alors annexe de la paroisse de Mattaincourt, et sa mère, Anne Sagay, de Remiremont, étaient, dit la Mère Angélique Milly, « signalés, honorables et des meilleures familles de ces quartiers-là, et surtout vertueux et craignant Dieu » (1). Aussi se montrèrent-ils empressés de faire administrer le sacrement de baptême à leur fille le jour même de sa naissance. Cette obéissance aux prescriptions si sages de l'Eglise touchant la prompte administration de ce sacrement, conféré d'ailleurs sous les auspices de la Vierge Marie, était de nature à faire descendre sur les parents et sur l'enfant la bénédiction d'en haut. La jeune Alix conçut et garda toute

---

1. *Eclairc.*, p. 79.

sa vie pour le mystère de la Purification une véritable dévotion. Née ce jour-là, elle avait été ce
jour-là donnée à Jésus et à Marie. Ses parents le
lui rappelaient souvent. Heureuses les âmes qui n'oublient pas la date bénie de leur baptême et qui en
marquent chaque année le retour par des exercices
de piété particuliers, surtout par la rénovation des
vœux aux fonts sacrés et, s'il est possible, aux
fonts mêmes où elles ont reçu la grâce de la régénération. Combien sages les parents qui rappellent ces devoirs et inspirent ces sentiments à leurs
enfants! Alix fut formée à la piété et reçut une
éducation conforme à son rang, c'est-à-dire telle
qu'on la donnait aux meilleures familles du pays.

« Elle était d'un naturel doux et accommodant,
d'un abord agréable, avec une modestie qui donnait de l'admiration, accompagnée d'une certaine
gravité, grâce et douceur qui la faisaient craindre
et aimer. Sa présence donnait du respect et de la
retenue à ceux qui conversaient avec elle, même
avant sa donation plus entière à Dieu. Elle était
grande, droite et bien faite, la taille et le port excellents, un peu blonde, le teint blanc et délicat,
les yeux bleus, le nez assez long, la bouche belle
mais un peu plate, l'esprit et le jugement bons,
fort retenue et avisée en ses paroles, d'une humeur tranquille et toujours égale » (1).

Toutes ses actions jusqu'aux plus indifférentes

1. *Eclaire.*, p. 80.

étaient si bien réglées aux yeux de tous qu'elle paraissait avoir quelque chose de divin et de surnaturel. Même étant encore chez ses parents, à Remiremont et à Hymont, lorsqu'elle allait à l'église, les personnes sortaient de leur logis pour admirer sa modestie : « Allons voir, disaient-elles, la fille de M. le Clerc ; il semble voir une vierge descendue du Paradis » (1). C'est là un magnifique éloge. Que ne peut-on l'appliquer à toutes les jeunes filles ! Elles pourraient exercer ainsi une douce et irrésistible influence autour d'elles. L'admirable apostolat que l'apostolat de l'exemple ! Quel charme et quelle puissance il a sur les âmes, tout en étant plus facilement à l'abri de la vanité que celui de la parole ou des œuvres !

Hélas ! ces qualités mêmes constituaient un danger pour Alix. Parée des avantages de la naissance, de la nature et de l'éducation, Alix aimait le monde et en était aimée. Elle était recherchée dans les meilleures sociétés. Les jeunes filles se disputaient à l'envi son amitié, et une fête n'était pas complète, si Alix le Clerc n'en faisait pas partie. Elle était, on le voit, sur une pente dangereuse, où pouvaient la faire glisser et le goût des distractions, et l'amour de la vanité, et l'accueil empressé de ses compagnes.

Mais si Alix était recherchée du monde, elle l'était plus encore du ciel, qui voulait cette âme

____

1. *Rem.*, p. 229.

d'élite. De là entre elle et Dieu une lutte prolongée avec ses diverses péripéties. Elle avait dix-neuf ou vingt ans, le bel âge pour aimer Dieu, si tous les âges n'étaient pas propres à cet amour. Dieu lui envoya une fièvre continue et, au cours de cette maladie, il fit tomber entre ses mains un livre qui devait avoir sur elle une action décisive. C'était un recueil d'histoires tragiques de malheureux aux- quels la fausse honte avait fermé la bouche au tri- bunal de la pénitence. La future fille d'Augustin revenait à Dieu par le même moyen que le saint législateur de la vie canoniale : elle, de la région de la tiédeur; lui, de la région de la mort. Obéis- sant à la voix intérieure, comme Augustin à la voix céleste : *Tolle et lege; tolle et lege* : Prends et lis, elle prit le livre, le lut et en fut frappée. Dès qu'elle alla mieux, animée déjà de ce zèle apostolique qui l'embrasera plus tard, elle fit partager à ses plus intimes compagnes ses craintes de l'enfer. Mais elle ne s'en tint pas là. Elle sut donner à ce commence- ment de la sagesse son complément nécessaire : elle emmena avec elle ses amies à confesse. A l'apos- tolat de l'exemple, elle joignait maintenant celui de la parole et des œuvres. L'apôtre apparaissait et s'essayait (1).

« Cette confession, dit Alix, fut la seule bonne durant ces vingt ans. » Pieuse et évidente exagé- ration que nous retrouvons sur les lèvres d'une

1. *Rel.*, II.

sainte Thérèse et d'un saint Louis de Gonzague, et qui ne peut égarer le jugement du lecteur sur l'état spirituel de la Vénérable, pas plus que sur les fautes de sa jeunesse. Elle se déclare « très indigne de recevoir aucune des grâces de Dieu, mais beaucoup plutôt (digne) de l'enfer pour tant de péchés qu'elle a commis dans le temps où elle demeurait dans le monde ».

Elle relève « tant d'offenses, tant de négligences à coopérer à la grâce de Dieu... Si le Seigneur voulait exécuter en rigueur sa justice, je n'aurais de quoi répliquer. Je tremble et je rougis assez souvent, quand je me tiens en cette considération devant lui » (1).

Qu'étaient donc ces fautes d'Alix? Les sœurs de Nancy répondent : « Quelques complaisances dans les récréations usitées parmi la jeunesse, aux vanités des habits et aux divertissements des compagnies, quelques lenteurs à suivre les inspirations qui l'appelaient à une vie plus parfaite et quelques manquements à correspondre à la grâce du Saint-Esprit », en un mot « de ces fautes que les âmes moins éclairées et moins avancées dans l'amour de Dieu estimeraient légères ». Tant il est vrai que « c'est le propre des saintes âmes d'appréhender grandement les plus petites fautes et de faire de plus rudes pénitences pour des défauts auxquels le commun ne daignerait penser, que les autres

____

1. *Rel. Dédicace*.

n'en feraient pour leurs plus grands péchés » (1).
Alix jugeait sa conscience à la lumière dont Dieu
ne cessa de l'inonder au cours des années suivantes.
Et voilà pourquoi elle voyait ses fautes si graves
et sa pénitence si imparfaite.

Et cependant, dit Alix, « cette confession ne fut
pas suffisante pour me retirer des péchés et vanités que je commettais, parce que j'étais tout igno-
rante et il n'y avait point de gens d'église pour instruire à la vertu » (2).

Alix pouvait emprunter le langage de son illustre devancière, sainte Thérèse : « Pour m'aider à
tomber, je n'avais que trop d'amis ; mais pour me
relever, je me trouvais dans une effrayante solitude... Je tombais, je me relevais faiblement sans
doute, puisque je retombais encore. Me traînant
dans les plus bas sentiers de la perfection, je ne
m'inquiétais presque pas des péchés véniels... Je
ne jouissais point de Dieu et je ne trouvais
pas de bonheur dans le monde... Je voyais bien
que mon âme était impure, mais je ne pouvais
comprendre en quoi » (3).

Le cas d'Alix n'est point certes un cas isolé. Que
d'âmes s'étiolent, parce qu'elles négligent de s'instruire aux choses de la doctrine ou de la piété
chrétienne ; ou ne rencontrent pas la direction

---

1. *Avis des relig.*
2. *Rel.*, III.
3. *Vie de sainte Thérèse.*

sacerdotale pour les maintenir au chemin de la vertu! Privée d'un guide, l'âme s'écarte graduellement
de la véritable voie.

Encore si l'âme avait pour la retenir sur la pente glissante des plaisirs mondains les deux freins
dont disposait Alix. « Tout ce qui était meilleur
en moi pour lors, dit-elle, était que j'aimais l'honneur; je retenais mes actions de légèreté en compagnie et je cachais tant que je pouvais mes actions vaines de jeunesse. J'avais quelque dévotion
à Notre-Dame et à sainte Anne, en sorte que j'é-
tais estimée pour sage et dévote, selon le monde » (1).

Que l'exemple des dangers courus par Alix dans
ses rapports extérieurs apprenne aux jeunes filles
à redouter ces périls que le monde s'efforce de
dissimuler et d'atténuer, à le fréquenter le moins
possible et, s'il faut pourtant l'affronter quelquefois, à ne jamais le faire qu'en s'armant du bou-
clier de la prudence chrétienne. Autrement ce sont
des ruines qui se préparent pour un prochain avenir.

Dieu vint au secours de sa servante en lui envoyant un songe : « En dormant, dit-elle, souvent
les choses qui me doivent arriver me sont repré-
sentées tant à mon égard, que celles qui touchent
notre congrégation : cela me met en peine de quelque tromperie, encore que je n'y ajoute point de

1. *Rel.*, III.

foi. Mais souvent cela m'est un indice qu'elles pourront arriver en la forme que je les ai vues. Je les recommande à Notre-Seigneur, afin qu'il en fasse ainsi qu'il lui plaira » (1).

Dieu est le maître de choisir ses modes de communication. Et ce mode des songes, il l'a employé plus d'une fois, soit dans l'ancien, soit dans le nouveau Testament. Qui ne se souvient des songes de Jacob, du Joseph de l'ancienne loi, du Joseph de la loi nouvelle? Alors ces songes, comme dit Bossuet, sont « de ceux que Dieu même fait venir du ciel par le ministère des anges, dont les images sont si nettes et démêlées, où l'on voit je ne sais quoi de céleste. »

Voici ce songe révélateur : « Depuis cette confession, dit Alix, une fois en dormant, il me sembla que j'étais en l'église de ladite ville dédiée à Notre-Dame, où j'entendais la messe, et qu'allant à l'offrande, j'aperçus la Vierge au coin de l'autel avec un habit tout semblable au nôtre. Je m'arrêtai loin d'elle, ne m'osant approcher à cause de mon indignité; ce que voyant, elle m'appela disant : « Viens, ma fille, et je te recevrai, parce qu'étant en péché, tu as fait chose agréable à mon Fils de te confesser. » Encore que pour lors je réputasse cela pour un songe, je me résolus toutefois d'être beaucoup plus dévote à Notre-Dame et de me confesser plus souvent » (2).

1. *Rel.*, XLIII.
2. *Rel.*, IV.

Alix remplissait ses devoirs, allait à confesse, aimait la sainte Vierge, passait pour dévote, oui, sans doute, mais Dieu voulait davantage et la jeune fille hésitait.

« Dès lors, écrit-elle, j'avais l'âme fort triste parmi les vanités et avais une certaine inclination de sortir de Remiremont, où j'avais tant de compagnie et de jeunesse. Il arriva une occasion que Notre-Seigneur suscita, par sa providence divine, pour le salut de mes père et mère et de toute la famille : car ils sont morts, étant en la grâce de Dieu, comme j'ai bonne espérance par l'heureuse fin qu'ils ont faite, de quoi je le bénis. Mon père avait une maladie qui traînait en longueur; on lui conseilla d'aller prendre l'air natal pour le recouvrement de sa santé, à quoi il se résolut et il alla avec toute sa famille demeurer en un village (qui était dépendant de la cure de Mattaincourt) d'où il était natif et où il avait commodité de vivre et de s'arrêter autant que bon lui semblerait » (1).

Ce village était Hymont.

Alix quitta Remiremont avec la plus grande joie, pensant du même coup quitter le monde au milieu duquel elle s'ennuyait sans en savoir la cause. C'était au printemps de l'année 1595. Alix était dans sa vingtième année.

1. *Rel.*, V.

CHAPITRE II

HYMONT-MATTAINCOURT

1595

La petite Genève. — Installation de Fourier comme curé de
Mattaincourt. — Triple appel du démon à Alix. — Résolution
d'Alix. — Vœu. — Confession générale. — Vision d'une procession et d'un berceau. — La pureté première. — Les
trois états d'âme.

FLEUR SPIRITUELLE. — *Imiter la grande modestie d'Alix en
qui l'on semblait voir une vierge descendue du ciel.*

Alix avait quitté sa ville natale, mais n'avait pas
eu encore la force de se quitter complètement elle-
même. Et cependant tout était là pour elle. Or, le
milieu où elle fixait son séjour était encore moins
favorable que Remiremont pour la disposer à cette
mesure énergique et salutaire. A cette époque Mattaincourt, dont Hymont n'était alors qu'une annexe,
« était peuplé d'un si grand nombre d'habitants et
tellement fourni de tous biens qu'il pouvait être
préféré aux meilleures bourgades du pays et com-
paré à plusieurs petites villes » (1). Il renfermait
de bons laboureurs, des artisans de diverses pro-
fessions, des marchands en gros et en détail de toute sorte d'étoffes, même d'or, d'argent et de soie,

1. J. BEDEL : *La vie du Très Révérend Père Pierre Fourier,
dit vulgairement le Père de Mattaincourt, réformateur et général
des chanoines réguliers de la Congrégation de Notre-Sauveur et
instituteur des religieuses de la Congrégation de Notre-Dame*
Seconde édition.

confectionnées en partie dans le pays et spécialement
de dentelles, dont le débit était considérable. Mais
si l'abondance était au foyer, la disette était dans les
âmes par le contact avec l'hérésie. Des négociants
de Bâle et de Genève se rencontraient à Mattaincourt comme en une station commode. Les habitants eux-mêmes, entraînés au trafic, allaient porter leurs draps et leurs dentelles dans la Rome
protestante et ils « ne manquaient pas d'en rapporter toujours quelque lèpre » (1). En même temps
que le commerce matériel il se produisait un af-
freux commerce d'ignorance, d'erreur et de désordres. On ne connaissait plus les mystères de la
religion, ni les maximes les plus élémentaires de
la morale. Il y avait plus de vices à corriger
que de vertus à imiter. L'hérésie y pénétrait, l'a-
théisme et le libertinage y régnaient; la messe ne
s'entendait qu'à de rares intervalles; à peine se
confessait-on à Pâques; les fêtes étaient profanées,
les autels dépouillés, l'église déserte. Les cabarets,
au contraire, regorgeaient tous les jours de monde; on y passait son temps à jouer ou à s'enivrer.
En un mot, Mattaincourt avait poussé si loin ses
excès que, dans tout le voisinage, on l'appelait la
Petite Genève (2).

Pareille atmosphère n'était guère favorable à la
santé spirituelle d'Alix. A Hymont, les compagnies
l'environnèrent comme à Remiremont. La vanité et

1. J. BEDEL.
2. J.-B. PIART. *Vie manuscrite de Pierre Fourier.* liv. II.

les plaisirs du monde exercèrent sur elle une tyrannie plus grande encore. « Ce fut, dit Alix, une grâce particulière de Dieu que je ne fusse pas portée à la vocation du mariage, mais j'avais aversion à la sujétion d'un mari. Deux ans se passèrent encore ainsi, jusqu'à ce que Monsieur notre bon père vint être curé de Mattaincourt » (1).

Originaire de Mirecourt, Pierre Fourier, après de brillantes études littéraires et philosophiques à l'Université de Pont-à-Mousson, était entré comme chanoine régulier à l'abbaye de Chaumousey. De nouveaux succès en théologie, remportés aux cours de la même Université, avaient précédé sa promotion au sacerdoce. Entre trois bénéfices qui lui étaient offerts, il avait choisi le plus pauvre sur l'avis de son cousin, le P. Jean Fourier, jésuite.

Il en prit possession le 1er juin 1597, dimanche de la très Sainte-Trinité, apportant aux âmes qui lui étaient destinées la maturité de ses trente-deux ans, la science sacrée et profane, une sainteté déjà fortement expérimentée et un zèle des âmes à toute épreuve.

Il fut heureux de rencontrer une grande solennité pour inaugurer son zèle pastoral : la Fête-Dieu, si aimée et si populaire, la fête des promenades divines et triomphales de Jésus dans son royal domaine. Il orna l'église de son mieux et fit approprier les rues par lesquelles devait passer le très

____
1. *Rel.*, VI.

Saint-Sacrement. Il le porta en procession avec une modestie ravissante et un profond recueillement. Les assistants se montrèrent fort empressés à regarder et à étudier le nouveau pasteur. Tous les yeux étaient sur lui et chacun s'en retourna charmé de sa rare modestie, concluant, dit un Mémoire, qu'ils n'en avaient jamais vu de pareil.

Au retour de la procession, il monta en chaire et prêcha sur la tendresse et le désintéressement de Jésus-Christ dans le sacrement de l'Eucharistie. Ce sermon fut tellement solide et pathétique qu'au bout de quarante ans plusieurs personnes en avaient encore un souvenir plein d'émotion. Après diverses considérations habilement développées, il ajouta : « Comme Dieu se donne aux hommes sous les espèces sacramentelles, sans chercher d'autre intérêt que le bien et le salut de ceux qui le reçoivent, ainsi je me donne à vous en ce jour, non pour l'honneur que j'en puis espérer, ni pour l'attente de vos richesses, mais simplement pour le salut de vos âmes que je suis résolu à sauver, dût-il m'en coûter le sang et la vie. » Il pressa si vivement ces vieux cœurs de roche qu'il y fit une brèche profonde et en tira quantité de larmes, les unes de contrition, les autres de joie d'avoir reçu de Dieu un si bon pasteur (1).

Pierre Fourier « commença à prêcher fêtes et dimanches ; mais, dit la Vénérable, mes oreilles bouchées par la vanité et mon cœur couvert de

1. J. BEDEL, p. 73.

ténèbres ne pouvaient encore recevoir la lumière » (1).

Sous l'impulsion de sa dévotion à Marie, Alix résolut d'aller à confesse à l'une de ses fêtes, probablement la Visitation, et fit appeler le nouveau
pasteur, mais « il n'en eut pas le loisir », évidemment par une permission spéciale de Dieu et par
une exception peut-être unique dans sa vie. Par
suite de cet incident, elle perdit sa dévotion, dont
elle signale d'ailleurs elle-même le peu de solidité.
Mais Dieu ne cessait de poursuivre cette âme, dé-
ployant sa miséricorde à son égard et se mon-
trant jaloux de sa sanctification.

Trois dimanches de suite, elle entendit, pendant
la grand'messe, comme dans les airs, le son d'un
tambour qui lui ravissait les sens. Très attachée
aux vaines affections du monde et fort inclinée à
la danse, elle y prêtait attention. Le dernier dimanche, elle fut ravie hors d'elle-même et vit dans
les airs un démon qui frappait ce tambour et une
bande de jeunes gens qui le suivaient avec grande allégresse. « Reconnaissez, mondains et mon-
daines, le président de vos bals », s'écrie ici un
historien de la Vénérable (2). Elle fut d'autant plus
terrifiée par ce tableau réaliste et peu banal qu'elle
dut s'avouer à elle-même et avoue dans sa *Relation*, « avoir été des plus diligentes à suivre ce

1. *Rel.*, VII.
2 *Vie par un Carme déchaussé.*

démon qui voulait la précipiter dans la perdition ». C'en fut assez. « Je résolus à l'heure même, de n'être plus de cette société... et de faire désormais tout ce que je saurais être le plus agréable à Dieu, quand ce serait pour mourir ».

C'est la même conclusion héroïque que le discours de Fourier prenant possession de la paroisse de Mattaincourt et proclamant sa résolution de servir les âmes de ses paroissiens, dût-il lui en coûter le sang et la vie. Comment ne pas faire ce rapprochement?

Beau spectacle, en vérité, que celui de Pierre et d'Alix, venant se rencontrer sur le théâtre de Mattaincourt, Pierre affamé de procurer la gloire de Dieu, en sauvant les âmes qui lui sont confiées, Alix, pressée de faire tout ce qu'elle sait être de plus agréable à Dieu, héroïques l'un et l'autre au point de sacrifier à cette œuvre et leur sang et leur vie, et prenant tous deux cet engagement, l'un devant son peuple, l'autre devant sa conscience. Dieu va unir ces deux âmes si fortement trempées et de cette union nous verrons jaillir des merveilles.

« Il me sembla, dit la Vénérable, que l'on eût tout ôté ce qui était en mon intérieur et qu'on y eût placé un autre esprit » (1).

C'est ce que le Seigneur avait promis par son prophète à ses serviteurs, de leur ôter leur cœur de pierre et de leur en donner un de chair, c'est-

1. *Rel.*, VIII.

à-dire un cœur capable des impressions de sa grâce et de son amour (1).

L'occasion de montrer sa constance ne tarda pas à se présenter. Contrainte par ses parents à assister à des noces, elle fit en plein banquet et sans consulter personne, le vœu de chasteté perpétuelle (2). C'était un acte dû à un mouvement spécial de Dieu et qu'il serait délicat d'imiter dans les circonstances ordinaires. Puis, de retour au logis, elle se déclara résolue à n'avoir jamais d'autre époux que Jésus-Christ. En conséquence, elle quitta tous ses habits de vanité et se couvrit la tête d'un voile blanc, comme faisaient alors les filles du village, quand elles allaient communier.

Ce changement mit en alarmes ses parents et tout le voisinage, alarmes d'autant plus explicables que la dévotion était nouvelle à Mattaincourt.

Sentant plus que jamais le besoin d'un guide, Alix alla trouver son saint pasteur, c'était la première fois qu'elle le voyait, « pour lui conter ses desseins et faire tout ce qu'il lui dirait être le plus agréable à Dieu ».

Le Bon Père, c'est le nom que le peuple donnait à Pierre Fourier et sous lequel, après trois siècles, il est encore connu en Lorraine, le Bon Père lui conseilla une confession générale. Pensant n'avoir que peu de péchés, elle fit cette

1. *Vie par un Carme déchaussé.*
2. *Rel.,* IX.

confession rapidement. Mais le saint, devinant sans doute une âme d'élite et voulant d'elle une purification plus grande par un aveu détaillé de ses fautes, lui remit en mains un examen de conscience où, reconnaissant ses innombrables péchés, elle en conçut une telle amertume qu'elle les pleurait nuit et jour. Elle reprit donc sa confession plus à fond l'espace de six mois en s'approchant très fréquemment du sacrement de Pénitence (1).

La confession générale de Remiremont avait été suivie d'une manifestation du ciel touchant la vocation d'Alix. Il en fut de même de celle de Mattaincourt. Immédiatement après avoir reçu l'absolution et dans la ferveur de l'action de grâces, il lui sembla voir une procession de personnes vêtues de blanc qu'elle crut être de l'ordre de saint François. En la suivant, elle arriva en un lieu où étaient dressées quatre grosses colonnes, couvertes tout à l'entour d'une belle étoffe. Entre deux de ces colonnes étaient assises sainte Claire et sainte Elisabeth. Elle se présenta à elles, leur demandant laquelle voulait la recevoir pour sa fille. Ni l'une ni l'autre ne la voulurent accepter, mais elles lui montrèrent un objet au milieu des colonnes, en lui disant que c'était là sa vocation. Or, cet objet était un berceau au milieu duquel était plantée comme une tige d'avoine avec ses branches et sa graine. Auprès du berceau était un gros marteau

1. *Rel.*, IX.

de fer qui de soi-même donnait contre cette tige,
toutes les fois que le berceau penchait de côté
et d'autre. Alix en conclut que la vocation où elle
serait appelée aurait à endurer beaucoup de persécutions, mais sans se dissoudre, comme cette tige
d'avoine, en soi fort fragile, que le marteau n'a-
vait pu ni rompre ni briser, et que Notre-Seigneur
la rendrait ferme et stable (1).

A l'époque où Alix complétait sa confession générale, Dieu se chargeait de lui imposer une pénitence capable de solder sa dette, en permettant
qu'elle fût attaquée de grandes tentations sur la
miséricorde de Dieu et sa conciliation avec le péché originel. Mais loin d'y consentir aucunement,
elle offrait à Dieu son corps pour être moulu en
mille pièces, pourvu qu'il rétablît son âme dans
sa pureté première (2).

Dans une vision, il lui fit voir les trois états dans
lesquels peuvent se trouver les âmes, dès cette
vie : état du péché, de la grâce et de la perfection.
Elle comprit que l'état de perfection consiste à
soumettre la chair à l'esprit et l'esprit à Dieu ; qu'il
faut le chercher et l'aimer par-dessus toutes choses et s'attacher uniquement à lui.

Après cette vision, les tentations cessèrent et
Alix se sentit animée d'un grand désir de s'anéantir
elle-même et de « souffrir pour l'amour de Dieu,

1. *Rel.*, XLIV.
2. *Rel.*, X.

parce que, disait-elle, il me semblait que les souffrances poussaient plus divinement vers lui. Oh! combien me paraissaient-elles faciles alors! mais la pratique m'a bien fait changer d'opinion » (1).

Dieu préparait ainsi cette âme à la réalisation des visions dont il voulait la favoriser.

Nous verrons bientôt apparaître le berceau annoncé, le marteau frapper la tige bien des fois, mais elle restera droite et épanouie avec ses graines, signe de fécondité.

1. *Rel.*, XI, XII.

CHAPITRE III

LES DEUX BERCEAUX
Noël 1597

Alix désire la vie religieuse. — Fourier indique les Clarisses de Pont-à-Mousson. — Gante André. — Trois autres jeunes filles. — Œuvres. — Désirs de vie commune. — Nuit de Noël. — Dévotion à l'Enfant Jésus.

FLEUR SPIRITUELLE. — *Ranimer sa dévotion au saint Enfant Jésus, surtout au temps de Noël et le 25 de chaque mois.*

Alix était désormais totalement à Dieu et obéissait avec docilité à ses inspirations. Elle rendait compte à son saint directeur de tout ce qui se passait en elle. Elle s'ouvrit à lui de son grand désir d'être religieuse. L'homme de Dieu suivait attentivement l'action du Très-Haut sur sa pénitente. Il écoutait les détails qu'elle lui donnait sur son intérieur et sur ses bons désirs, la portant toujours aux résolutions et à la pratique des vraies et solides vertus, alors surtout que l'occasion s'en présentait, arrêtant judicieusement les premières ardeurs d'une vocation naissante, lui en représentant les grandes difficultés, l'engageant, puisqu'elle voulait être religieuse, comme chose plus facile et peut-être meilleure, à entrer dans un monastère fondé et bien réglé, plutôt que de s'aventurer en des projets incertains et voués à toutes les lenteurs. Vraisemblablement il voulait éprouver sa constance, ou bien jugeait-il, d'après les apparences humaines, le projet d'Alix d'une exécution difficile, si Dieu n'y apportait son puissant concours, ainsi qu'il le fit par des voies que lui seul connaissait (1).

Comme Alix revenait sur ses désirs de la vie religieuse, Pierre Fourier lui proposa les Clarisses de Pont-à-Mousson. Elle pensa un instant avoir cette vocation. Mais tout s'opposait à ce dessein : la vision où sainte Claire la repoussait, la prompte disparition de son attrait primitif pour cette communauté, l'opposition de ses parents, hostiles à la clôture (2), Dieu surtout qui lui inspirait toujours dans ses prières de « faire une nouvelle maison de religieuses où l'on pratiquerait tout le bien qu'on pourrait. » Et cette inspiration, ce désir « me pressait avec tant de véhémence, ajoute-t-elle, que j'allai incontinent le proposer à notre bon Père, le priant de me laisser déterminer tout cela (3). »

Fourier lui fit de nouvelles objections. Il lui signala notamment la difficulté de trouver des compagnes douées des qualités nécessaires pour un projet si important « et beaucoup d'autres raisons là-dessus. Mais, dit-elle, il me semblait que tout était possible à Dieu, s'il le voulait » (4). Sa confiance fut récompensée. Au bout de six semaines, une première compagne vint à elle. C'était Gante André, fille d'un honnête négociant de Mattain-

1. *Eclairc.*, p. 81.
2. *Rel.*, XIV.
3. *Rel.*, XV.
4. *Rel.*, XV.

court. Elle avait dix-huit ans : tempérament robuste, jugement solide, âme virile et généreuse, elle possédait toutes les qualités nécessaires pour être une des pierres fondamentales du nouvel édifice.

Du haut de la chaire, le saint curé de Mattaincourt avait exalté la beauté de la virginité qui rend semblables aux anges les hommes revêtus d'un corps mortel. Gagnée par ces sermons, entraînée par l'exemple d'Alix à laquelle cependant elle n'avait jamais parlé, poussée par un instinct d'en-haut, Gante s'ouvrit à Alix de son désir de la vie parfaite. Elle ne pouvait lui causer plus de joie.

Toutes deux allèrent trouver leur vénéré pasteur, qui dissimulant ses espérances et sa joie, les renvoya sans réponse, obligé qu'il était, disait-il, d'éprouver l'esprit qui les animait.

Peu après, trois autres jeunes filles, cédant aux mêmes aspirations, s'adressèrent à Alix : Isabelle de Louvroir, âgée de seize ans, Claude Chauvenelle, âgée de dix-neuf ans et une demoiselle Barthélemy. Fortifiée dans son dessein, elle les conduisit à Pierre Fourier. Les nouvelles venues lui firent leur confession générale, puis toutes ensemble lui exposèrent le dessein conçu par Alix et accepté volontiers par elles.

En attendant, les cinq postulantes rivalisaient d'ardeur dans la pratique de la vertu, suivaient les recommandations de leur pasteur et le règlement qu'il leur avait donné, visitaient les malades et instruisaient en particulier les enfants pauvres qui ne fréquentaient pas l'école. Ce genre de vie dura huit mois entiers (1).

« Ces filles, écrivait trente ans après saint Pierre Fourier, sont les premières de notre âge (au moins en ces quartiers) qui se sont avisées de prendre comme dot et principale fonction de leur Religion (congrégation), le devoir d'instruire fidèlement et gratuitement les petites filles en la crainte de Dieu, etc., ayant commencé cette dévotion nouvelle en l'année 1597, lorsque personne n'y avait encore pensé, au moins que nous sachions » (2).

Elles auraient voulu vivre ensemble et tout mettre en commun, mais le saint pasteur, tout en louant leurs intentions, jugea cette mesure prématurée. Cependant, voyant leur persévérance, il les dédommagea de ce refus en leur proposant de paraître à la messe de minuit avec une sorte de costume religieux : robe noire, d'étoffe commune et de forme sévère, coiffure du même genre, et d'occuper à l'église une place particulière.

On devine avec quelle joie fut accueillie cette proposition, joie d'autant plus vive qu'elle était inattendue; car jusqu'ici, malgré les instances des cinq postulantes, le saint pasteur se montrait hésitant.

Ce jour si impatiemment attendu ne se levait pas assez vite au gré de leurs désirs et elles craignaient qu'un obstacle ne vînt trahir leurs espérances.

1. *Sommaire du dessein.*
2. *Lettres*, t. III, p. 101.

On comprend aussi quelle fut l'ardeur de ces âmes pour se préparer à cette nuit merveilleuse. Elle arriva enfin. Ces jeunes filles frappèrent les regards des fidèles plus encore par leur modestie que par la nouveauté de leur habillement, à leur entrée dans le temple saint; par la profondeur de leur recueillement durant les saints offices de la nuit et surtout, au moment de la communion, lors-qu'elles s'avancèrent les premières à la table sainte. Cet acte simple et grave devint le commence-ment de la Congrégation de Notre-Dame. Depuis ce moment elle a toujours regardé la nuit de Noël comme l'époque de sa naissance, la sainte Vierge comme sa Mère et la crèche du Sauveur comme son berceau.

Le berceau entrevu dans une vision par Alix le Clerc, le voilà qui nous apparaît dans la lumière de la nuit de Noël, à côté du berceau du saint Enfant Jésus.

La Congrégation de Notre-Dame « n'a pas be-soin de nouveaux titres pour illustrer son origine. Elle tire sa gloire d'une heureuse époque qui fait la gloire du monde : et il n'est rien de compara-ble au bonheur d'être comme né dans la crèche du Verbe fait chair. Il est vrai que ces heureuses circonstances demandent aussi des filles de la Con-grégation un cœur plus reconnaissant, des soins plus tendres et une charité plus vive » (1).

1. *Conduite de la Providence.*

Or, il en a été ainsi. Par ses cinq élues, la Congrégation s'est pénétrée de l'amour du divin Enfant pour pouvoir plus tard et dans le cours des siècles l'inspirer aux jeunes âmes qui lui seraient confiées, s'embraser à son contact d'un grand zèle apostolique à leur égard, d'un zèle que reconnaîtra Jésus : « Tout ce que vous aurez fait au moindre de mes frères, c'est à moi-même que vous l'aurez fait. » Aussi la dévotion au Saint Enfant s'est-elle développée dans le cœur de la vénérable fondatrice et dans toutes les maisons de la Congrégation.

C'était d'ailleurs une dévotion du saint fondateur.

Une veille de Noël, il veut donner à ses religieux un sujet de méditation. Il dit ou essaie de dire : « Pour premier point nous considérerons combien grande est la bonté de Dieu en ce mystère »; il s'arrête, veut reprendre et s'écrie impuissant : « Mon Dieu, que vous êtes bon ! Mon Dieu, que vous êtes bon ! » C'est lui qui, aux matines de Noël, pendant tout l'office et la sainte messe, ne cesse de verser des larmes d'attendrissement.

C'est lui qui, en 1635, établit à Toul une confrérie de l'Enfant-Jésus, pour les petits garçons.

A son tour, comment Alix oublierait-elle l'Enfant Jésus, quand, sous peu et par deux fois, Marie va le lui présenter visiblement ?

Non, non, elle ne l'oublie pas; elle a au contraire de grandes tendresses pour toutes les actions de l'enfance de Notre-Seigneur; elle les

LES DEUX BERCEAUX

considère et en parle avec une grande douceur et une céleste suavité.

Non, non, elle ne l'oublie pas. La veille de Noël, à la lecture du martyrologe au chœur et durant l'octave, au chant du *Puer nobis nascitur*, elle fond en larmes de douceur sur ce divin mystère.

Non, elle ne l'oublie pas, témoin ce globe de feu qui, un jour de Noël, vers les six heures du matin, quand la grille est ouverte pour l'Elévation, illumine l'église au point d'effrayer les religieuses et de leur faire croire à un incendie, si bien que deux ou trois sortent pour vérifier le fait. A la conférence de l'après-midi, quand elles racontent ce qu'elles ont vu, aussitôt la Mère de dire : « Que vous êtes enfants de vous distraire pour si peu de choses! » et de changer de discours. N'est-ce pas elle qui écrit : « J'ai été portée au ménage de la Vierge avec le petit Jésus, où je me consolai beaucoup de voir eux, leurs petits meubles, leurs lits à part, le petit siège de Jésus. » A la suite de cette vision Alix se rend si soigneuse de former ses actions sur celles de Notre-Seigneur, qu'en toutes choses elle agit comme s'il était visiblement présent.

Elle a une dévotion spéciale à la vie cachée du Sauveur et elle s'efforce de l'honorer d'une manière particulière, favorisée qu'elle est à cet égard de grandes lumières de Dieu.

C'est elle qui, s'entretenant de ce beau sujet avec une religieuse, lui dit : « Quelle merveille étonnante

de voir le Fils de Dieu jusqu'à l'âge de trente ans
dans la maison de ses parents, inconnu, menant
une vie pauvre, abjecte, tenu pour un charpentier!
Que de mystères à admirer là-dedans; c'est un abîme où l'esprit humain ne peut pénétrer. »

C'est elle qui s'occupe à l'ouvroir avec un esprit aussi recueilli qu'à l'oraison et qui interrogée par une religieuse, comment elle peut au travail se maintenir en si parfait recueillement, lui
répond : « Croyez-vous, ma fille, que ce ne soit
pas un entretien plus que suffisant de considérer
Jésus travaillant dans un ouvroir auprès de la sainte Vierge et du grand saint Joseph? Je les regarde,
je les écoute, je les admire et vois dans cette petite famille toutes les grandeurs du ciel et de la
terre. »

C'est elle qui, toute dévote à la sainte humanité de Notre-Seigneur, s'est accoutumée dès le
commencement de sa vocation, à la prendre pour
principe de toutes ses actions, ainsi qu'on peut
le voir par des pratiques familières qu'elle indique à ses filles, selon les différentes occasions :
« Faisons tout, dit-elle, au nom de Jésus-Christ » (1).

La Congrégation de Notre-Dame a fidèlement gardé le souvenir de cette nuit glorieuse. Elle aime,
au saint jour de Noël, à traduire sa joie et sa reconnaissance par quelque cérémonie particulière,
en ajoutant, s'il est possible, à la solennité de ce

1. *Rem.*, p. 229 *et suiv.*

grand jour, et en distribuant des aumônes aux pauvres. Elle a, dans ses monastères, des confréries
en l'honneur de l'Enfant Jésus et tâche d'inspirer
son amour aux jeunes filles soit des pensionnats,
soit des écoles gratuites.

En 1897, chaque monastère a renouvelé sa consécration au saint Enfant Jésus. C'était le troisième anniversaire séculaire de cette nuit glorieuse, en
même temps que l'année de la canonisation de
saint Pierre Fourier : double joie pour les religieuses et les enfants de la Congrégation de Notre-
Dame (1).

Nous nous sommes attardé, trop longtemps peut-
être, auprès de la crèche de l'Enfant Jésus, mais
nous y étions, et c'est là notre excuse, avec notre
héroïne et toute la Congrégation de Notre-Dame :
religieuses et enfants. Nous avons également de-
vancé le récit ou l'annonce de certains faits, mais
on aura vite compris que nous avons tenu à grouper autour des deux berceaux les petits événements qui s'y rapportent, au lieu de les laisser
disséminés et sans aucun lien à travers les pages
de ce livre.

Nous venons de faire le récit d'une nuit merveilleuse, il nous faut maintenant faire le récit
d'une autre nuit, lumineuse, elle aussi, et célèbre
également dans l'histoire de la Congrégation de
Notre-Dame.

1. Voir appendice III.

CHAPITRE IV

UNE NUIT CÉLESTE

20 janvier 1598

Leçons de la crèche. — Œuvre des jeunes instituteurs. — Insuccès. — Nuit du 19 au 20 janvier. — Double vœu de Fourier. — Départ d'Alix pour Ormes. — Son retour.

FLEUR SPIRITUELLE. — *Savoir importuner Dieu par la prière pour lui arracher ses grâces.*

Pendant que nos cinq élues étaient plongées dans l'allégresse surnaturelle, dont la nuit de Noël avait été le témoin, et savouraient la paix que le divin Enfant avait déposée dans leurs âmes, les habitants de Mattaincourt étaient partagés en sentiments divers sur ce qu'ils voyaient et entendaient, comme il arrive infailliblement dans ces circonstances extraordinaires. Les uns admiraient les desseins de Dieu, d'autres avaient des sourires et des moqueries; tous étaient dans la surprise.

Mais quelles étaient les pensées de Pierre Fourier? Il ne négligeait rien pour maintenir ses filles dans la piété, l'amour de Notre-Seigneur et l'imitation des vertus dont il nous donne l'exemple à Bethléem.

« Lisez, leur disait-il, le fond de vos institutions dans le berceau de l'Enfant Jésus. Sa dépendance des lois des hommes et de celles de la nature vous prêche la soumission que vous devez avoir pour les règles que la Providence vous mettra un jour entre les mains et pour les supérieurs qu'elle vous choisira. Sa pauvreté qui lui fait emprunter des animaux une vile demeure, vous prépare à la patience dans les épreuves où les besoins et les nécessités de la vie pourront vous mettre. Son délaissement de presque toutes les créatures vous avertit de celui où vous vous trouverez quelquefois réduites. Les souffrances dans un lieu dépourvu de toutes les commodités de la vie, exposé au caprice des éléments et à la rigueur des saisons, vous parleront des croix qui vous attendent et des peines que son amour vous réserve. Enfin, son esprit d'anéantissement qui lui fait choisir une étable pour palais, une crèche pour trône, de pauvres bergers pour courtisans et pour amis, vous prescrit l'amour des humiliations, la recherche des dernières places, et en particulier la charité pour les pauvres, soit dans les secours temporels qu'ils doivent trouver dans votre miséricorde, soit encore dans les instructions spirituelles que vous leur devez selon l'esprit de votre état » (1).

La crèche de Bethléem était une source féconde où saint Pierre Fourier puisait avec d'autant plus d'empressement en faveur de ces âmes d'élite que Notre-Seigneur les avait appelées d'une manière plus spéciale auprès de lui, à l'anniversaire de sa naissance, tout à la fois humble et glorieuse.

1. *Conduite de la Providence.*

Vén. Alix Le Clerc.   4

Mais pour l'avenir quels étaient les projets de Fourier ? Quelles étaient ses espérances ? Il était de plus en plus frappé de ce qu'il voyait, mais il se demandait, en continuant ses macérations, ses prières, ses larmes et ses veilles, si ces jeunes personnes étaient destinées à former des institutrices pour la paroisse ou à être la base d'une Congrégation religieuse vouée à l'éducation des enfants, œuvre extrêmement importante et qui le préoccupait d'une manière toute particulière. « Il est entièrement nécessaire et requis que les filles soient instruites de bonne heure, en toute diligence et fidélité, vu signamment qu'elles sont de leur condition plus infirmes et simples et ne peuvent si bien s'enseigner d'elles-mêmes, et que leur malice ou piété peut quelque jour porter coup pour plusieurs autres ; attendu que lorsqu'elles seront plus âgées et mères de famille, elles demeureront d'ordinaire au ménage pour y gouverner leurs enfants, serviteurs et servantes et conduire toute la maison et quant à quant (en même temps), donner aux petits, soit fils ou filles, la première nourriture et des impressions et exemples ou de bien ou de mal, qui pourront s'enraciner dans leurs âmes et, par aventure, y persévérer toute leur vie. Or, par le moyen d'une bonne instruction diligente et fidèle, sera donné quelque ordre à tout ceci et la paix, le repos, l'obéissance et crainte de Dieu mises parmi toutes les maisons èsquelles commanderont ci-après des femmes auparavant dressées en ces écoles » (1).

L'œuvre à laquelle travaillait Fourier était intéressante, importante, mais elle était nouvelle. Il avait tenté d'établir une œuvre d'instituteurs, au moins pour sa paroisse. Il la commença, dit le R. P. Rogie, « pendant les vacances scolaires qui suivirent son installation à Mattaincourt. Il avait réuni dans son presbytère quatre ou cinq jeunes hommes déjà avancés dans leurs études et qui, dit-on, se destinaient au sacerdoce. Tout en leur donnant des leçons de théologie et en les exerçant, soit aux cérémonies, soit au chant ecclésiastique, il leur glissait de temps en temps quelques mots sur l'importance de l'enseignement primaire; il relevait à leurs yeux la noblesse de cette vocation qu'il priait Dieu, en secret, de suggérer à quelques-uns d'entre eux. »

« Mais les paroles si persuasives du Père trouvèrent peu d'écho dans l'âme de ces jeunes gens; bientôt l'un se dégoûta, l'autre fut rappelé par ses parents, un troisième se retira sous quelque beau prétexte; tous enfin, avant que trois mois se fussent écoulés, l'abandonnèrent sans avoir commencé à faire la classe » (2).

L'insuccès pour cette œuvre n'était-il pas l'annonce d'un autre insuccès pour une œuvre similaire? Et, en définitive, quelle était à cet égard la

1. *Lettres*, t. III, p. 196.
2. *Histoire du B. P. Fourier.*

sainte volonté de Dieu? Dès le commencement de l'entreprise, le saint curé suppliait le Très-Haut de manifester ses desseins et, dans ce but, il ne cessait de prier et de se mortifier. Le ciel se chargea de donner la réponse et paya généreusement les avances du serviteur de Dieu.

Le soir du 19 janvier 1598, Fourier monte dans sa cellule, que le pèlerin de Mattaincourt peut encore visiter aujourd'hui. Il s'y prosterne la face contre terre et le visage inondé de larmes. Il prolonge sa prière jusqu'à deux heures après minuit. La rigueur du froid n'ôte rien, durant ces longues heures, à l'ardeur de sa charité. On dirait, suivant l'expression de Job, que son corps est d'airain et sa chair de bronze. Il n'est occupé que d'écouter Dieu et de lui répondre. Dans ce commerce si intime, dans ces saintes communications qu'il a avec Dieu, il le presse, il le sollicite, il gémit devant lui, il interroge sa miséricorde, il lui parle par ses larmes, lorsque tout à coup la lumière succède aux ténèbres. L'inspiration d'en haut dissipe tous ses doutes. Dieu illumine l'âme de son serviteur et lui dévoile la prédestination et le plan du nouvel institut dont Alix et ses compagnes doivent être les premières colonnes (1). Les paroles suivantes de Fourier sont significatives : « Ce fut justement le matin du jour de la Saint-Sébastien, écrivait-il plus tard, sont aujourd'hui quinze ans, que

1. *Conduite de la Providence.*

UNE NUIT CÉLESTE (20 Janvier)

les premières inspirations vinrent de dresser un monastère et faire chose qui pût servir à d'autres après nous. Loué soit Dieu *(20 janvier 1613)* ».

Saint Pierre Fourier célèbre toute sa vie cet anniversaire par ses prières, ses actions de grâces, ses aumônes et ses mortifications et il demande à ses filles de le célébrer, comme un jour spécialement marqué des faveurs d'en haut.

Quatre ans avant sa mort, par conséquent trente-six ans après l'événement, en 1634, il révèle le fait et la date au P. Bedel. La même année, au 20 janvier, il écrit aux religieuses de Mirecourt : « Mes bonnes et mes bien-aimées sœurs en Dieu, — Nous vous envoyons ce gâteau pour un peu vous récréer à table, en ce bon jour qui doit être signalé en votre Congrégation et au respect duquel nous vous prions de ne point jeûner, quoique ce soit un jour de vendredi, et de ne rien rabattre des mets qui vous sont ordinaires au souper des jours d'abstinence. Nous entendons que vous mettiez tout le gâteau en pièces pour donner à chacune de vous toute la sienne sans en rien déduire sur vos prébendes, en considération de la dignité d'un jour si solennel. — Le jour de Saint-Sébastien 1634. Votre frère et serviteur en Dieu ». La célébration de ce jour se fait encore aujourd'hui selon le vœu du saint fondateur.

Le ciel a parlé clairement. Il n'y a plus d'hésitation possible. Sans doute, dans son humilité, Pierre Fourier est effrayé, mais, dit le P. Bedel,

« la confiance qu'il a en Dieu lui relève le courage et fait qu'il ne juge rien impossible; il croit fermement qu'il n'est qu'un néant, mais Dieu qui a
bâti le monde de rien, ne peut-il pas le rebâtir par
l'entremise d'un néant? Saint Paul, se considérant
selon ses propres mérites, s'estime la plus faible
de toutes les créatures et se met avec la balayure
de tous les hommes, mais, se comptant avec la grâce, il s'appelle le tout-puissant, à qui rien n'est impossible. A son exemple, Fourier se jette tout entier entre les bras de Dieu, non pour le tenter,
mais pour lui offrir son humble service » (1).

Il met à sa disposition toutes les forces de son
âme et de son corps et pour se tenir constamment
en haleine et attirer sur ses travaux les bénédictions d'en haut, il fait un double vœu : le premier
de mettre toute la diligence possible à l'établissement du nouvel ordre, le second de jeûner chacun
des jours où il travaillera aux constitutions, lorsqu'il sera en son particulier et que ses forces le
lui permettront.

Tout semblait marcher à souhait, quand un incident parut tout compromettre. Le public, comme
il fallait s'y attendre, continuait de s'occuper de
l'œuvre nouvelle. Ces femmes étaient folles selon
les uns, trompées selon les autres, vouées à une
inévitable confusion selon tous. Les parents d'Alix,
en particulier, étaient fort émus des commentaires

1. J. BEDEL, p. 393.

concernant l'attitude de leur fille. Aussi M. le Clerc
prit-il le parti de l'envoyer comme pensionnaire à
Ormes, près de Vézelise, dans une maison d'hospitalières de sainte Elisabeth, sous la règle de saint
François, bien qu'elle affirmât n'avoir ni vocation,
ni intention d'y rester. Elle dit adieu ou plutôt
au revoir à ses compagnes, puisqu'elle les assu-
rait d'un prochain retour. De fait, Alix ne trouva
point là ce qu'elle désirait. Accablée d'inquiétudes d'esprit, elle passait les nuits devant le Saint-
Sacrement, pleurant et priant, jeûnait continuellement et se donnait trois fois par jour de rudes et
sanglantes disciplines. Elle écrivit à plusieurs reprises au saint curé de Mattaincourt, pour le prier
de la faire rentrer chez elle. M. le Clerc n'était
pas de cet avis. Il finit par céder sur l'intervention de Mmes d'Apremont et de Fresnel, chanoinesses séculières de Poussay, qui suivaient depuis
quelque temps la direction du saint pasteur et s'in-
téressaient à ses projets. Alix avait aussi vu ces
dames avant son départ pour Ormes. Pierre Fourier les pria de plaider auprès de M. le Clerc la
cause de sa fille. Elles le firent avec succès. Mais
elles allaient donner à l'œuvre du saint instituteur
un témoignage spécial et autrement important de
leur dévouement.

CHAPITRE V

LA RETRAITE DES BILLETS

Mai 1598

Origine de l'abbaye de Poussay. — Deux protectrices. — Retraite dans l'Octave du Saint-Sacrement. — Huit questions. — Réponse le jour de la future fête du Sacré-Cœur. — Allocution de clôture.

FLEUR SPIRITUELLE. — *Ranimer sa dévotion au Saint-Sacrement et au Sacré-Cœur. — Préluder aux décisions importantes par la prière et la retraite.*

Il y avait au village de Poussay, situé à une lieue de Mattaincourt, un chapitre de dames nobles comme celui de Remiremont. L'abbaye, dont il ne reste plus maintenant que des débris informes, avait été commencée par Berthold, évêque de Toul et achevée par son successeur, Brunon, devenu plus tard saint Léon IX, qui en confirma la fondation en 1045. Mais, à la fin du XIVe siècle, l'abbaye avait été sécularisée et était devenue un chapitre noble, où l'on ne pouvait entrer qu'en faisant preuve de seize quartiers paternels et maternels d'une noblesse militaire jurée par trois chevaliers. En dehors de l'obligation d'assister à l'office du chœur, ces dames jouissaient d'une liberté complète.

A cette époque, elles avaient pour abbesse Mme Edmond d'Amencourt. Parmi les dames qui vivaient sous sa crosse se trouvaient les deux chanoinesses dirigées par le saint curé de Mattaincourt et dévouées à son œuvre, Mmes Catherine de Fresnel et Judith d'Apremont. Voyant les difficultés qu'il rencontrait dans ses essais de fondation, elles étaient venues à son secours, la première, en offrant un local pour ses filles, la seconde en promettant ses instructions et sa protection. Déjà, comme nous l'avons dit, elles avaient, sur la demande du bon curé, plaidé avec succès auprès des parents d'Alix son retour à Hymont et son admission à Poussay.   .

La protection de Mme d'Apremont était surtout complète et précieuse. « Comme elle était en haute considération pour sa piété et sa qualité, elle fut bien aise, dit la Mère Angélique, d'appuyer ce nouveau dessein qui regardait la gloire de Dieu et le service de la sainte Vierge, à qui elle était très particulièrement dévote » (1). Sa grande réputation et son autorité devaient mettre les premières filles de Fourier à couvert des persécutions du monde, jusqu'à ce que leurs œuvres et leurs vertus eussent suffisamment justifié leur entreprise (2).

Poussay, Portsais, *portus suavis*, était bien le port de suavité qui convenait alors à Fourier et à ses filles par ses conditions matérielles et morales. Pour le saint instituteur, c'était la délivrance de mille détails de tout genre, jointe à la facilité d'y faire des visites fréquentes et opportunes : pour ses enfants, c'était l'éloignement d'une foule de distractions soit de la famille, soit d'ailleurs ; c'é-

1. *Eclaire.*, p. 83.
2. *Eclaire.*, p. 83.

tait l'initiation, par le contact et par l'exemple,
à la délicatesse et à la distinction des manières,
initiation fort utile pour transformer, compléter et
perfectionner leur éducation première : pour le père et les enfants, c'était un sourire de la Providence, le rayon de soleil à travers les nuages et
peut-être l'annonce de la seconde moitié de la mission dévolue au nouvel institut, c'est-à-dire l'éducation des enfants de la société, non moins que
des enfants du peuple. Malgré ces avantages, saint
Pierre Fourier n'avait pas accepté à la légère le
projet en question. Il avait sollicité l'avis de personnes autorisées, mais surtout il avait consulté
Dieu par ses prières ferventes et assidues et par
ses mortifications incessantes.

Pour inaugurer le nouveau domicile, le saint instituteur choisit la Fête-Dieu, déjà spécialement chère à son cœur par son installation comme curé
de Mattaincourt. Quelques jours avant cette solennité, il réunit ses filles pour leur communiquer ses
pensées et leur manifester ses intentions. Il se déclara content de leur persévérance, malgré les difficultés qu'elles avaient rencontrées et les railleries
dont elles avaient été l'objet, content surtout de
leur désir de la vie commune qu'elles allaient pouvoir réaliser.

Il avait accepté les offres très généreuses et très
désintéressées des chanoinesses de Poussay, dans
le but de leur procurer un lieu de retraite où elles
pourraient mûrir leur délibération. Il les exhorta à se

recommander à sainte Manne, patronne de l'abbaye, où reposaient ses restes et qui était la sœur des trois martyrs de Jésus-Christ, saint Euchaire, saint Elophe et sainte Libère.

Saint Pierre Fourier, fidèle aux traditions de l'Eglise et aux leçons de l'expérience, allait procurer à ses filles un moyen fort efficace de connaître la sainte volonté de Dieu et de l'accomplir d'une manière parfaite : la retraite, c'est-à-dire une série de jours passés dans la solitude, le silence, la réflexion et la prière.

Bel exemple à suivre pour les âmes soucieuses de leur avenir, qui veulent appeler sur la question si grave de la vocation, les lumières de Dieu. A lui seul, en effet, il appartient d'assigner la place que chacun doit occuper dans le monde pour atteindre efficacement sa fin : le salut éternel. C'est donc avec lui qu'il faut avant tout traiter cette haute question.

Les retraitantes devaient passer devant le Saint-Sacrement chacun des jours de l'octave, sauf les moments à donner aux affaires indispensables, pour parler à Dieu et écouter sa voix. De plus, Fourier leur défendit toute communication entre elles, afin que la détermination de chacune fût bien l'expression de la volonté de Dieu.

Le 20 mai 1598, veille de la Fête-Dieu, les pieuses filles se confessèrent de grand matin, afin de pouvoir communier le lendemain, reçurent de leur saint curé des lettres de recommandation pour leurs protectrices et prirent congé de lui en réclamant le secours de ses prières.

Elles arrivèrent à Poussay pour les premières vêpres, y assistèrent et se rendirent ensuite à l'appartement que leur avait préparé Mme de Fresnel. Dans les lettres qu'elles avaient apportées, le saint directeur déclarait qu'à part le logement, elles ne devaient employer à leur usage rien de ce qui était aux chanoinesses, mais vivre d'aumônes et du travail de leurs mains. Elles obéirent ponctuellement et, dès le jour même, distribuèrent aux pauvres toutes les provisions de bouche que ces dames avaient eu la bonté de mettre dans leur appartement. La jeune Gante André alla jeter au pied de l'autel de sainte Manne, le peu d'argent qu'elle possédait.

Mme d'Apremont les reçut avec beaucoup d'affection et de sollicitude et leur fit fête au repas du soir.

Dès le lendemain matin commença la retraite des *billets*. L'homme de Dieu avait remis effectivement à chacune de ses filles huit billets cachetés, un pour chaque jour de la retraite, et portant l'une des questions suivantes : 1º Se marieraient-elles? 2º Si non, demeureraient-elles chez leurs parents? 3º Ou dans quelque lieu retiré? 4º Seraient-elles chacune à part? 5º Ou en communauté? 6º Deviendraient-elles religieuses? 7º Dans une ancienne religion? 8º Ou dans un nouvel ordre à la fondation duquel elles s'emploieraient?

LA RETRAITE DES BILLETS.

Chaque retraitante devait délibérer en son particulier et noter, à la fin de la journée, la résolution prise sur le point à examiner.

Pendant toute l'octave elles passèrent la plus grande partie du temps, même la nuit, devant le Saint-Sacrement, jeûnèrent fort rigoureusement au pain et à l'eau, sans compter les autres austérités. Elles communiaient tous les jours et n'avaient, pour ainsi dire, de relations qu'avec Dieu. Beau spectacle que celui de ces cinq vierges venant, dans la solitude et la mortification, implorer la lumière et la force d'en haut, baigner dans la sève eucharistique les premières tiges de la Congrégation naissante, se nourrir, pour le communiquer largement aux enfants, de l'amour de Jésus dans la crèche et au très Saint-Sacrement de l'autel! Ne sont-ce pas là des souvenirs capables d'enfanter, de soutenir et d'exalter les plus beaux dévouements?

L'Eucharistie, c'est le don total et permanent de Jésus à sa créature. Quel exemple et quelle leçon! La future religieuse de Notre-Dame vient apprendre là, huit jours durant, à imiter auprès des enfants le rôle sanctificateur de Jésus dans l'Eucharistie; à se donner d'âme et de corps, tout le long de la journée et jusqu'au bout d'elle-même, s'il le faut; à ne faire qu'un avec ses enfants et à vivre avec elles et pour elles.

Plus elle se fait hostie avec Jésus, plus elle nourrit, élève, éclaire, instruit et transfigure ces âmes.

Mais d'autre part, « l'âme de l'enfant lui apparaît comme une hostie qu'elle doit protéger. Tant qu'elle n'a pas été gâtée par le péché, cette petite âme lui rappelle l'hostie divine. Elle est blanche et pure comme l'hostie. Elle est douce et docile comme l'hostie. Elle ne devrait être touchée que par des mains sacerdotales et religieuses comme l'hostie. Elle est en butte à la haine de l'impiété comme l'hostie. Hélas! elle est souvent profanée comme l'hostie » (1).

La religieuse de Notre-Dame apprend, durant ces huit jours, à exercer son ministère surnaturel à l'égard de cette hostie humaine. Elle ne faillira à sa mission ni demain, ni jamais.

A la fin de la retraite, on recueillit les billets. Le saint fondateur en fit le dépouillement. Il y eut unanimité pour la vie religieuse dans un nouvel institut. Le serviteur de Dieu en fut comblé de joie. Aussi célébrait-il chaque année l'arrivée à Poussay comme l'époque où « furent jetés les fondements de ce bel édifice ». Il aimait plus tard à en rappeler le souvenir à ses filles. N'est-ce pas aussi le lieu de remarquer que le projet définitif d'une Congrégation particulière fut arrêté au lendemain du jour octaval de la fête du Saint-Sacrement? C'était le 29 mai, date future de la fête du Sacré-Cœur, date et fête réclamées plus tard par le divin Maître à la bienheureuse Marguerite-Marie. La Congrégation de Notre-Dame a donc jailli pour ainsi

1. *M. l'abbé* COUBÉ.

dire du Cœur de Jésus et lui est consacrée d'office.

Comment ne pas rappeler ici cette belle pensée du P. Faber : « Ces pieux fondateurs de Congrégations sont les enfants bénis du Sacré-Cœur : ils ont été conçus dans ses plus intimes replis ; ils ont été allaités de son sang le plus pur, sang plus doux que le lait, plus généreux que le vin de la vigne d'Engaddi ; leur charité a suivi le secret de tous ses mouvements ».

Etant données ces circonstances, il n'est pas étonnant que toutes les maisons de Notre-Dame professent une dévotion spéciale à ce divin Cœur (1).

C'est sans doute à la clôture de cette retraite que le saint instituteur adressa à ses filles l'allocution suivante, dans laquelle « avec un art gradué, dit le P. Chérot, il procède de déduction en déduction pour arriver à une dernière conséquence et atteindre son but. Lentement et savamment il élève ces âmes ingénues et pleines de bons désirs à la hauteur de la mission rêvée par lui pour leur zèle ».

« Dieu ne veut qu'une chose de vous, mais qui contient en soi toute la sainteté du ciel et de la terre. S'il y a maintenant des apôtres, des martyrs, des confesseurs et des vierges en paradis, ils y sont montés par ce chemin et sont maintenant bienheureux pour y avoir été fidèles. Quel

1. V. appendice IV.

est donc ce point? Pour ne pas vous faire languir davantage, je vais vous le dire. Dieu veut qu'en toutes vos actions et entreprises, vous regardiez ce qui lui est le plus agréable, il veut que l'ayant reconnu, vous quittiez tout pour l'embrasser.

« Qr, c'est une chose plus agréable à Dieu de quitter le monde, qui est son ennemi, que de s'engager à son service; il le faut donc quitter et vous l'avez déjà congédié, ayant renoncé aux appas de ce trompeur. Après cette retraite, vous pourriez demeurer chacune en la maison de vos parents, et là, faire votre salut tout doucement et sans bruit : mais parce qu'on peut se rendre plus agréable à Dieu en vivant en communauté, par le bon exemple et secours qu'on se donne les uns aux autres, il faut vivre ensemble et de compagnie, afin que celui qui a promis que, si deux ou trois s'assemblent en son nom, il sera au milieu d'eux, vous comble de ses grâces en même temps qu'il vous honorera de sa présence.

« Vous pourriez vivre en commun, sans faire aucun vœu, ni être religieuses; mais parce que l'holocauste que vous offrirez à Dieu de votre propre liberté, lui sera plus agréable, et que les actions d'une personne vouée sont dans une considération plus grande et élevée dans un plus haut degré, il faut faire des vœux et embrasser la vie religieuse, et vous-mêmes l'avez bien jugé, choisissant cet état, sans y être sollicitées ni aucunement portées par la persuasion des hommes.

« Etant religieuses, vous pourriez vous contenter de faire votre salut comme tant d'autres; mais parce que vous plairiez davantage, si vous travailliez encore à sauver les autres, il y faudrait tâcher; et, d'autant qu'il n'y a pas moyen pour vous de sauver plus de personnes qu'en instruisant les jeunes filles, il me semble, si vous vouliez en prendre la peine, qu'il vous faudrait résoudre de les enseigner et faire en sorte que, les prenant toutes innocentes comme elles sortent du baptême, vous les conserviez dans cette netteté, tout le long de leur vie; et parce que Dieu a plus agréable qu'on soit obligé à cette instruction, en sorte qu'on ne puisse jamais la quitter, que d'enseigner aujourd'hui et quitter demain, il faudra, s'il y a moyen, trouver quelque façon de s'y engager irrévocablement et pour toujours; et enfin, attendu qu'il sera plus agréable à Dieu d'enseigner sans aucune récompense et purement pour l'amour de lui que de prendre de l'argent, il faut enseigner pour rien pauvres et riches indifféremment. Voilà ce que Dieu demande de vous et à quoi on voudrait vous employer, voyez si vous en êtes d'avis » (1).

Voilà le but assigné, la vocation reconnue. Voyons maintenant à l'œuvre les nouvelles ouvrières de Dieu.

1. J. BEDEL, p. 136.

CHAPITRE VI

SÉJOUR A POUSSAY

1598-1599

Ouverture d'école. — Règlement provisoire. — Approbation
de l'Ordinaire. — Ravissement d'Alix. — Le verre d'eau.
— L'ange des rubriques. — Une défection vite réparée.
Situation équivoque. — Départ de Poussay.

Fleur spirituelle. — *Travailler à l'instruction des enfants
pauvres en contribuant à la création et au soutien d'écoles
chrétiennes.*

Dociles à la voix de Dieu et à l'appel de saint
Pierre Fourier, les cinq élues du ciel se mirent le
plus tôt possible en mesure d'ouvrir à Poussay une
école gratuite. Elle fut bien vite remplie. Là, elles
apprenaient aux petites filles du village à lire, à
coudre, mais avant tout et plus encore à aimer
et à servir Dieu.

Elles montraient autant de bon esprit que d'activité. Elles aimaient et vénéraient Mme d'Apremont comme une mère et suivaient avec exactitu-
de les recommandations de leur saint pasteur. Il
allait les visiter deux ou trois fois par semaine et,
s'il en était empêché, il leur écrivait. Mais un moment vint où, sans avertissement préalable, l'homme de Dieu jugea bon de supprimer tout à la fois
visites, lettres et direction. Il voulait savoir jusqu'où allait la force d'âme de ces bonnes filles.
Elles crurent d'abord à des empêchements passa-

gers, mais voyant l'absence et le silence du Père
se prolonger, voyant leurs lettres sans réponse, elles
durent se rendre à l'évidence et croire à une détermination voulue et concertée. C'est alors qu'elles
s'interrogèrent pour savoir si elles n'étaient pas
peut-être la cause de cette attitude extraordinaire.
En conscience, elles ne purent faire qu'une réponse négative et s'en remettre absolument à Dieu.

Cependant leurs protectrices, au courant des intentions du saint pasteur, les encourageaient dans
cette pénible conjoncture. Elles supportèrent cette
épreuve inattendue, il faut le dire à leur louange,
avec une résignation parfaite, qui fit la joie du
Bon Père et plus encore la joie du Père céleste.

Enfin, vers la mi-juillet, le saint directeur réap-
parut à la grande satisfaction de la petite famille.
Loin de l'oublier, il avait au contraire travaillé pour
elle. En effet, il lui apportait le Règlement provisionnel qu'il avait élaboré dans cet intervalle, sous
le regard et l'inspiration de Dieu, dont il ne cessait d'implorer le secours par la prière et la mortification.

Ce règlement était la première ébauche des constitutions futures. Fourier avait mis quarante jours
à le rédiger. Quarante jours furent également laissés à ses filles pour examiner et peser ce plan de
vie. Il le présenta ensuite à l'approbation de Mgr
Christophe de la Vallée, évêque de Toul, alors de
passage à Vézelise; mais le prélat différa sa réponse jusqu'à l'ordination prochaine qui devait avoir

lieu à Liverdun, le 19 septembre, samedi des Quatre-Temps. Là, Pierre Fourier parut à l'époque indiquée, devant une commission présidée par l'évêque et formée d'hommes éminents en piété et en science, parmi lesquels on comptait deux Jésuites célèbres, les Pères Commelet et Sinçon. Il exposa son plan et on allait le rejeter, quand M. de Saint-Germain, grand chantre de la cathédrale de Metz, homme de haut crédit et de profond savoir, s'écria, reprenant le mot du pape Paul III à saint Ignace : *Vere digitus Dei est hic, audiendum quid loquatur Dominus.* « Le doigt de Dieu est vraiment ici, il faut écouter ce que dit le Seigneur! » Le saint instituteur fit alors un nouvel exposé de son projet, qui, cette fois, réunit tous les suffrages. Nos pieuses filles pouvaient continuer leur entreprise avec la permission verbale de l'Ordinaire, en attendant le moment de se pourvoir auprès du Saint-Siège (1).

C'était un premier pas. On comprend leur joie, leur reconnaissance et leur empressement à pratiquer mieux encore le règlement approuvé maintenant par l'autorité épiscopale. Elles allaient bien au delà pour les austérités.

Deux religieux de la Compagnie de Jésus, passant à Poussay chez Mme d'Apremont, furent mis au courant de l'entreprise et initiés aux détails de la vie scolaire et intime des nouvelles institutrices. Mais, prédicateurs de la pénitence, dit Alexan-

1. J. BEDEL, p. 129.

dre d'Hangest, ils durent, cette fois, prêcher la mo-
dération, jugeant ces mortifications excessives et incompatibles avec les travaux des classes.

Nous ne devons pas être étonnés de l'intervention fréquente des Jésuites dans les affaires de la
nouvelle Congrégation. Pénétré pour eux d'estime
et de reconnaissance, Pierre Fourier les consultait
volontiers, recommandait expressément à ses filles,
avant leur clôture, de se confesser à eux, s'il y
avait des Pères dans les villes de leur résidence,
et de s'attacher le plus possible à leur direction.

Le ciel appuyait ces avis. Un jour, la Mère Alix,
ravie en extase, aperçoit devant elle deux Jésuites ;
une voix intérieure lui dit : « Ce sont ceux-là que
tu dois suivre. »

Mais si Dieu envoie à sa pieuse servante des
protecteurs terrestres, il ne manque pas de l'encourager et de soutenir ses efforts en lui donnant
aussi des protecteurs célestes. De temps en temps
la Reine du ciel s'incline vers elle et lui accorde
des témoignages de sa prédilection comme pour
lui rappeler, par ces faveurs périodiques, que la
future Congrégation doit, après Dieu, mettre en Marie sa principale espérance.

Elle priait un jour dans l'église de Poussay pour
un de ses parents en état de péché. Elle ressentait vivement les offenses faites à Dieu jusqu'à
ployer sous l'ennui et à demander avec ferveur la
grâce de sortir de ce monde. Elle est tout à coup
ravie hors d'elle-même. Elle aperçoit, à l'endroit où

est d'ordinaire le crucifix, Notre-Seigneur assis au milieu de ses deux apôtres, Pierre et Paul, qui la regarde favorablement. Elle veut s'élancer vers lui, mais elle retombe aussitôt et entend ces paroles : « Ce n'est pas ici le chemin par lequel tu dois remonter au ciel. » Et Jésus lui montre un petit sentier verdoyant, fort étroit, qui prend dans la chapelle de la Vierge, sur l'autel même, tout près de son image et va jusqu'au ciel. Alix veut monter par ce chemin. Une voix lui dit : « Le moment n'est pas encore venu ».

Sans doute Jésus est la voie, lui-même l'a dit, la voie qui mène au ciel, mais le chemin qui mène à Jésus, c'est Marie, chemin plus facile, plus court et plus agréable que tout autre. C'est celui que Jésus montre à Alix.

Elle-même le comprend bien ainsi : « Depuis lors, dit-elle, j'ai toujours eu beaucoup de dévotion de voir fonder nos desseins sous la protection de la Vierge Marie et j'ai toujours grande confiance en son assistance, demandant tout à Dieu par le moyen de son Fils et d'elle » (1).

Le petit sentier verdoyant est toujours ouvert aux pèlerins d'ici-bas; il est ouvert à tous et quiconque a l'inspiration de s'y engager, sur les affirmations et les assurances des saints, d'y marcher constamment avec une amoureuse fidélité, a l'espérance, que dis-je? la certitude d'arriver à Jé-

____

1. *Rel.*, XVIII.

sus et par Jésus au ciel. Suivons donc les pas de la vénérable Mère Alix et, comme elle, formons la résolution de confier à Marie toutes nos affaires, petites et grandes, pour en assurer le succès.

A l'occasion des visites qu'il faisait à ses filles, le Père trahissait souvent, selon les occasions et à son insu, quelques-unes de ses vertus favorites. Un jour, il arriva épuisé et altéré, car la chaleur était excessive. On s'empresse de lui apporter un verre d'eau. Le prenant entre ses mains et le regardant : « Qu'en aurai-je de plus, dit-il, quand je l'aurai bu ? » Et il répand l'eau sans l'approcher de ses lèvres. Ainsi avaient fait David, Alexandre le Grand et Théodose le Jeune, pour encourager leurs soldats éprouvés par la soif. Ainsi fit le saint fondateur, pour apprendre à la milice qu'il formait à se vaincre généreusement.

Par des interventions merveilleuses, Dieu semblait se plaire à donner son approbation au nouvel institut. Alix et ses compagnes continuaient à enseigner et à s'instruire. Certaines matières, telles que les rubriques, n'entraient pas facilement dans leur esprit. Un jour, dans le jardin, au milieu d'une leçon donnée par Mme de Fresnel, un maître inconnu survient tout à coup : c'est un jeune adolescent d'environ quatorze ans et d'une radieuse beauté. Ce messager du ciel — il ne pouvait venir que des régions d'en-haut, — s'approche et se met à réciter et à expliquer le bréviaire avec elles. A mesure que le céleste envoyé parle, les difficultés s'évanouissent. Depuis lors, tout embarras pour les rubriques est dissipé.

Par esprit de pauvreté et pour ne pas abuser de la générosité de leurs bienfaitrices, les filles de Pierre Fourier avaient une vache et vivaient de son lait. Un jour elle s'égara. On parcourut la campagne sans la pouvoir rencontrer. Commençant à désespérer, on allait cesser les recherches, lorsque tout à coup une douce voix se fait entendre : « Descendez dans la plaine et vous la trouverez. » D'où venait la voix? Impossible de le savoir. Mais elle disait vrai. On descendit dans la plaine : là, paissait la fugitive qui fut ramenée triomphalement au gîte.

S'il y avait des consolations, il y avait aussi des croix. Une des cinq élues, Mlle Barthélemy, que remplaça d'ailleurs immédiatement Jeanne de Louvroir, sœur d'Isabelle, se découragea et se sépara de ses compagnes, malgré tous les efforts faits pour la retenir. Dans la suite elle se maria, ne rencontra que des croix et avoua que sa nouvelle vie était plus dure que la première. Eloquente leçon adressée par la Providence aux âmes qui, connaissant la sainte volonté de Dieu, n'ont pas le courage de la suivre. Elles expient longuement et durement leur lâcheté. En voici un second exemple.

Quelques jeunes chanoinesses de Poussay, entre autres les dames de Seraucourt et de Choiseul, touchées de la ferveur de ces saintes filles, semblaient vouloir renoncer à leur état pour se joindre à elles. L'abbesse, avertie et mécontente, combattit de son mieux cette résolution. Elle ne réussit que trop, du moins à l'égard de Mme de Seraucourt qui, s'étant mariée depuis, regretta beaucoup, à la mort, l'abandon de sa première inclination. Quelques années plus tard, Mme de Choiseul entra au Carmel de Nancy.

Pour tirer ses protégées de cette situation équivoque, Mme d'Apremont, d'accord avec l'homme de Dieu, leur acheta et meubla de ses deniers une maison à Mattaincourt dans la proximité de l'église, n'hésitant pas à engager dans ce but sa vaisselle d'argent. Dans l'octave de la Fête-Dieu, le saint fit bénir ce premier et petit monastère par M. Barnet, prévôt des chanoines de la Mothe, pendant qu'il remplissait lui-même l'office de petit clerc. C'était un nouveau souvenir attaché à cette fête, deux fois déjà chère au cœur du pasteur et du fondateur : « Savez-vous bien, écrivait-il un jour de Fête-Dieu aux religieuses de Mirecourt, que c'est une des principales solennités de votre congrégation, par ce qui se fit à Poursas (Poussay) à ce même jour sont trente-quatre ans, et au bout d'un an, en votre pauvre petite maisonnette d'ici, qui fut, durant les octaves de la Fête-Dieu, bénite et sanctifiée et heureusement rendue fertile par feu M. le prévôt des chanoines de la Mothe, grand homme de bien qui s'appelait M. Barnet, ce me semble, et était venu voir notre église, sur le récit qu'on lui avait fait de la bonne odeur qui sortait déjà de votre pauvre petit berceau, et fit là dedans en toutes les chambres beaucoup de bonnes prières, avec de l'eau bénite et un surplis duquel il était revêtu; ce que je ne pense vous avoir encore dit, et je prends un singulier plaisir à vous le mander, afin que vous en respectiez toujours davantage cette solennité. »

Le 22 juillet, fête de sainte Madeleine, nos pieuses filles quittaient Poussay, au grand regret des habitants et venaient occuper leur nouvelle résidence. Le zélé pasteur, heureux de les avoir sous la main, utilisa leurs services en faveur des enfants de la paroisse. De leur côté, elles étaient joyeuses de seconder les desseins de leur saint pasteur et de vivre sous ses yeux. « Nous y allâmes, dit Alix, pour y être auprès de notre bon Père, ainsi que nous l'avions désiré. »

La croix avait donc été, cette fois encore, la messagère de la bénédiction de Dieu.

M. BARNET BÉNIT LE PREMIER MONASTÈRE

CHAPITRE VII

UNE SUCCESSION D'ORAGES

1599-1601

FLEUR SPIRITUELLE. — *Pour calmer les orages intérieurs, il faut s'appliquer ce conseil de Notre-Seigneur : Celui qui veut être mon disciple, qu'il se renonce lui-même, porte sa croix et me suive* (La Vén.)

Dès que la petite communauté fut installée à Mattaincourt, Pierre Fourier voulut donner à Alix la charge de supérieure. Elle s'en jugeait tout à la fois indigne et incapable, mais la voix du ciel vint s'unir à celle de son directeur pour lui manifester la volonté divine. Il semblait à Alix qu'on lui met tait au cœur une croix qui sortait par le côté. Cette impression lui dura plusieurs jours. Elle accepta donc par obéissance et pour se rendre plus agréable à Dieu (1).

Dès le mois précédent, le saint curé de Mattain-court avait annoncé au prône l'ouverture des classes pour toutes les petites filles de la paroisse, avec recommandation aux parents de ne plus les envoyer aux écoles mixtes. La plupart y acquiescèrent sans peine. Sa patience et sa charité triom-

1. *Rel.*, XXI.

phèrent des autres. En peu de temps, les élèves
venues de Mattaincourt et des lieux voisins se mul-
tiplièrent au point que les maîtresses pouvaient à
peine suffire. On enseignait aux enfants la lecture,
l'écriture, l'orthographe, les petits ouvrages conve-
nables à leur sexe, mais notre saint voulait surtout
qu'on les formât de bonne heure aux exercices de
la piété chrétienne. Dans cette vue, on leur faisait
réciter exactement les prières du matin et du soir
et apprendre tous les jours le catéchisme. Enfin
les maîtresses ne laissaient passer aucune occasion
de leur inspirer l'horreur du vice et l'amour de
la vertu. En un mot, c'était une école de savoir,
mais plus encore de piété et de sagesse.

Grande était la joie de Pierre Fourier à la vue
du succès, mais plus grandes encore furent sa reconnaissance à l'égard de Dieu et sa fidélité à tout
rapporter à sa gloire. Il se montrait surtout très
satisfait du concours que lui donnaient ses bonnes filles pour le catéchisme.

C'étaient elles qui faisaient apprendre et décla-
mer aux enfants les plus avancées de petits dia-
logues composés par le saint curé. Ces pieux exercices contribuèrent à ébranler les cœurs avec d'autant plus de succès, que les maîtresses mirent elles-
mêmes plus de zèle à faire réussir ces innocents
spectacles. Les paroissiens n'en devinrent que plus
assidus à y assister et plus attentifs à en profiter (1).

1. A. D'HANGEST.

A raison de l'extension que pouvait prendre la Congrégation, il fallait lui donner des fondements solides. Aussi Fourier eut-il à cœur de former ses filles à la perfection religieuse. Le zèle industrieux qu'il apportait à cette œuvre les touchait vivement. Il avait un art admirable pour relever les moindres fautes, mettre à profit les circonstances les plus insignifiantes et en dégager des leçons pratiques.

Alix et ses compagnes rendaient à leur saint directeur un compte exact de leurs actions et lui découvraient même leurs plus secrètes pensées, persuadées d'ailleurs qu'il les connaissait toutes, puisqu'il les prévenait souvent sur leurs sentiments intérieurs. En retour, elles recevaient de lui toutes les instructions dont elles avaient besoin et suivaient fidèlement ses avis. Il les exerçait à une grande soumission d'esprit, à un détachement parfait de leur propre jugement, ainsi qu'à la mortification extérieure (1).

Il prit également soin de les initier à la pédagogie, d'achever leur formation intellectuelle restée incomplète, et de les faire progresser dans les diverses branches de l'enseignement. Elles répondirent à ses efforts par une bonne volonté parfaite et une application constante. Elles aimaient à l'entretenir des classes ou des moyens qu'elles avaient trouvés de faire avancer les enfants et de leur

1. *Eclaire.*

inspirer du dégoût pour les vanités du monde. Il était visiblement heureux d'entendre ces communications, se montrait avide de détails et, quelque pressé qu'il fût, s'attardait facilement à ces récits, tant il prenait d'intérêt à voir l'enfance bien instruite et soigneusement formée à la piété.

La paix qui régnait dans la petite communauté, ses progrès dans la vie parfaite, le bien qu'elle opérait dans les âmes, excitèrent la jalousie du démon qui tenta de l'ébranler par une nouvelle défection. Après quelques semaines de ferveur, une des cinq élues, dont l'histoire n'a pas conservé le nom, voulut se retirer. Le Père l'avertit, la supplie, lui rappelle la parole de la sainte Ecriture : « Celui qui a mis la main à la charrue et regarde en arrière n'est pas apte au royaume de Dieu. » Tout est inutile, elle veut partir. « Au moins, lui dit le Père, auparavant vous prendrez bien la peine d'aller saluer Notre-Dame à l'église, et lui faire l'adieu qui est dans ce billet. » La jeune fille, joyeuse d'avoir racheté sa liberté à si bas prix, reçoit le papier, s'en va devant l'autel de la Vierge, l'ouvre et y lit ce qui suit : « Vierge sainte, je suis ici pour vous remercier de l'honneur que vous m'avez fait de me recevoir au nombre de vos filles; je suis lasse de cette faveur et je juge que le monde est plus digne d'être aimé que vous et votre Fils. C'est pourquoi je m'en retourne à lui et vous quitte tous deux. Vous serve qui voudra; pour moi, je n'en ai plus envie ».

Une explosion de larmes, un cri de repentir et une promesse de persévérance mirent fin pour jamais à cette tentation (1). Le chiffre de cinq resta intact, il s'augmenta même de nouvelles recrues que fournit la paroisse de Mattaincourt.

Cet orage dissipé, un autre fondit sur la famille tout entière. Un Récollet de Verdun, le P. Florent Boulanger, le zélé réformateur des Clarisses de cette ville, voulant fortifier son œuvre de nouveaux et excellents sujets, essaya de gagner à la famille de sainte Claire les cinq postulantes de Mattaincourt. Il rédigea une lettre fortement motivée pour saint Pierre Fourier et la fit appuyer de l'assentiment des Jésuites de Pont-à-Mousson. Cette lettre du P. Florent n'étonna pas le saint curé : l'adhésion des Jésuites, jusqu'ici favorables à son œuvre, le surprit. En voici l'argumentation : Il faut préférer le certain à l'incertain. Verdun était le certain ; Mattaincourt, l'incertain. L'acceptation serait une manière honorable de se dérober à une entreprise hasardée. La première raison visait plus directement les filles ; la seconde, le Père. Quelle horrible alternative pour lui ! Refuser, c'était manquer de déférence à ses maîtres vénérés et s'attirer des disgrâces. Accorder, c'était sacrifier ce qu'il avait de plus cher. La conduite du saint en cette circonstance est sans contredit un des plus beaux traits de sa vie et l'une des preuves les plus sensibles de sa sagesse et de son parfait abandon à

1. J. BEDEL, p. 362.

la sainte volonté de Dieu. Sans récriminer contre les opposants en qui il avait trouvé jusque-là des protecteurs, le nouvel Abraham consentit à immoler son Isaac. Il réunit ses filles, leur communiqua l'affaire et les pressa de s'en rapporter à des personnages plus éclairés que lui.

Les larmes furent leur première réponse, tant leur douleur était grande. Elles exposèrent ensuite les raisons qui les engageaient à vouloir persister dans leur dessein : y renoncer, pensaient-elles, serait manquer à leur vocation; elles ne se sentaient, du reste, aucun attrait pour le genre de vie qui leur était proposé. En conséquence, elles supplièrent leur saint directeur de ne pas les abandonner et de leur accorder un temps suffisant pour penser plus mûrement à l'affaire, la recommander à Dieu et mieux connaître sa volonté.

Fourier informa le P. Florent de ce premier résultat, ajoutant qu'il reviendrait à la charge sans doute avec plus de succès.

Effectivement il donna à ses filles trois mois pour prier et réfléchir. On pense s'il pria lui-même. Au bout de deux mois, elles lui annoncèrent que leur résolution n'était pas changée. Il insista encore, demanda de nouvelles prières et leur ordonna de mettre chacune par écrit ce que le Saint-Esprit leur inspirerait. Les billets furent unanimes. Saint Pierre Fourier les envoya au P. Florent, sans ajouter un seul mot de commentaire.

Saint Ignace se montra plus favorable à la petite

société que ne l'avaient été ses fils de Pont-à-Mousson. A quelque temps de là Alix eut une vision. De nombreux Jésuites marchaient, comme en procession, dans une de leurs maisons. Ses sœurs étaient assises à quelque distance. Avec un râteau Alix recueillait toutes les petites pailles éparses dans le cloître. Les Pères semblaient mépriser cette action, sauf un, qui paraissait fort vénérable et lui souriait avec bonté. C'était saint Ignace qui l'encourageait à l'instruction des petites filles, pailles légères dont on ne fait pas cas. Et une voix lui dit : « Je veux que ces petites âmes qui sont comme des enfants délaissées de leurs mères, en aient une désormais en toi » (1).

Le ciel récompensait la sainteté d'Alix par d'autres faveurs. A la suite des austérités excessives que faisaient ces âmes généreuses, l'une d'elles avait contracté une grave maladie dont elle éprouvait une sérieuse incommodité. Alix fut inspirée de lui commander, au nom de la sainte obéissance, de ne plus ressentir cette incommodité. Elle ne voulait pas l'obliger strictement, mais elle espérait bien que Dieu, pour récompenser cette vertu, lui accorderait sa guérison. Elle fut effectivement guérie surle-champ et entièrement, sans plus jamais se ressentir de cette maladie (2).

La réponse des billets ne termina pas l'affaire.

1. *Rel.*, XLVI.
2. *Rel.*, LXI.

M. le Clerc, influencé par des personnes d'autorité et désireux d'échapper aux railleries que provoquait dans le monde cette nouvelle façon de vivre, résolut d'envoyer sa fille à Verdun. Le départ était fixé au lendemain. Le saint pasteur consulté se prononça pour l'obéissance. Alix, vivement
affligée, pressée de toutes parts et n'ayant plus
de recours ici-bas, se tourna vers Dieu et recommanda instamment cette affaire aux prières de ses
sœurs. La nuit suivante, elle est ravie en extase :
la Vierge Marie, revêtue de l'habit de l'ordre (c'é-
tait la seconde fois), lui remet l'Enfant Jésus entre les bras, en lui disant : « Persévère en ta première vocation et sois sans crainte : il sera ton
espérance. » Alix fut grandement consolée en tenant le divin Enfant, mais cette apparition, se de-
mandait-elle ensuite, n'est-elle pas une illusion? et
les illusions, notre bon Père m'a appris, dès le
commencement, à les craindre, à ne pas fonder de
desseins là-dessus, mais plutôt à chercher la vraie
et solide vertu. Et se tournant vers Notre-Seigneur,
elle s'écrie : « On m'a dit que vous seriez mon
espérance, eh bien! si cette apparition est de vous,
changez donc la volonté de mon père; vous en
avez le pouvoir absolu, et par là je serai assurée de
votre bon plaisir ». Et il en fut ainsi.

Son père ne vint pas. Il s'était mis en route, mais,
comme il le raconta depuis, saisi tout à coup d'une
grande crainte d'offenser Dieu, il avait regagné son

logis, laissant désormais à sa fille une pleine et entière liberté (1).

L'humilité profonde du saint directeur et le recours plein de confiance d'Alix à Dieu par Marie triomphèrent de ces nouveaux obstacles, tant il est vrai que la prière est toute-puissante sur le cœur de Dieu et de sa divine Mère et leur cause une délicieuse violence.

Nous avons suffisamment constaté l'action de la divine Providence sur les débuts de la Congrégation de Notre-Dame pour lui appliquer ces réflexions d'un pieux auteur : « Dieu revêt les commencements d'une œuvre sainte d'une beauté et d'une douceur particulières ; il s'y montre plus sensiblement et plus intimement présent, afin d'en obtenir les prémices dont il se déclare jaloux. Une congrégation naissante est l'aurore, le printemps, l'enfance d'une existence supérieure et personne ne peut en raconter la paix, les charmes et les espérances. La Providence s'y montre comme une mère pour un enfant qui doit entreprendre un long et pénible voyage ; elle le presse plus tendrement que jamais sur son cœur et lui prodigue les caresses dont le souvenir adoucira ses fatigues et ranimera son courage » (2).

1. *Rel.*, XXII.
2. Le R. P. Monnin : *Notice sur la Mère Marie-de-Jésus,* pp. 291, 292.

CHAPITRE VIII

ÉPREUVES ET CONSOLATIONS
1601

Epreuve imposée aux cinq prétendantes. — Marie apparaît à
Alix. — Lumières surnaturelles. — Municipalité récalcitrante.
— Rappel des religieuses à Poussay. — Pèlerinage à Saint-
Nicolas. — Retour à Mattaincourt. — Projet de fondation
à Saint-Mihiel. — Voyage de Pierre Fourier.

FLEUR SPIRITUELLE. — *Sanctifier les pèlerinages par la pureté
d'intention. la prière. la modestie, le bon exemple à l'aller et
au retour.*

C'est sur la croix que Dieu fonde ses œuvres et
c'est par la croix qu'il leur donne la vie et la solidité. Ainsi en est-il de la grande œuvre du chris-
tianisme : ainsi en est-il des œuvres qui s'y ratta-
tachent. L'orage suscité à Mattaincourt contre le
petit troupeau du saint pasteur s'était calmé et l'on
était à la joie de posséder et de goûter une paix
depuis longtemps désirée, quand, de Verdun, le P.
Florent revint à la charge. Au lieu d'attribuer à
sa véritable cause la fermeté des filles de Fourier, il alla jusqu'à les soupçonner pour lui d'une
attache trop humaine. Si celui-ci, disait-il, restait
seulement un an sans leur parler, on les verrait
bientôt courir d'elles-mêmes à Verdun. Un an, ce
n'était pas rien, ni pour Fourier, ni pour ses filles. De
fait, ce ne fut pas trop pour leur force d'âme. Fourier
avait le droit de dédaigner pareil soupçon ; mais tou-

jours humble, toujours défiant de lui-même et désireux d'autre part de ne rien négliger pour connaître la sainte volonté de Dieu, il se crut obligé d'accepter le défi et de soumettre de nouveau et pour longtemps ses filles à l'épreuve d'un silence calculé. Il évitait de les rencontrer et de leur parler, les congédiait quand elles se présentaient à l'église pour lui adresser la parole, se contentait au confessionnal de leur donner l'absolution, sans y ajouter les conseils accoutumés, et de recevoir par billets laconiques ce qu'elles avaient de plus pressant à lui communiquer. Impossible à elles de deviner la cause d'un changement d'autant plus pénible qu'elles se reposaient de tout sur le soin paternel de leur bon et saint directeur. Dieu seul, pendant cette dure période, fut leur soutien et leur en donna des preuves irrécusables.

En voici un bel exemple. La veille de la Purification, en 1601, comme la vénérable Mère se préparait à solenniser cette fête, anniversaire de sa naissance et de son baptème : « Notre-Dame, dit-elle, se présenta à moi, tenant son divin Fils, lequel elle me donna disant que je le nourrisse jusqu'à ce qu'il soit grand : ceci s'entend que je procurasse sa gloire. »

Admirables paroles basées sur cette doctrine que nous sommes les enfants de Marie et les frères de Jésus, que Jésus veut naître en nous, vivre en nous, y grandir jusqu'à la plénitude de l'homme parfait. Paroles qui s'harmonisent merveilleusement avec les communications antérieures. Rappelons-les brièvement. Alix a des visions. Que voit-elle ? Elle contemple, admire et suit une procession en blanc. Elle se présente à deux saintes pour être reçue comme leur fille. Elles refusent et lui montrent un berceau. Et que lui disent-elles ? Elles lui disent : C'est là votre vocation. La congrégation se forme, où et quand ? A Noël, près du berceau de l'Enfant Jésus Marie apparaît deux fois à Alix. Que lui veut-elle ? Elle tient l'Enfant Jésus et le lui remet en mains. Et que lui dit-elle ? D'en jouir, de l'embrasser et de se reposer ? Non, mais de persévérer dans sa vocation. Par quel moyen ? En nourrissant l'Enfant Jésus, jusqu'à ce qu'il soit grand. Mais quel est ce divin Enfant ? C'est l'enfant dans lequel Jésus veut naître, vivre, grandir ; c'est l'enfant du peuple et l'enfant du riche. Et quel sera vraiment le rôle d'Alix près de Jésus ? Je veux que ces petites âmes aient une mère en toi. En un mot, aux religieuses d'être mères : à elles de soigner, de nourrir Jésus : aux enfants d'être et de devenir Jésus.

Dieu demandait à Alix de procurer sa gloire et il en donnait le moyen en confirmant la vocation de son élue à l'œuvre de l'éducation et en relevant l'excellence de ces sublimes fonctions.

« Mon esprit, écrit-elle, fut fort humilié et porté à des choses bien hautes de la connaissance de Dieu. Je ne saurais rien dire de cela, sinon que Dieu est un pur esprit et que je n'avais connais-

NOTRE-DAME REMET L'ENFANT JÉSUS A LA V. MÈRE ALIX.

sance que d'un petit brin de sa grandeur et perfection, entendant encore quelque chose de la sainte Trinité, laquelle j'adorais Trois en Un, et surtout
l'amour et l'unité des trois personnes divines. Cette grandeur m'est toujours demeurée comme im-
primée en l'esprit, ainsi que cette pureté qui me
pousse à désirer celle de mon âme et d'avoir grande compassion des âmes qui se souillent et se sou-
lèvent contre la volonté divine. Je voudrais endurer et donner ma vie plusieurs fois, afin qu'elles
retournent à leur première origine » (1).

En résumé, lumières abondantes sur Dieu et sur
la sainte Trinité et qui cependant paraissent n'ê-
tre « qu'un petit brin », impression de la grandeur
et de la sainteté de Dieu, impression profonde qui
ne quittera plus Alix, qui la poussera à la pureté,
à la pitié pour les âmes pécheresses, pitié si grande qu'elle voudrait donner et redonner sa vie pour
les ramener à leur ferveur première.

Ainsi souriait le ciel à ces âmes éprouvées par
la tribulation. Elles soutinrent vaillamment, pendant plus d'un an, cette nouvelle épreuve, et leur
persévérance unanime donna autant de consolation
au vénérable curé que de confusion à leurs dé-
tracteurs. C'est seulement deux ans après que le
saint instituteur leur fit connaître les raisons du
procédé extraordinaire dont il avait cru devoir user
à leur égard.

1. *Rel.*, XXIII.

Les voyant si bien affermies dans leur vocation, le saint fondateur s'appliqua plus que jamais à les rendre capables de toutes les fonctions nécessaires à l'instruction des enfants, leur apprenant à bien lire, leur inculquant les principes de l'orthographe et les règles de l'arithmétique par méthode raisonnée. Chaque jour il leur donnait une petite leçon, mais il mettait plus de soin encore à les former à la mortification intérieure et extérieure, profitant des circonstances inattendues et inventant tous les jours quelque nouvelle occasion pour leur apprendre à se vaincre et à se surmonter.

Encouragée par le chiffre croissant des élèves et par le progrès des maîtresses dans la vertu, Mme d'Apremont résolut d'acheter à ses protégées une maison plus spacieuse dont elles pourraient faire plus tard un monastère. Il s'agissait du presbytère de Mattaincourt. Mais les habitants s'y montrèrent opposés (1). C'est alors que la bienfaitrice, mécontente de cette ingratitude, rappela à Poussay la jeune communauté, avec l'intention de l'envoyer prochainement à Saint-Mihiel dans un hôtel qu'elle y possédait. Les habitants désolés recoururent à Pierre Fourier. Celui-ci prit la peine d'aller avec deux ou trois des principaux d'entre eux, députés par la population, faire des excuses à Mme d'Apremont et réclamer les religieuses. Mme

1. A. D'HANGEST, *liv. V, a. XVII.*

d'Apremont ne consentit à les rendre que sur des instances réitérées et seulement pour trois mois, en attendant qu'on aménageât son hôtel de Saint-Mihiel. Ce sursis donnait l'espoir d'un succès plus complet (1).

Néanmoins, avant de rentrer à Mattaincourt, il fut décidé que les nouvelles institutrices iraient en pèlerinage à Saint-Nicolas. C'était l'année jubilaire et la basilique du saint évêque de Myre avait été désignée comme l'une des stations régionales.

On vénérait à Saint-Nicolas la phalange d'un doigt de ce grand saint, rapportée de Bari en 1098 par le sire de Varangéville. Cette relique fut d'abord placée dans un coffret de bois précieux, puis dans un bras d'argent, offert par le duc de Lorraine, Charles II; enfin, en 1475, dans un somptueux bras d'or, présent du bon roi d'Anjou, René Ier, duc de Lorraine et roi de Provence. Enlevé à la Révolution française, il a été remplacé par un autre en 1893 et celui-ci a été à son tour soustrait pendant la nuit au trésor de la basilique. Au temps de saint Pierre Fourier, le bras d'or était conservé dans une église monumentale, œuvre de Simon Moyset, curé de cette ville au seizième siècle. Les pèlerins y affluaient de toutes parts. Saint Louis, les ducs de Lorraine, le sire de Joinville, Jeanne d'Arc étaient venus vénérer la relique du grand thaumaturge. M. de Bérulle vint y prier à son tour avec

1. *Eclaire.*

Vén. Alix Le Clerc   7

Mme Acarie. Tandis qu'ils étaient absorbés en Dieu pendant l'office des Matines, Mme Acarie entendit pour la troisième fois sainte Thérèse, visible à ses yeux, lui adresser la parole. La pieuse veuve devait non plus seulement s'employer à la fondation des Carmélites en France, mais encore entrer chez elles et y entrer comme sœur converse. C'était renoncer à l'une de ses plus grandes joies, celle de chanter les louanges de Dieu. Après avoir longtemps résisté, elle ne se releva de la place où elle était prosternée qu'après avoir fait vœu de réaliser la demande de la sainte réformatrice.

A leur tour, les filles de Pierre Fourier se rendirent à Saint-Nicolas, mais en vraies pèlerines, à pied, couvertes d'instruments de pénitence et n'interrompant le silence que pour prier et chanter des cantiques. Elles conjurèrent saint Nicolas, patron de la Lorraine et protecteur des enfants, de bénir leur société vouée à l'éducation et rentrèrent à Poussay, comblées des bénédictions d'en haut (1).

Peu de jours après, c'est-à-dire vers le commencement de novembre 1601, elles revinrent de Poussay à Mattaincourt et rouvrirent les classes.

Mme d'Apremont désirait vivement que Pierre Fourier vît la maison de Saint-Mihiel. Il lui fallait d'ailleurs, pour installer ses filles dans le diocèse de Verdun, l'autorisation de l'évêque et du duc Charles III. Il partit donc sans tarder pour

____

1. A. D'HANGEST, *liv. V, a. XIX.*

la ville épiscopale. L'évêque était le prince Éric,
cousin du prince régnant. Il l'accueillit avec empressement et fut heureux de recevoir, comme communauté de son diocèse, ces pieuses filles dont il avait
entendu parler avec tant d'éloges l'année précédente et qu'il avait lui-même désirées pour la maison
des Clarisses. L'incident de Verdun tournait à l'a-
vantage des religieuses.

A son départ le prélat lui remit deux lettres :
l'une pour Mme d'Apremont, la remerciant de sa
libéralité et l'autre pour Charles III, lui faisant connaître et lui recommandant l'institut nouveau. De
Verdun, le fondateur se rendit à Saint-Mihiel. Passant devant une superbe maison qui dominait toutes les autres, il se dit à lui-même : « Mon Dieu,
si c'était celle-là, qu'elle serait propre à notre dessein ! » C'était bien celle-là effectivement, comme
il l'apprit un instant après à la première demande
qu'il en fit. De Saint-Mihiel, il poussa jusqu'à
Nancy, où Charles III l'accueillit avec beaucoup
de déférence. Cette première entrevue fut le début
d'une longue et efficace protection des ducs de Lorraine envers la Congrégation de Notre-Dame.

Pierre Fourier, très heureux du succès de son
voyage, revint à Poussay, où il raconta le tout à
Mme d'Apremont, en lui remettant la lettre du
prince Éric, et à Mattaincourt où il apporta le même récit et les mêmes joies.

Les religieuses devaient partir dès que la maison serait prête. Cependant Pierre Fourier et Mme

d'Apremont jugèrent à propos d'attendre encore, mais pour des raisons différentes : celle-ci par crainte de l'hiver et celui-là par crainte d'un départ complet qui aurait vidé la maison. En effet, la noble dame, toujours irritée contre les habitants de Mattaincourt, voulait emmener toutes les religieuses. Le curé de Mattaincourt, comme il était naturel et juste, désirait en garder pour la paroisse : il priait, il faisait prier et il gagnait du temps. La bienfaitrice résistait toujours. Il finit par triompher, en alléguant qu'il n'avait jamais rien demandé au ciel par l'intercession de ses filles sans l'obtenir. On arriva enfin à l'arrangement suivant. Mme d'Apremont aurait quatre des anciennes pour Saint-Mihiel, à savoir : Alix le Clerc, Gante André, Claude Chauvenelle et Jeanne de Louvroir. Les plus jeunes resteraient à Mattaincourt avec Isabelle de Louvroir. Le départ fut fixé au 7 mars 1602, fête de saint Thomas d'Aquin.

Une bourrasque avait ramené de Poussay à Mattaincourt les cinq élues du ciel; une bourrasque les conduisit à Saint-Mihiel, que Pierre Fourier se plaisait dans la suite à appeler : « Le premier domicile assuré des saintes filles de la Congrégation de la Mère de Dieu. »

CHAPITRE IX

LA FONDATION DE SAINT MIHIEL

7 Mars 1602

Alix à Saint-Mihiel. — Ouverture d'école. — Succès. — Genre de vie. — Intercession d'Alix pour sa patrie.

Fleur spirituelle. — *Prier pour sa patrie, surtout dans les crises religieuses et politiques.*

Quittons Mattaincourt où Isabelle de Louvroir, sous la direction du saint fondateur, formera ses novices à la vie religieuse et aux fonctions d'institutrice avec un zèle et une dextérité admirables et où leurs exemples de ferveur et de dévotion continueront à attirer de nouvelles ouvrières à la vigne du Seigneur, et accompagnons la pieuse colonie destinée à Saint-Mihiel.

Gante André en a été nommée supérieure (1) et Alix rentre dans sa chère obscurité. En la faisant descendre au second rang, Dieu ne voulait-il pas montrer dans cette âme un modèle complet de la vie religieuse, c'est-à-dire non seulement pour les supérieures, mais encore pour les inférieures? Pierre Fourier ne voulait-il pas l'éprouver? L'épreuve était légère pour Alix, car elle avait toujours eu pour la charge de supérieure une extrême répugnance, disant avec de grands sentiments de son insuffisance qu'elle n'en était pas capable et qu'elle em-

1. V. *appendice* V.

pêchait par là les grâces de Dieu et le bien de la communauté.

Après des instructions paternelles et de touchants adieux, la petite caravane se mit en route. Les quatre pèlerines n'eurent-elles pas un serrement de cœur en s'éloignant, pour longtemps peut-être, du nid bien-aimé de Mattaincourt et en quittant les ailes si douces de leur Père? Et lui, de son côté, ne dut-il pas jeter un regard attendri sur cette humble avant-garde d'une magnifique théorie de vierges qui, se levant à travers les siècles, allaient, groupées sous son nom et dociles à sa parole, cueillir les âmes et les déposer, moisson abondante, dans les greniers du Père de famille, jusqu'au jour béni où lui-même, les ayant toutes reçues, les présenterait avec amour, comme un trophée, à la Vierge Marie et comme une nouvelle escorte à l'Agneau immaculé?

D'autre part n'avait-il pas quelque souci d'envoyer ses premières filles dans une ville importante, moins par sa population que par le privilège dont elle jouissait d'avoir les *grands jours* ou assises de la cour souveraine? Ce tribunal, le plus élevé du duché, fonctionnait à des époques déterminées et comptait dans son sein des abbés mitrés, des prélats et des membres de familles appartenant à l'ancienne chevalerie. Les débats étaient quelquefois dirigés par le duc lui-même. Fourier ne craignait-il pas quelque peu ce théâtre où ses filles allaient être mises en vue d'un public distingué de

gentishommes, de hauts fonctionnaires et même de
l'entourage du prince?

En passant à Poussay les voyageuses entrèrent à
l'abbaye pour remercier leur généreuse bienfaitrice. Aux témoignages de la plus vive et de la plus
légitime reconnaissance, Mme d'Apremont répondit
par de nouveaux épanchements de bonté, puis elle
installa les pèlerines dans sa voiture qui les conduisit au terme de leur course. Là, tout était dispo-
sé en leur faveur : la maison pourvue de blé, les
officiers de la ville et les médecins invités à considérer les religieuses comme Mme d'Apremont elle-
même et les fournisseurs avertis de leur donner tout
ce qui leur serait nécessaire.

Les classes furent immédiatement ouvertes et immédiatement remplies. Les zélées institutrices y demeuraient depuis six heures jusqu'à onze heures
du matin, prenaient une légère réfection et y ren-
traient pour n'en sortir que le soir. Fallait-il préparer quelque ouvrage aux enfants, elles y em-
ployaient une partie de la nuit.

Le menu du repas était très léger : un peu de
pain bis, des fruits ou de la salade, parfois quelques légumes assez mal cuits, d'autrefois un potage, jamais de vin, ni de viande pendant les seize
premières années. Dans les débuts elles souffrirent
beaucoup de la pauvreté, ne voulant ni mettre à
profit les offres gracieuses de Mme d'Apremont,
ni manifester leur gêne, afin de n'incommoder personne et de porter cette croix pour l'amour de Dieu.

Les six premières années elles faisaient des pénitences prodigieuses, jeûnant la plupart du temps au
pain et à l'eau, couchant sur la planche, priant
toutes les nuits prosternées ou à genoux, dormant
une heure au plus, veillant et se reposant à tour
de rôle, pour avoir la prière nocturne perpétuelle.
Dans la suite elles durent modérer des austérités
qui épuisaient leurs forces et rebutaient les nouveaux sujets (1).

Elles menaient la vie commune dans une pauvreté, une chasteté et une obéissance parfaites, ex-
halant autour d'elles, par leur retenue et leur modestie, la bonne odeur de Jésus-Christ. Gagné par
le spectacle de leurs vertus et par les services qu'elles rendaient au public, le peuple les aimait beaucoup.

Elles se levaient à quatre heures, faisaient oraison jusqu'à cinq, puis psalmodiaient l'office de Notre Dame, n'étant pas encore en nombre suffisant
pour prendre le grand office et remplir en même
temps le devoir de l'instruction. A cinq heures du
soir, elles récitaient vêpres et complies, suivies des
litanies de la sainte Vierge, méditaient pendant une
demi-heure et gardaient exactement les autres
points du règlement.

Elles ne sortaient de la maison que pour la messe, la confession, la communion.

Elles ne recevaient point de compagnes que le

1. *Eclaire.*

saint fondateur ne les eût examinées. On leur imposait deux années de noviciat, pendant lesquelles on les exerçait à l'instruction des enfants, si on les trouvait dociles et résolues à demeurer dans la Congrégation pour y garder les règlements faits et à faire dans l'avenir. Tel a été leur genre de vie jusqu'à l'érection du premier monastère en 1617 (1).

Alix donnait l'exemple de toutes les vertus. Les épreuves venant de la pauvreté étaient pour elle un sujet d'allégresse. En effet, nous dit Angélique Milly, elle eut toujours un grand plaisir à voir les maisons de la Congrégation commencer dans une extrême pauvreté, et comme elle était très gaie, elle encourageait ses sœurs avec tranquillité et joie, les assurant que cela ne durerait pas et que la Providence y pourvoirait.

Dans toutes les maisons où elle a demeuré, elle choisissait toujours le pire, les habits usés et rapetassés et tout ce qui valait le moins en toutes choses pour son usage ordinaire. Elle faisait mettre son lit dans le lieu le plus mauvais et le plus désagréable du logis. Tout le temps qu'elle demeura à Saint-Mihiel, elle voulut coucher sous un mauvais escalier où elle souffrait une grande incommodité, et cependant elle croyait toujours être mieux qu'elle ne le méritait (2).

On la voyait toujours la première aux exercices

1. *Eclaire.*
2. *Rem.*, p. 176.

propres à humilier la nature; elle s'y livrait avec une joie visible. A Saint-Mihiel comme ailleurs, c'est elle qui nettoyait les locaux les plus vulgaires. Sitôt sortie du réfectoire, elle se dérobait adroitement à la compagnie pour aller écurer les pots, laver la vaisselle, servir la cuisinière et faire tous les exercices d'humilité qu'elle pouvait rencontrer.

Bien que dès sa conversion Dieu eût donné à Alix de grandes lumières sur nos mystères et spécialement sur la sainte Trinité, cependant à peine arrivée à Saint-Mihiel, elle fut attaquée de graves tentations qui la tourmentèrent sans relâche ni soulagement. Elle se retirait dans un lieu écarté de la maison, afin qu'on ne la vît point dans ses désolations et y passait la plupart des nuits pleurant, priant et soupirant après Dieu, sans recevoir néanmoins aucune consolation ni du ciel ni de la terre (1).

Quel était le secret de ces tentations? Alix était animée d'un grand zèle pour la conversion des pécheurs. « Tous les jours, disent les *Remarques*, elle leur destinait une partie des prières de la communauté. Quand elle savait quelqu'un en état de péché, elle n'épargnait rien pour obtenir sa conversion : elle jeûnait, portait le cilice, prenait la discipline et passait des heures entières prosternée aux pieds du Saint-Sacrement, et priait les plus ferventes de ses sœurs de faire de même pour flé-

____

1. *Rem.*, p. 295.

chir Notre-Seigneur et lui demander miséricorde. Et quand elle apprenait quelque chose où il y avait de l'offense de Dieu, elle en était plus sensiblement touchée que de toutes les autres disgrâces qui auraient pu lui arriver » (1).

Ces sentiments apostoliques de la Mère Alix à l'égard des pécheurs, si vifs déjà dans les cas ordinaires, acquéraient une intensité inexprimable, dans les situations exceptionnelles. Telle fut la circonstance du mariage projeté et même célébré, malgré les empêchements canoniques, entre Henri II et Catherine de Bourbon, sœur d'Henri IV et huguenote zélée. Cette union menaçait d'implanter le protestantisme dans le duché de Lorraine comme en Allemagne et en Angleterre. On devine les angoisses de la Mère Alix, ses prières, ses supplications et ses pénitences. Ses souffrances inénarrables furent la rançon par laquelle elle racheta son pays du malheur qui le menaçait.

« Etant un jour comme au dernier point de son affliction, prosternée devant Dieu, elle commença à se plaindre doucement à lui de l'état pitoyable où ses péchés la réduisaient, vu l'ardent désir qu'il lui avait donné de le chercher et de lui plaire. Pendant qu'elle ne savait plus de quel côté se tourner pour trouver le bon chemin, au même instant, elle se trouva libre et délivrée entièrement de toutes ses tentations, avec un si grand calme d'esprit

1. *Rem.*, 205.

qu'il lui semblait être une autre personne. Elle reçut dès lors tant de grâces et de lumières sur les mystères de la foi que jamais depuis elle ne fut attaquée d'une seule pensée contraire, et il lui resta toujours un grand fonds de cette foi infuse qui lui a beaucoup servi toute sa vie pour supporter les grandes afflictions d'esprit qui lui sont arrivées, et de plus les autres difficultés et contradictions de de toute sorte qu'elle a rencontrées dans le cours des affaires de la Congrégation (1).

Une prière aussi fervente ne pouvait être repoussée. Elle le sut dans un ravissement dont Dieu la favorisa, alors qu'elle priait avec ferveur pour que Dieu épargnât à sa patrie le malheur de tomber dans l'hérésie. « Il me sembla voir, dit-elle, un grand précipice dans lequel cette dame (Catherine de Bourbon) voulait jeter les autres ; mais qu'elle-même, sans y prendre garde, y était tombée (2) ». En effet, le 13 février 1604, la princesse succomba à une maladie soudaine, incomprise des médecins (3).

La prière d'Alix et la mort de Catherine nous rappellent combien est légitime l'amour vrai de la patrie et combien est puissante sur le cœur de Dieu, une chrétienne, une femme, une jeune fille pure et dévouée à la gloire de Dieu par la prière et par la souffrance.

1. *Rem.*, pp. 262 et suiv.
2. *Rel.*, XLI.
3. V. appendice VI.

Non, toutes les Jeanne d'Arc ne sont pas à cheval, la main armée d'une épée. Il en est qui, en s'agenouillant sur un humble prie-Dieu, en portant sur leurs épaules la croix que leur a taillée la Providence, en acceptant au front le voile des épouses de Jésus-Christ, quand il les appelle à le recevoir, ont en faveur de leur pays ou de leurs parents ou même d'inconnus, un indiscutable empire et une sublime souveraineté.

Jeunes âmes pures et immaculées, si un jour Dieu vous souffle au cœur l'inspiration d'intercéder pour votre patrie en deuil ou pour des âmes qui vous touchent de près et qui se tiennent éloignées de lui, rappelez-vous le rôle d'Alix, acceptez ce noble mandat, allez à votre prie-Dieu, montez au Cœur de Jésus et suivez vaillamment les inspirations du ciel avec la ténacité d'un cœur rivé à celui de Dieu dans la souffrance et dans l'amour. La plus divine de toutes les œuvres divines est de coopérer au salut des âmes. « Sauver une âme, c'est plus que créer un monde » (*S. Pierre Fourier*).

Le saint instituteur avait l'œil sur ses filles de Saint-Mihiel, soit par la correspondance, soit par ses visites. Il leur faisait alors des conférences très goûtées et les enflammait de l'amour de Dieu et du désir de travailler à sa gloire.

L'attitude des nouvelles maîtresses leur attirait l'estime du public, même de ceux qui leur étaient d'abord opposés, tel ce curé de Saint-Mihiel qui avait interdit au saint homme de confesser, et qui, revenu pleinement de ses préjugés, disait hautement : « Je reconnais aisément partout les jeunes filles élevées dans leurs classes et nous aurons ci-après de sages mères de famille ».

Ce témoignage fut porté à Rome aux pieds du Souverain Pontife, Paul V, au moment où il donna la première approbation à l'institut naissant.

CHAPITRE X

LA FONDATION DE NANCY

1603

Alix s'établit dans la Ville-Neuve. — Ouverture d'école. — Prédiction. — Le cardinal de Lorraine approuve la Congrégation et une règle plus étendue. — Dévotion des fondateurs à l'Immaculée Conception. — Fondation à Pont-à-Mousson et à Saint-Nicolas. — Le cloître de Notre-Dame. — Prédiction d'Alix. — Fondation de Verdun.

FLEUR SPIRITUELLE. — *On ne peut jamais faire assez pour la gloire de Dieu (La Vén.)*

Saint-Mihiel était trop rapproché de Nancy, trop fréquenté par les notabilités ecclésiastiques et politiques, pour qu'on n'y parlât pas de la nouvelle œuvre de Pierre Fourier. La renommée s'en répandit en effet et pénétra jusqu'à la cour. En 1603, le cardinal de Lorraine, primat de Nancy et légat du Saint-Siège, engagea son père, Charles III, le duc régnant, à faire venir dans la capitale du duché quelques religieuses de Saint-Mihiel.

A raison de la cour et d'une foule de relations d'autant plus inévitables que la clôture n'existait pas, les filles de Pierre Fourier avaient de grandes répugnances au projet, mais Dieu fit entendre à Alix qu'il était bon d'aller sur ce théâtre pour y cueillir, au prix de grandes souffrances et de la calomnie même, les palmes d'un fructueux apostolat (1).

1. *Rel..* XLVII.

Alix s'y rendit avec Claude Chauvenelle. Elles se fixèrent en une petite maison de la Ville-Neuve, près de l'hôpital Saint-Julien et commencèrent à instruire les petites filles accourues en grand nombre (1).

Cependant ni cette demeure qu'elles occupèrent trois ans, ni celle qu'elles habitèrent ensuite, n'était définitive. Alix ne tarda pas à en recevoir l'avis du ciel. Un jour, en effet, à la sortie de l'oraison, elle ouvrit une fenêtre de sa chambre et appelant sa compagne, elle lui dit : « Ma sœur, voyez-vous bien cette grande place? nous y aurons un jour un beau monastère et vous y verrez grand nombre de religieuses qui chanteront les louanges de Dieu. » La bonne sœur se prit à sourire en disant : « La Providence de Dieu est grande, mais pourtant il n'y a guère d'apparence ». Et néanmoins il en fut ainsi. Douze ans après, en 1615, on achetait la place indiquée prophétiquement et la compagne d'Alix voyait avant sa mort cinquante religieuses professes dans la maison (2).

Alix fut nommée supérieure de la communauté et la gouverna six ans, de 1603 à 1609, époque de sa rentrée à Mattaincourt. Le confesseur fut le P. Baccarat, de la Compagnie de Jésus.

Les nouvelles institutrices réussirent à merveille auprès du peuple et plus encore auprès du cardi-

1. *Eclairc.*, p. 100.
2. *Rem.*, p. 269.

nal. Or, dans la circonstance, la faveur du prélat était bien précieuse; elle donnait en effet l'espérance d'obtenir de lui l'approbation de l'institut. Fourier le savait, le désirait, mais était trop modeste pour tenter lui-même la démarche d'une demande. Il rassembla donc à Nancy ses cinq premières filles pour discuter l'affaire. Il fut réglé qu'elles solliciteraient cette faveur elles-mêmes en leur nom et au nom de leurs compagnes présentes et futures. Munies du règlement provisionnel plus développé et d'une requête très fortement motivée que le Père avait rédigée, elles allèrent trouver le cardinal, se jetèrent à ses pieds et lui présentèrent ces deux pièces. Le prélat leur promit toute sa bienveillance. L'affaire fut soigneusement discutée. On y trouva plusieurs difficultés, mais les instances des pétitionnaires auprès de Dieu et de ses ministres en triomphèrent et, le 8 décembre 1603, le cardinal signait les lettres d'approbation, munies du grand sceau de sa légation, en faveur du nouvel institut, sous le titre de Congrégation de la bienheureuse Vierge Marie.

Le règlement nouveau, présenté avec la requête, se composait de vingt-sept articles et n'était que le développement des dix-neuf articles approuvés à Liverdun, en 1598, avec une atténuation des mortifications extérieures. A mesure en effet que le prudent législateur avançait en âge et en expérience, nous aurons lieu de le remarquer dans la suite, il ménageait toujours plus la faiblesse des santés en

substituant aux austérités corporelles des mortifications plus importantes en matière de pauvreté,
de clôture et de dépendance.

Le décret autorisait les filles de Fourier à s'établir, sous le consentement des Ordinaires respec-
tifs, dans toute l'étendue de la légation du cardinal,
c'est-à-dire dans les duchés de Lorraine et de Bar.
Et cette faveur insigne, le cardinal l'accordait avec
une bonne grâce admirable : « De tous les usages, disait-il, que j'ai faits jusqu'ici de mon pouvoir, celui-ci est le plus agréable et le plus cher
à mon cœur » (1).

Alix était au comble de ses vœux; car, on s'en
souvient, depuis une apparition dont Marie l'avait
favorisée à Poussay, « elle avait toujours eu un
grand désir de voir ses desseins fondés sous la
protection de la sainte Vierge ». Or, la faveur était
accordée au jour même de la fête de l'Immaculée
Conception, fête qu'elle aimait entre toutes, « car,
disait-elle, ce privilège a été le commencement de
tous les bonheurs de Marie et le fond sur lequel
Dieu a pris plaisir à opérer tant de merveilles »,
fête également féconde pour elle, en grâces très
spéciales qu'elle reconnaissait avoir reçues ce jour-
là de Notre-Seigneur, en considération de sa sainte Mère (2).

Il n'est pas inutile de rappeler ici que, si la fon-

1. DORIGNY.
2. *Rem.*, p. 241.

datrice des religieuses de Notre-Dame avait une grande dévotion à l'Immaculée Conception, le fondateur l'avait, lui aussi, à un éminent degré. Vers la fin de 1631 et plus encore au commencement de 1632, il renouvela et rétablit dans sa paroisse, sous le titre de l'Immaculée Conception de Notre-Dame, une ancienne confrérie dont il restait à peine quelques vestiges. Il recommanda expressément à ses religieuses d'établir, dans leurs monastères, des congrégations, sous le même vocable, avec l'agrément des évêques.

Il semble bien que c'est à Pierre Fourier que revient l'honneur d'avoir érigé le premier des congrégations de la sainte Vierge sous le titre de l'Immaculée Conception (1).

C'est lui aussi qui, en temps d'épidémie à Saint-Nicolas, conseilla les billets avec cette inscription : « Marie a été conçue sans péché ». Cette dévotion passa de Saint-Nicolas à Saint-Mihiel et de Saint-Mihiel à Nemours. Partout on s'en servit avec grand succès, tant on est sûr d'être bien accueilli de Marie, quand on la félicite d'avoir reçu ce beau privilège et qu'en cette considération on la prie d'ouvrir le trésor de ses grâces.

La haute approbation du cardinal, heureusement ajoutée à celles de Nosseigneurs de Toul et de Verdun, permettait d'attendre avec sécurité celle du Saint-Siège et facilitait les fondations nouvelles. Le

1. V. *appendice* VII.

prince des ténèbres se vengeait sur Alix de ces succès par des tentations peu ordinaires, mais elle mettait le démon en fuite au nom de Jésus-Christ et en traçant sur elle le signe de la croix.

Si l'ennemi de Dieu manifestait son mécontentement, il y avait par contre des amis qui déployaient un grand zèle en faveur de l'œuvre. Un an après l'établissement de Nancy, les bourgeois de Pont-à-Mousson demandèrent des religieuses au curé de Mattaincourt. Le P. Servais de Lairuels, réformateur des Prémontrés, son ancien ami de collège, vint appuyer leur demande, en offrant le logement et l'entretien des sujets de la nouvelle colonie. Après beaucoup de prières et de mortifications, Pierre Fourier fut heureux d'accorder cette fondation qu'il désirait lui-même depuis longtemps. Isabelle de Louvroir fut désignée comme supérieure. A la fin de 1604, Alix et Gante André allèrent la présenter avec ses compagnes. Elles furent reçues comme des anges venus du ciel. Nétaient-elles pas les filles de celui qui avait autrefois embaumé l'Université naissante de Pont-à-Mousson du parfum de ses vertus?

De retour dans la capitale, la vénérable fondatrice reçut l'ordre, dans une vision, de cueillir des fleurs de son jardin de Nancy pour les transplanter à Saint-Nicolas, cette petite ville célèbre par sa dévotion au saint évêque de Myre et où elles étaient allées, en 1601, faire leur pèlerinage jubilaire. Une maison fut achetée, au prix de sept mille

S. PIERRE FOURIER RÉPAND DES BILLETS AVEC CETTE INSCRIPTION :
MARIE A ÉTÉ CONÇUE SANS PÉCHÉ.

francs et Gante André en fut élue supérieure. Aidée de la Mère Chauvenelle et de trois autres sœurs, elle ouvrit une école dans l'octave de l'Assomption.

Saint Pierre Fourier leur avait donné préalablement des avis d'une charmante simplicité.

« Que notre sœur Jeanne prépare de bonnes plumes bien taillées, un bon canivet, une règle à régler pour les exemples, et de la bonne encre pour écrire, car cela donne lustre à l'écriture. Surtout enseignez le catéchisme et la piété aux filles; montrez-leur à se confesser proprement, dire le bénédicité et les grâces en la maison, l'obéissance et le respect aux pères et mères et commencez votre école par ces points ».

Huit jours après, informé que les classes sont ouvertes, il donne à ses filles de nouveaux avis, cette fois d'une grande élévation : « On prend garde après vous, et au ciel et en terre : les anges, les archanges, le Roi des anges votre Époux, sa bienheureuse Mère, qui est la vôtre, le chœur des vierges, vos compagnes, qui vous attendent, enfin toute la cour céleste épient et attendent tout ce que vous ferez, vous tendent les mains et s'apprêtent à vous aider. »

Au bout de trois ans de séjour à Nancy, la Mère Alix s'occupa activement d'avoir une maison plus vaste et plus commode. Mais elle n'avait pas un denier et les immeubles étaient extrêmement chers. Un soir, elle voit en songe sur une vieille muraille la sainte Vierge qui se plaint à elle : « On me laisse tomber en ce lieu ». Elle s'éveille et se demande où elles pourront, elle et ses sœurs, trouver une maison. Une voix lui répond : « Elle est toute bâtie ». Le lendemain le prélat vient lui annoncer que le cloître de Notre-Dame de Nancy est à vendre; il a dû en faire sortir des religieux réfractaires à la réforme. La sainte Vierge se plaignait bien plus des ruines morales que des ruines matérielles : elle voulait voir ressusciter la ferveur dans cette enceinte consacrée à son culte. Après maintes contrariétés, la vénérable acheta le cloître et divers immeubles d'alentour dont l'acquisition était nécessaire pour compléter le groupe. Elle dut s'engager pour vingt mille francs. Malheureusement elle n'avait ni sou, ni protection. Chacun s'étonnait d'un marché si hardi, vu surtout le caractère des créanciers intraitables sur les délais. Fort en peine, les compagnes de la Mère Alix étaient persuadées qu'il faudrait honteusement résilier le marché. Seule, Alix était imperturbable dans sa confiance. Elle eut recours à Dieu par Marie, elle fut exaucée. Contre toute espérance, des dames et des demoiselles de la ville engagèrent spontanément leur vaisselle d'argent et leurs bijoux pour satisfaire aux exigences de la situation et tirer la Mère de difficulté. Le nécessaire même fut dépassé. La Providence de Dieu fut admirée des plus ardents contradicteurs, un seul excepté. Celui-ci, homme de qualité, était en démêlé avec la Mère sur l'achat des places entourant le cloître. Malgré tous ses efforts, elle ne put empêcher le grand mécontentement du personnage. Des amis de la maison conseillaient à la Mère d'aviser au moyen de le calmer, parce qu'il était fort en colère et pourrait nuire beaucoup : « J'ai bien du déplaisir, répondit la vénérable, de n'avoir pu éviter le sujet qui le fâche, mais Dieu y travaillera et il sera un jour de nos meilleurs amis et des plus affectionnés à notre établissement ; il nous donnera même une de ses filles pour être religieuse ».

La prédiction se vérifia quelques années après. Devenu le grand ami de la maison, il accourait y chercher consolation dans ses peines auprès de la Mère Alix et lui apportait en retour tout son dévouement (1). La vénérable releva donc ainsi le cloître de Notre-Dame et satisfit aux réclamations de la sainte Vierge se plaignant qu'on la laissât tomber en ce lieu. Des pierres vivantes reconstituèrent l'édifice spirituel et les louanges de Dieu et de Marie y résonnèrent à nouveau avec zèle et ferveur.

Notons en terminant ce chapitre qu'en 1608, le 26 octobre, les sœurs Catherine d'Haraucourt, Marguerite de Moriville et Catherine Didelot créaient l'établissement de Verdun qui, rapidement prospère, devint l'un des plus célèbres de la Congrégation de Notre-Dame.

1. *Rem.*, p. 271.

CHAPITRE XI

DIVERS INCIDENTS A NANCY

1602-1609

Visite des pauvres. -- Entretiens pieux. — Alix mendie au
cimetière. --- Ravissement de la vénérable.

FLEUR SPIRITUELLE. — *Visiter volontiers les pauvres et les
malades : ils représentent Notre-Seigneur.*

Nous allons grouper dans ce chapitre différents
traits, divers épisodes qui ont signalé les six années du premier séjour de la vénérable dans la
capitale du duché de Lorraine.

Nancy n'était pas alors la jolie ville qu'on admire aujourd'hui. Il y avait, notamment aux en-
virons de la cité, de pauvres chaumières sous terre, si infectes qu'on avait horreur même d'y entrer. La Mère Alix, accompagnée par prudence d'une
dame dévouée, allait souvent y visiter les pauvres
malades délaissés et abandonnés. Elle leur portait
tous les secours qu'elle pouvait se procurer, faisait leurs lits, pansait leurs plaies, nettoyait leurs
ordures avec une joie extrême, s'asseyait auprès
d'eux pour entendre le récit de leurs souffrances,
les consoler, les encourager à la patience dans leurs
maladies et leur pauvreté. Elle guérissait leurs enfants qui avaient la teigne, s'assujettissait à les pan-
ser et à les soigner, quelquefois pendant deux ou
trois mois, et pourvoyait, comme une bonne et cha-

ritable mère, à toutes leurs petites nécessités. En
un mot, elle ne perdait aucune occasion de témoigner en la personne de son prochain l'amour qu'elle
portait à Dieu. O prix du temps! O prix des âmes!
O amour sans cesse prodigué à Jésus! Les saints ne
sont donc jamais las ni de donner, ni de se donner!
Fatiguée du labeur pénible de l'enseignement, Alix
avait bien droit, ce semble, à quelque repos. Ce
repos, elle allait le prendre dans la chaumière du
pauvre. Le matin elle assistait au sacrifice de Jésus à l'autel; elle le recevait dans son cœur. Le
long du jour, elle l'élevait dans les enfants qui lui
étaient confiés; puis, ce labeur terminé, insatiable
dans son zèle, elle allait encore retrouver Jésus
sous les haillons de la pauvreté et de la souffrance.

D'ailleurs, toute souffrance l'attirait et la sédui-
sait. Un jour, une pauvre servante de la maison
que la pluie et la boue avaient mise dans un état
lamentable, revenait de Pont-à-Mousson à Nancy.
Aussitôt, la Mère, avec sa charité ordinaire, d'aller à elle, de lui laver les pieds et de soigner cette
pauvre servante comme une mère aurait soigné son
enfant. Et voilà que cette domestique est tellement
surprise de cette excessive tendresse qu'elle veut
s'enfuir et elle se serait échappée, si la Mère ne
l'eût retenue par force (1).

Par cet acte de charité, qu'on juge du soin qu'elle

____

1. *Rem.*, p. 201.

avait des sœurs qui demeuraient avec elle, des services et des assistances qu'elle leur rendait.

Arrivait-il des sœurs d'une autre maison, elle les recevait avec une joie et une cordialité sans pareilles. Elle allait immédiatement chercher des herbes et des fleurs aromatiques pour leur faire un bain et leur laver les pieds.

Ses conversations reflétaient cet amour de Dieu et du prochain. Quand elle se rencontrait avec des personnes d'une vraie spiritualité, elle passait deux ou trois heures à s'entretenir avec elles de l'amour de Dieu, et cela avec une joie et des transports qui venaient illuminer son visage.

Un jour de Pâques, après les vêpres, elle avait reçu au cloître de Notre-Dame une personne d'une éminente vertu avec laquelle elle était liée d'une douce et sainte amitié. Ces deux âmes s'entretenaient avec piété et ferveur du mystère de la résurrection de Notre-Seigneur, quand tout à coup elles virent l'une et l'autre un flambeau allumé faire le tour de la chambre et disparaître ensuite. N'était-ce pas le symbole du Christ ressuscité dont elles parlaient? Elles y répondirent en faisant le signe de la croix. La vénérable en racontant le fait, ajoute : « Si nous eussions voulu ajouter foi aux bons sentiments que cela nous laissa, nous eussions dit que c'était une marque de la présence de Notre-Seigneur » (1). Ce flambeau disparu leur lais-

1. *Rel.*, LXIV.

sa à toutes deux des sentiments d'amour de Dieu tout extraordinaires et une impression de sa présence qui persévéra pendant huit jours (1).

Une autre fois, la même dame parlait avec Alix de la pureté de cœur que Dieu demande aux âmes parfaites. Après avoir échangé beaucoup de réflexions sur ce sujet, la Mère conclut par ces paroles : « Bienheureux ceux qui ont le cœur pur, ils verront Dieu. Ce sont les promesses infaillibles de la vérité éternelle ». A peine eut-elle achevé le dernier mot que toutes deux entendirent près d'elles une voix disant avec fureur et distinctement : « Bienheureux ceux qui sont en péché mortel, car ils verront le diable ». Elles firent le signe de la croix et continuèrent leur discours sans plus rien entendre. La Mère et la dame firent exactement le même récit après l'événement (2).

Les années qu'Alix passa à la Ville-Neuve et au cloître Notre-Dame furent évidemment des années de progrès pour la Congrégation, mais les difficultés de tout genre ne manquèrent pas, nous l'avons déjà constaté, et nous aurons lieu de le constater encore. Nous avons également ici le témoignage de saint Pierre Fourier.

Le 11 décembre 1606, il écrivait à ses filles de Nancy : « Mille et mille opprobres et faux bruits ont couru sur nous depuis peu de temps, tellement

1. *Rem.*, p. 226.
2. *Rem.*, p. 225.

qu'il semble que Notre-Seigneur veut avancer notre Congrégation parmi honneur et déshonneur, parmi mauvaise et bonne renommée, ainsi que parle
saint Paul au chapitre VI de la seconde aux Co-
rinthiens. » Après le mal, la consolation : « Ne
vous affligez pas si fort, je vous prie, pour tant de
petites brouilleries qui arrivent les unes sur les
autres : tout cela se fait ainsi par la permission
de Dieu qui vise à notre avancement et plus grand
bien. Tâchons seulement de prendre le tout en
bonne part, et de faire pour lui ce qui sera de notre
possible, à la bonne foi et avec intention sincère
et droite, et ferme espérance en sa bonté paternelle ; et il parachèvera le reste en temps oppor-
tun. Que si quelques Marie sortent de chez vous,
il en suscitera d'autres pour y rentrer et prendre
les places désertes. Il faut qu'il nous éprouve, avant
que de se servir de nous à bon escient... »

La vénérable portait plus que les autres le poids
des souffrances qui pesaient sur la petite communauté. Elle n'en était pas la supérieure pour rien.
Mais les amis de Dieu ne se contentent pas des
souffrances que sa Providence leur envoie, ils les
poursuivent comme un vrai trésor.

En 1608, au cloître de Notre-Dame, un jour de
fête de la Toussaint, à la fin des vêpres, la vénérable aperçut des fenêtres de sa chambre quantité
de personnes de la société qui étaient au cimetière
et faisaient prier Dieu pour les trépassés et une multitude de pauvres et de petits enfants qui deman-

daient aux uns et aux autres qu'on leur fît dire
les sept psaumes pour quatre ou cinq liards, qu'on
a coutume de leur donner. La Mère vit la scène
et la jugea humiliante. Ce fut un trait de lumière.
Elle voulut, elle aussi, de cette humiliation. Elle prit
donc son bréviaire et alla, pour vaincre son orgueil, se mêler aux pauvres et aux enfants. La
troisième personne à laquelle elle s'adressa pour
se mortifier davantage, était un de ses cousins, conseiller de son Altesse. Confus et surpris de la voir,
il lui donna un quart d'écu sur son bréviaire et
la tirant à part, il lui dit : « Ma cousine, vous avez
grand tort de ne pas me dire votre besoin ; j'aurais bien donné ordre pour vous empêcher de venir gueuser ici avec les autres ». Elle sourit un
peu et lui dit : Merci ! (1).

La méchanceté des hommes venait en aide à
l'ingénieuse industrie d'Alix et jetait sur ses épaules un poids bien lourd à porter. Les âmes pures
sont jalouses de leur pureté. Or, une malheureuse
voisine du cloître de Notre-Dame, attaquant son
honneur et sa vertu, lui attribua le crime dont elle
était coupable. Dès le lendemain le bruit calomnieux
courait dans la ville. Et, faut-il le dire ? à la honte
de la nature humaine, si corrompue, si mobile et
si crédule, comme si elle était heureuse en son
vilain fond de se venger d'une vertu qui en somme
l'accuse et la condamne, chacun le crut ou parut

1. *Rem.*, p. 182.

le croire, sauf les gens de bien qui virent immédiatement là une épreuve. La vénérable la reçut
fort bien et n'en témoigna jamais une parole de
ressentiment, de plainte ou d'excuse. Au contraire,
elle souffrit avec joie cette calomnie et les affronts
qui la suivirent. En effet, la populace courait après
elle, quand elle sortait pour aller à la messe et à
la prédication et lui jetait de la boue en lui reprochant son prétendu crime. Elle souffrit cette
confusion plus de trois mois, avec une patience
et une douceur qui confirmèrent admirablement la
bonne opinion qu'on avait d'elle.

Comme cette longue et cruelle épreuve dut affiner la vertu d'Alix, la détacher des choses terrestres et l'unir de plus en plus à Notre-Seigneur!

La patience chez les saints n'est pas l'insensibilité! Une religieuse lui demandait un jour : « Comment, ma Mère, pouvez-vous dominer votre esprit
et étouffer les émotions de la nature en pareille rencontre? — Non pas que je ne les ressens pas à
l'intérieur, répondit Alix, mais je considère ces choses comme ordonnées de Dieu pour former mon
âme à se rendre à la grâce et me faire entrer dans
les voies de la souffrance et je les porte avec complaisance et respect par imitation de Notre-Seigneur. »

Après cette épreuve, on ne trouve plus étrange
ces paroles de la vénérable : « Il nous faut embrasser, pour l'amour de Dieu, les persécutions et
les épreuves comme des trésors inconnus au mon-

de, mais très agréables aux yeux de Dieu et de sa très sainte Mère ».

Dieu, cette fois, voulut intervenir ouvertement en faveur de son épouse. Jusqu'ici ses ravissements avaient pu être dissimulés. Un jour, au cloître Notre-Dame, elle en eut un si long que les sœurs n'ayant pu la faire revenir à elle, malgré tous leurs efforts, l'une d'elles insinua qu'il pourrait bien y avoir dans cet incident quelque chose qu'elles n'entendaient pas et qu'il fallait mander son confesseur, pour qu'il la vît dans cet état. C'était le P. Baccarat. Il vint accompagné de Monsieur le curé de Notre-Dame, Sébastien Noury, homme capable et spirituel. Ils jugèrent aussitôt ce que c'était. Au bout de quelque temps, Alix revint doucement à elle. Elle fut si surprise de voir à ses côtés ces prêtres et les religieuses qu'elle ne savait où se mettre de confusion. Elle leur fit de grandes excuses de la peine qu'on leur avait inutilement causée, leur dit deux ou trois mots à voix basse, puis ils se retirèrent. Peu après, elle pria les sœurs de ne plus susciter de pareilles alarmes : en ce cas un peu de patience suffirait et ce serait vite fini (1).

Dans son humilité, Alix essayait de jeter un voile sur les grâces spéciales dont Dieu la favorisait, mais elle ne parvenait à cacher ni sa vertu ni la munificence de Dieu.

1. *Rem.*, p. 252.

____

CHAPITRE XII

AUPRÈS DU BON PÈRE

1609 et 1610

Epreuves d'Alix. — Départ pour Mattaincourt. — Délivrance. — Obéissance parfaite. — Dévouement aux sœurs — aux pauvres. — Départ pour Pont-à-Mousson.

FLEUR SPIRITUELLE. — *Désirer, demander, pratiquer une obéissance parfaite. Notre-Seigneur prend plaisir à voir une âme qui s'y exerce.*

La vénérable Mère Alix, durant son séjour à Nancy, eut à subir, comme nous l'avons dit, des épreuves nombreuses. Elles lui venaient, tantôt de la malice des hommes, telle la calomnie de la méchante femme; tantôt de la situation matérielle de la maison : achats, appropriation, dettes considérables; tantôt des deuils qui frappaient la Congrégation. Elle perdit, en juillet 1606, Mme Judith d'Apremont, l'amie dévouée des premiers jours et dévouée jusqu'à la fin; le 7 avril 1607, l'évêque de Toul, Mgr Christophe de la Vallée, qui le premier avait approuvé le projet de la Congrégation et le règlement provisionnel; le 26 novembre de la même année, le cardinal Charles de Lorraine, qui avait approuvé la Congrégation comme légat du Saint-Siège; enfin, le 14 mai 1608, Charles III, duc de Lorraine, auquel Pierre Fourier était fort attaché.

A ces deuils multipliés qui pesaient lourdement sur son âme, s'ajoutaient encore des peines intérieures et personnelles. « Mon esprit, écrit-elle, était tellement confus, humilié et plein de défiance que je n'osais lever les yeux de ma considération vers Dieu, et quand je n'en pouvais plus et que le désespoir se présentait, j'avais encore recours à la sainte Vierge, mère des affligés, la suppliant, puisque je m'étais mise sous sa protection, de m'obtenir les mérites de son divin Fils pour laver mon âme et l'orner de sa grâce » (1).

« Je n'en pouvais plus d'appréhension et j'avais bien peur de perdre l'esprit. Je ne pouvais et n'osais dormir... Je n'avais aucun appétit et je devenais tout étique » (2).

Au milieu de ces peines, la vénérable s'arrêta à une solution toute naturelle. « J'avais, dit-elle, écrit à notre bon Père pour trouver quelque soulagement à mon mal; mais le sentant trop violent et jugeant que j'avais besoin d'un plus puissant remède, je me résolus de l'aller voir moi-même pour lui dire l'état où je me trouvais » (3).

Le départ de la Mère Alix pour Mattaincourt eut lieu au commencement de 1609, vers la mi-février.

« Pierre Fourier, dit le P. Carme, son historien, avait commencé à former cette grande âme, c'était à lui à la perfectionner (4) ».

En traversant Poussay, Alix ne put que saluer

1. *Rel.*, XXVII.
2. *Rel.*, XXX.
3. *Rel.*, XXX.
4. *Vie*, p. 68.

la dépouille mortelle de Mme Judith d'Apremont, enlevée depuis trois ans à l'affection de la Congrégation. En arrivant à Mattaincourt, elle ne put revoir non plus son père bien-aimé, passé à un monde meilleur. Sa vieille mère vivait encore, mais elle ne devait pas tarder à rejoindre son époux.

La vénérable ne devait pas non plus retrouver ses sœurs dans la petite maison achetée jadis par Mme d'Apremont à leur retour de Poussay. Les fondations se multipliant et le personnel augmentant, cette maison devenait trop étroite. Un bâtiment du village semblait promettre une meilleure installation, mais un bourgeois, plus par hostilité que par besoin, l'acheta et, pour ôter aux religieuses toute espérance d'en jouir, le démolit de fond en comble, et le reconstruisit à neuf. Désolées, les sœurs prièrent le saint curé d'intervenir auprès de cet homme : « Laissez-le parachever son œuvre, leur répondit-il, et il vous la présentera, quand vous y songerez le moins ». C'est ce qui arriva au grand étonnement de tout le village et de l'acquéreur lui-même, subjugué, disait-il, par un instinct et une violence intérieure qui triomphaient de sa volonté, de ses inclinations et de sa parole.

La vénérable resta huit mois encore plongée dans l'affliction, mais à un degré tel qu'elle se disait parfois à elle-même : « Si Notre-Seigneur avait permis de se tuer, je le ferais bien plutôt que de me sentir en l'état où je suis et j'eusse accepté volontiers et de bon cœur toute sorte de mort, s'il eût plu à Dieu de m'en donner le choix » (1).

Après avoir duré plus de deux ans, la tentation disparut de la manière suivante : C'était le 8 septembre et l'on chantait les vêpres à l'église de Mattaincourt. On en était à l'hymne *Ave, maris Stella*. La vénérable éleva son cœur et son esprit vers la sainte Vierge, la suppliant humblement d'obtenir de son Fils qu'elle ne l'offensât jamais en cette tentation. On arrive au verset : *Virgo singularis*. Alix se porte à louer Dieu de cette virginité singulière qui est en Marie. Ravie hors d'elle-même, elle est à l'instant entièrement délivrée de cette tentation. En reconnaissance de ce bienfait reçu de la très sainte Vierge, désormais la vénérable, quand elle dira son chapelet, répétera à chaque dizaine la strophe *Virgo singularis* (2).

Comme on le voit, à toutes les époques solennelles de la vie de la vénérable, l'illustre fondateur est là. Elle lui rend compte des attaques de l'ennemi; elle explique ses combats. Le saint prêtre y reconnaît la main de Dieu, l'œuvre du démon, et l'héroïsme de sa première fille. Il la console et l'encourage; et, après la saison des orages, vient enfin le calme et la paix dans le cœur de cette amante du Sauveur » (3).

La vénérable était délivrée de cette épreuve, mais tentée ou non, elle allait montrer durant son sé-

1. *Rel.*, XXX.
2. *Rel.*, XXXI.
3. *Le P. Carme.*

jour à Mattaincourt, comment une religieuse de Notre-Dame, qui a longtemps commandé, doit et sait pratiquer les vertus chrétiennes et monastiques, même sous une supérieure des plus difficiles et dans les lieux où elle a exercé autrefois son autorité.

Effectivement, à son retour de Nancy, le saint instituteur lui donna la supérieure la moins aimable et la plus rude que l'on pût voir, quoique vertueuse et fort bonne fille. Alix se réjouit beaucoup d'être sous sa conduite et pria le Père d'ordonner aux sœurs de la maison de ne plus l'appeler que sœur Alix.

Elle était constamment aux pieds de cette supérieure pour lui demander des pénitences. Celle-ci la rebutait et l'appelait importune, peut-être par ordre du serviteur de Dieu, afin d'exercer sa vertu. Comme la Mère Alix était délicate et malade, elle avait quelquefois besoin d'un peu de repos. Elle allait alors, avec son humilité et sa douceur ordinaires, prier la supérieure de lui permettre de prendre un peu de repos sur sa paillasse. Celle-ci refusait le plus souvent la permission avec des paroles assez rudes et fâcheuses. La vénérable les supportait doucement, sans se plaindre, ni dire un seul mot et reprenait ses occupations, exactement comme si elle n'avait pas eu de mal. D'autres fois, elle allait demander la permission de boire un peu d'eau, pressée qu'elle était par un besoin extrême provenant de ses indispositions. La supérieure lui refusait quelquefois. Elle lui disait sèchement : « Allez boire au pied du Crucifix ». Cette dureté touchait fort les autres sœurs qui avaient en grande estime la vénérable et la regardaient comme leur première Mère, si bien qu'un jour, l'une d'entre elles lui fit part de la grande peine qu'elles avaient de voir la supérieure la traiter avec tant de rigueur. Elle répondit : « Ma sœur, il est vrai que je ne vaux guère et que je ne puis être un quart d'heure sans avoir mal, mais Dieu gouverne nos supérieures. Notre Mère me connaît mieux que moi-même et sait bien que je me flatte trop. Elle a raison de le dire. Néanmoins, voyez mon orgueil, je m'en ressens parfois un peu : voilà ce que c'est que de nous, il ne faut guère s'y assurer » (1).

Elle était pleine de bonté pour ses sœurs. Il arriva un jour que toutes tombèrent malades, hors la cuisinière et la maîtresse des pensionnaires, qui avaient l'une et l'autre assez d'ouvrage dans leur office. Alix, toujours faible de santé, assistait et soulageait les malades jour et nuit. Comme il y en avait une à l'extrémité, il fallut faire coucher une fille à l'infirmerie ; mais celle-ci avait le sommeil un peu dur, et la malade avait la voix si faible qu'elle ne pouvait l'éveiller pour l'appeler à son aide. Alors la bonne Mère quitta sa chambre et vint coucher auprès du lit de cette fille pour l'éveiller elle-même, dans la crainte que la pauvre malade ne fût privée d'assistance (2).

1. *Rem.*, pp. 181 et suiv.
2. *Rem.*, p. 199.

Ce n'est pas seulement aux malades de l'intérieur qu'elle donnait ses soins; le saint curé lui
avait confié ceux de la paroisse. Elle faisait préparer à la maison et aux frais de la communauté, dans la mesure du possible, tout ce qui leur
était nécessaire. Elle dressait leur potage, faisait
leurs portions de rôti, de bouilli, leur envoyait des
œufs frais et les petites délicatesses dont elle pouvait disposer. Elle avait soin qu'il y eût toujours
à l'infirmerie du sucre, des amandes, de la réglis-
se pour leur faire de la tisane et des confitures.
Il y avait même des lits, des couvertures, des
oreillers et du linge que l'on prêtait aux plus néces-
siteux (1).

Alix avait grande pitié des pauvres les plus abandonnés et les plus méprisés. Un jeune homme de
Mattaincourt avait été jeté en prison, sur de faus-
ses accusations. Le crime examiné et les témoins
entendus, on le mit en liberté, ne trouvant en lui
qu'innocence et simplicité. Mais, hélas! ainsi est
fait le monde, chacun le rebutait et le chassait
de sa porte, avec force huées et moqueries. La
Mère le considérait de la fenêtre de sa chambre
et autant de fois qu'elle entendait le peuple crier
contre lui en le pourchassant, elle en était si touchée de douleur et de compassion que les sœurs
crurent devoir lui demander quel sentiment elle
avait et quel profit elle retirait de ce spectacle.

1. *Rem.*, p. 197.

« Je n'ai jamais fait de meilleure méditation, répondit-elle, ce spectacle me rappelait que Notre-Seigneur avait été ainsi traité. »

L'obéissance d'Alix était parfaite. Elle obéissait comme un petit enfant. Sa mère vint à tomber malade. Pierre Fourier envoya la vénérable avec une compagne pour la consoler et l'aider à bien mourir par ses prières et autres assistances. Pendant que la malade était dans les convulsions et qu'il ne lui restait plus qu'un quart d'heure à vivre, l'homme de Dieu voulant exercer l'obéissance d'Alix, lui ordonna de se retirer et d'aller promptement parer l'église pour une solennité imminente. Injonction évidemment extraordinaire et qui ne peut s'expliquer que par une inspiration spéciale de Dieu pour augmenter la vertu de sa servante et en montrer toute la grandeur. Sans témoigner aucune répugnance, la vénérable s'en alla, laissant la malade en cet état, satisfaisant à son obéissance avec autant de douceur et de tranquillité d'esprit que si cet éloignement lui eût été indifférent. Mais, comme elle le confessa plus tard, elle ne s'était jamais fait une plus grande violence qu'en abandonnant sa mère dans ce besoin pressant (1).

Une autre fois, étant très souffrante, elle alla bien humblement demander à la supérieure la permission de se mettre une heure ou deux sur son lit. Celle-ci la rebuta, l'appelant importune avec ses

1. *Rem.*, p. 215.

demandes et lui dit brusquement de s'en aller dans le four. Manière assurément singulière de la congédier, mais sans nulle intention de se faire obéir. Alix s'y rendit immédiatement avec une admirable soumission et elle y fut demeurée longtemps, si une bonne sœur ne fût intervenue, par ordre de la supérieure, pour l'aider à en sortir.

Elle était plus soumise à cette Mère qu'aucune sœur de la maison, et cette obéissance que l'on voyait procéder d'une âme sainte et si détachée d'elle-même, cette obéissance simple et constante adoucissait par l'exemple toutes les difficultés de ses consœurs qui dépendaient de la même autorité.

Le saint directeur prenait plaisir à exercer ainsi l'obéissance d'Alix en toutes les occasions qu'il pouvait rencontrer, l'envoyant souvent mendier de porte en porte à Mattaincourt, quêter tantôt du pain, tantôt un peu de potage, à l'étonnement du peuple surpris d'une pareille mortification. D'autres fois il faisait coudre de vieilles semelles de cuir en travers de ses souliers et l'envoyait à l'église, ainsi ajustée, toujours pour tirer de ce champ si fertile une nouvelle moisson de mérites (1).

Durant le séjour d'Alix à Mattaincourt, en 1609, saint Pierre Fourier, désireux d'obtenir au plus tôt l'approbation du Saint-Siège, chargea les supérieures de chaque maison de solliciter auprès des magistrats de leur résidence des certificats ou lettres

1. *Rem.*, p. 218.

de recommandation pour la cour de Rome, pendant qu'il préparait un mémoire sur les demandes à faire au Souverain Pontile. Il put s'entendre avec la Mère Alix pour cette affaire qui était fort importante, puisqu'elle devait consolider son œuvre, encourager les vocations et soutenir les sœurs déjà présentes dans les maisons.

Sur la fin de 1610, la maison de Pont-à-Mousson ayant besoin d'une assistance particulière, saint Pierre Fourier y envoya la Mère Alix. Nous allons voir comment, sur ce nouveau théâtre, elle répondit par son dévouement et son zèle apostolique aux intentions du serviteur de Dieu (1).

1. *Eclairc.*, p. 101.

CHAPITRE XIII

SÉJOUR D'ALIX A PONT-A-MOUSSON

Fin 1610 vers Pâques 1612

Progrès de cette maison. — Vue prophétique d'Alix. — Une jeune fille de Dompaire. — Un lépreux. — Mgr de Lenoncourt protège la Congrégation.

FLEUR SPIRITUELLE. — *Le chemin raccourci de toute perfection consiste à souffrir volontiers pour l'amour de Dieu.* (La Vén.)

La communauté de Pont-à-Mousson était chargée de dettes et devait encore en contracter d'autres pour des acquisitions réputées vraiment nécessaires. La situation était donc précaire et délicate. C'est dans le but d'y pourvoir et de mettre toutes choses en bon état que l'homme de Dieu envoyait dans ce poste la vénérable Mère Alix. Elle réussit pleinement dans ses efforts. Durant son passage dans cette ville, qui pourtant n'atteignit pas dix-huit mois, « elle fit faire à cette nouvelle résidence, dit la Mère Angélique, de grands progrès tant au spirituel qu'au temporel (1). Aussi le saint instituteur pouvait-il, le 19 mars, lui envoyer le témoignage suivant : « J'ai été tout consolé et très satisfait de vos lettres et pour le spirituel, vu que vous êtes si heureuses les unes avec les autres et si bien guidées par les Pères ; et pour le temporel, qui consiste en tant de grains, tant de blé dans vos greniers. »

1. *Eclairc.*, p. 101.

Le ciel continuait de favoriser Alix d'une manière particulière. Qu'on en juge par le trait suivant :

Elle envoya un jour une servante à Mattaincourt pour y chercher une fille qui leur était nécessaire. Au retour, nos deux voyageuses furent surprises, au milieu des prés entre Dieulouard et Pont-à-Mousson, par un brouillard très épais auquel s'ajoutait un froid très rigoureux de février. Ignorant les chemins, menacées d'être dévorées par les loups qui hurlaient tout autour d'elles, il leur vint en pensée de se recommander aux prières de la bonne Mère, tant elles croyaient à son pouvoir devant Dieu. Le lendemain matin, quand elles arrivèrent à Pont-à-Mousson, Alix alla au devant d'elles sur la porte et leur dit avec grande douceur : « Mes pauvres enfants, vous avez passé une étrange nuit; je vous ai vues en esprit jusqu'à la porte », et elle leur raconta, d'une manière circonstanciée, tout ce qu'elles avaient souffert de frayeurs et de peines, leur lava charitablement les pieds et les fit reposer toute la journée (1).

Voici un autre fait non moins significatif et qui montre quel amour et quelle estime Dieu portait à la Mère Alix.

Une jeune fille de Dompaire avait fait vœu de chasteté. Cécile Drouin, c'était son nom, se trouva bien en peine pour le garder. En effet, ses pa-

____

1. *Rem.*, p. 271.

rents la poussaient au mariage et voulaient d'elle une prompte réponse. Affligée de ces instances, elle s'en alla dans un jardin hors du bourg pour s'y distraire un peu. Elle se mit à genoux et, fondant en larmes, elle supplia Dieu de lui manifester sa volonté sainte. Tout près d'elle, une voix lui répondit : « Ne te mets pas en peine, tu seras religieuse avec la Mère Alix le Clerc, qui est une personne très agréable à Dieu ». Cette bonne fille fut tout épouvantée d'entendre ces paroles, car elle ne voyait personne autour d'elle, n'avait jamais entendu parler de monastère ou de religion et n'avais jamais vu la Mère. Affermie dès lors dans sa vocation, elle refusa nettement de se marier. Quelques années après, elle alla à Pont-à-Mousson, où la Mère la reçut comme sœur converse. Elle la fit venir ensuite à Nancy pour servir comme à Pont-à-Mousson, et depuis, elle la fit entrer au monastère où elle vécut comme une sainte, tellement comblée par Dieu de grâces et de faveurs extraordinaires, qu'on ne pouvait douter que sa vocation ne fût de lui. Au milieu de ses exercices et de ses travaux continuels, elle avait le don d'oraison, des lumières bien supérieures à la capacité humaine et une docilité admirable (1).

Voici un fait, non moins merveilleux, qui est raconté dans les Mémoires :

La Mère Alix allait de Pont-à-Mousson à Nancy, accompagnée d'une dame de la ville, Claude de

1. *Rem.*, p. 289.

Condé, femme très vertueuse et de haute spiritualité. Arrivées dans une grande plaine, elles descendent de voiture pour marcher un peu. Voici que tout à coup elles rencontrent un lépreux qui vient leur demander l'aumône. La Mère la lui donne, puis, s'agenouillant, lui baise la main avec grande révérence. La dame qui l'accompagnait était tout éperdue de voir une si grande dévotion et une pareille mortification. Doux spectacle qu'elle contemplait, sans faire semblant de rien ; mais ce lépreux disparut en même temps et elle ne vit plus personne dans tout le chemin. Elle conçut dès lors un tel respect pour la Mère qu'elle n'osa jamais prendre la liberté de lui parler de cette rencontre. Mais, de retour à Pont-à-Mousson, elle ne pouvait s'empêcher de dire aux sœurs : « Ah! qu'ai-je vu en mon voyage? vous avez une sainte Mère » et elle leur raconta cette scène (1).

On se souvient que Pierre Fourier avait, au cours de l'année 1609, sollicité pour ses religieuses des témoignages en faveur de l'institut naissant qu'il s'agissait de faire approuver à Rome. Les lettres testimoniales arrivèrent au commencement de 1610, mais il devait y joindre un travail particulier, non encore achevé le 4 février. Il voulait préalablement le communiquer aux Mères, puis soumettre tout le dossier à Mgr Jean des Porcelets de Maillane, successeur de Mgr Christophe de la Vallée et très digne neveu de la comtesse d'Apremont. L'évêque

1. *Rem.*, p. 202.

le reçut en effet, l'approuva et y joignit ses lettres de recommandation, mais en laissant aux intéressées le soin de faire valoir le tout auprès du
Saint-Siège. Or, il était impossible aux maisons d'a-
voir un agent à Rome pour présenter ces lettres
et les appuyer : elles étaient trop endettées. Il fallait donc penser à une autre combinaison. Le reste
de l'année 1610 se passa en prières, en réflexions,
en mortifications et en conseils touchant cette grave affaire. Enfin, sur l'avis du P. Guéret, recteur
du noviciat des Jésuites, Fourier songea à Mgr Antoine de Lenoncourt, qui avait remplacé, comme primat de Nancy, le cardinal de Lorraine, mort le 24
novembre 1607. « Nommé doyen de la primatiale,
dès l'érection qui eut lieu en 1602, Antoine de Lenoncourt avait presque aussitôt succédé, dans la dignité de primat, au cardinal de Lorraine. Issu d'une
des grandes familles du pays, il était bien plus distingué encore par ses qualités et ses vertus personnelles ; sa fortune s'en allait en bonnes œuvres, et
naguère il avait fait construire à ses frais la chapelle du noviciat des Pères Jésuites qu'il aimait particulièrement. Mais surtout, ce qui était d'une importance capitale dans l'affaire, il jouissait d'une
haute considération à la cour romaine, à raison de
ses propres mérites et en souvenir de deux cardinaux de sa famille, qui depuis un siècle y avaient
honoré la pourpre. De tout point, c'était l'homme
le plus capable de tirer d'embarras le Père et les
nouvelles religieuses, si une fois il prenait leur

LA V. MÈRE ALIX ET LE LÉPREUX

cause en main » (1). Il avait d'autant plus de facilité de traiter cette question à Rome qu'il y entretenait un agent pour ses affaires particulières.

Saint Pierre Fourier le proposa à la Mère Alix, supérieure de Pont-à-Mousson, et aux supérieures des autres résidences comme protecteur de leur Congrégation. Elles y consentirent avec joie. Fourier alla tout exprès à Nancy, au commencement de 1611, pour supplier le prélat de vouloir bien se rendre à ce désir unanime.

Ecoutons-le raconter lui-même cette démarche aux religieuses de Pont-à-Mousson et de Verdun, à la date du 9 mars 1611 : « Ces jours passés, je fus trouver Mgr le primat et lui exposai comme toutes les filles de votre Congrégation, après bien longue et bien mûre délibération et plusieurs prières faites à Dieu, à la glorieuse Vierge Marie, votre Mère, et aux bienheureux Pères Ignace et Xavier, avez choisi d'un consentement unanime mon dit Seigneur le primat pour votre protecteur, comme celui que vous jugez et prenez pour prélat le plus digne en toutes pièces et le plus grand en autorité et zèle de procurer les œuvres qui touchent à l'honneur de Dieu et au bien des âmes et spécialement affectionné aux Jésuites et aux bienheureux Pères, patrons et guides de ceux et celles qui enseignent gratuitement et fidèlement la jeunesse de votre sexe...

1. Le R. P. Rogie : *Histoire du B. P. Fourier*, t. I, p. 258.

» Ce qu'il ouït et accepta avec grande dévotion accompagnée de plusieurs offres et promesses de son crédit et faveur de ses lettres aux cardinaux, et parla encore d'y employer de son argent en temps et lieu. Je fus infiniment consolé de l'avoir entendu parler de la sorte. Il me dit que je dressasse un *sommaire de votre dessein* et de ce que nous prétendons exposer à Rome. Je travaille à cela maintenant et désire y être assisté de vos saintes prières et dévotions, et après que j'aurai écrit, je supplierai Notre-Seigneur qu'il veuille bénir le tout et vous fasse la grâce d'obtenir ce que dès tant d'années l'on vous désire pour le bien de l'Eglise. »

Huit jours après, le digne prélat avait le sommaire demandé et se montrait satisfait (1). « Il le reçut de bonne main, dit Pierre Fourier et me promit le lire et le communiquer en son voyage de Trèves où résidait le nonce. Faites tous les jours prières spéciales pour lui jusqu'à son retour. »

« On ne ménagea effectivement ni les vœux, ni les prières, ni les autres bonnes œuvres pendant tout le reste du carême et le temps pascal; le désir que l'on éprouvait dans toutes les maisons de recevoir une approbation définitive et l'espérance de l'obtenir par cette voie qui s'ouvrait si belle, alimentaient la ferveur. Cependant il fallait encore attendre et longtemps. On ne sait ce qui fut

1. *Lettre de S. P. Fourier.*

répondu à Trèves touchant le sommaire; mais il est probable que l'accueil ne fut pas très favorable, car le prélat ne se pressa pas d'engager les négociations. En attendant, les cœurs se resserraient, le Bon Père lui-même était désolé. Sans doute il se confiait au secours d'en haut « qui est le principal », disait-il, mais il aurait souhaité un peu plus de diligence en ceux que la Providence semblait choisir pour instruments; néanmoins il prêchait la résignation : « Faut attendre, disait-il, sa commodité; il dit naguère à nos sœurs qu'il fallait patienter encore trois ou quatre mois, parce qu'alors il avait de ses affaires propres ». L'année 1611 allait donc s'écouler sans que la question eût fait un nouveau pas » (1).

La Providence y pourvut d'une autre façon en ménageant l'envoi de la vénérable comme supérieure de la maison de Verdun, où elle put à son tour utiliser certaines circonstances favorables. Trois ans avant qu'elle n'y allât, cette ville lui avait été représentée en songe et telle qu'elle la trouva à son arrivée (2). Elle vit aussi par avance les souffrances prolongées qu'elle devait y endurer. Ce départ eut lieu vers Pâques de l'année 1612.

Suivons à Verdun et considérons la Mère Alix sur ce nouveau champ d'action, l'un des plus importants et des plus féconds de son existence.

1. Le R. P. ROGIE : *Histoire du B. P. Fourier.*
2. *Rel.*, LI.

CHAPITRE XIV

DÉPART D'ALIX POUR VERDUN

1612

Prospérité de Verdun. — M. Xandrin proposé comme agent à
Rome. — Le costume. — Insectes détruits. — Assemblée
générale. — Ajournement d'un projet étrange. — M. Xandrin part pour Rome. — Sœur Angélique Milly, adjutrice
d'Alix.

FLEUR SPIRITUELLE. — *La simplicité est une des grandes
dispositions que Dieu demande à notre âme pour se communiquer
pleinement à elle. (La Vén.)*

La fondation de Verdun où la vénérable Mère
Alix venait d'être envoyée comme supérieure, re-
montait à 1608 et était la première qui ne fût pas
l'œuvre des premières filles de Pierre Fourier. Conduite avec sagesse par la supérieure, Catherine
d'Haraucourt, que secondèrent Marguerite de Moriville et Catherine Didelot, protégée dès le début
par des amis influents et notamment par les Pères
Jésuites et par le fameux Père Florent Boulanger
qui avait essayé autrefois de gagner à la réforme
des Clarisses les premières filles de Fourier et qui
fut lui-même gagné à leur affection dévouée, la maison était prospère et méritait les éloges du saint
instituteur.

« Je suis consolé, écrivait-il aux religieuses, peu
de temps après l'arrivée de la Mère Alix, de tant
de bonnes affections que vous portent ces saints

Pères, de leur présent de bois et décharge des messes et de votre épargne de soixante francs, et surtout du bon et ample témoignage que le R. P. Chrétien Riffault rend de vous et de la satisfaction qu'il a de votre diligence et du grand devoir et soin que vous apportez toutes à la perfection et à la parfaite observance de vos règles. J'en loue Notre-Seigneur » (1).

Le P. Riffault fut bientôt remplacé à Verdun, dans sa charge de recteur et d'ami dévoué des religieuses, par le P. Lebrun. « Je participe, écrivait encore Pierre Fourier aux religieuses, je participe au regret que vous ressentez de l'absence d'un si bon Père qui va se tenir si loin de vous, laissant comme un dépôt ès-mains et en l'âme du R. P. Lebrun le zèle qu'il a toujours eu du bien de chacune de vous en particulier et à l'avancement de toute votre petite Congrégation en général » (19 octobre 1612).

Si la maison de Verdun marchait à souhait, il y avait souffrance dans les autres, surtout peut-être à raison de l'avenir incertain de la Congrégation. Il était vraiment temps d'aviser. La Providence sembla ménager une occasion favorable.

Un chanoine de la cathédrale de Verdun, M. Xandrin, allait partir pour Rome, envoyé par Mgr l'évêque de Toul, administrateur du diocèse de Verdun pendant la minorité de Mgr Charles de Lor-

____

1. *Lettre aux relig. de Verdun, 15 août 1612.*

raine. Or, ce chanoine avait une sœur qui était entrée depuis peu au monastère de Verdun. La vénérable va trouver le chanoine, lui parle des affaires de la Congrégation et obtient qu'il écrive au Père de Mattaincourt pour lui offrir ses services, ajoutant qu'elle se chargera de lui faire parvenir la lettre. Le messager arrive le 31 décembre au soir et trouve le bon curé « sans papier, sans loisir, sans esprit », c'est le saint qui parle, « ayant à préparer une instruction pour le lendemain, quoique... déjà tout dérompu des confessions de Noël et du nouvel an pour lequel ses paroissiens avaient fait grand devoir de le tourmenter, grâces à Dieu, et le menaçaient encore à force pour le jour des Rois, premier dimanche du mois, célèbre à raison de la confrérie du Rosaire ». Un accusé de réception fut toute la réponse à la vénérable. De M. Xandrin, il disait avec le psalmiste qu'il « semblait envoyé du ciel en cette saison tout exprès par Notre-Seigneur pour élever les chétives de la terre... afin qu'il leur donne lieu avec les princes de son peuple (c'est-à-dire les saints Pères de la Compagnie de Jésus), et fassent que celles qui étaient stériles, habitent en la maison se réjouissant d'être les mères des enfants ».

Puisque des négociations concernant l'affaire avaient été ouvertes avec le primat, il était de toute convenance de lui exposer l'incident. Fourier alla le trouver après l'Epiphanie. Mais alors un autre candidat surgit; c'était le curé de Saint-Evre, de

Nancy. Le primat laissa le choix à l'homme de Dieu : Fourier opta pour M. Xandrin. Il alla le voir pendant le carême, pour le mettre au courant de l'objet de sa mission. Il s'agissait d'obtenir la clôture et les vœux à des personnes qui instruisaient des jeunes filles internes et externes (1). Pour ne pas compliquer les affaires et « trouver de l'audience favorable et brève expédition des requêtes », il laissa de côté le projet d'une espèce de tiers-ordre destiné aux campagnes, où des monastères ne pourraient pas être érigés. Entre temps, Fourier se mit en mesure de réunir les différentes pièces du dossier : recommandations des évêques, des princes, des princesses, etc., pendant qu'il chargeait la Mère Alix d'initier M. Xandrin à tous les détails de l'affaire, avec mandat, si le chanoine trouvait des changements à faire, de l'en prévenir par un mot, afin de pouvoir communiquer le tout aux Pères Jésuites de Nancy, de Pont-à-Mousson et de Verdun, ainsi qu'aux religieuses (2).

Pendant que l'on préparait tout pour le voyage de Rome, la Mère Alix s'occupait du costume des religieuses. Elle n'avait pas à hésiter, puisque, au premier appel du ciel, la sainte Vierge lui était apparue avec l'habit qu'elle devait prendre. Elle réa-

---

1. Le but principal de Fourier est l'éducation. Il écrit au P. Guinet le 17 septembre 1627 : « J'ai toujours estimé qu'il était nécessaire de dire que 1° elles étaient maîtresses d'école et que pour être plus resserrées (disciplinées), elles ont désiré, demandé et poursuivi avec instance d'être religieuses, de peur que l'on ne pensât qu'elles étaient 1° religieuses et auraient peu après demandé des écoles. »

2. *Lettre*, 20 janvier 1613.

lisa donc la vision d'autrefois, en habillant une poupée qu'elle envoya au saint instituteur. Il la trouva « belle, modeste et bien parée ».

Il ajoute : « J'avais envoyé dès quatre heures du matin *votre Révérence* en sa boîte chez nos sœurs pour la rempaqueter avec mes lettres et l'envoyer au point du jour au porteur qui l'attendait à Mirecourt. Mais nos sœurs n'ont voulu pour chose au monde me la renvoyer, et, avec une infinité de prières, m'ont par trois divers messages et lettres pieusement importuné et supplié que je la leur laissasse, m'alléguant qu'elles vous en écriraient et que vous pouviez aisément en faire une semblable : si belle l'ont-elles trouvée. De quoi j'ai été bien joyeux enfin et l'ai pris pour bon augure, d'autant plus que toute cette dévote contestation et sainte dispute s'est formée tout à l'heure même et au même jour que les premières inspirations vinrent de dresser un monastère et faire chose qui pût servir à d'autres des nôtres après vous. Ce fut justement le matin du jour de la Saint-Sébastien, sont aujourd'hui quinze ans. Loué soit Dieu » *(20 janvier 1613)*.

Tout en s'occupant des affaires de la Congrégation, la vénérable ne négligeait pas celles de la maison. Les religieuses étaient en location. On leur proposait une maison convenable, mais, à raison de la détresse où étaient les autres communautés, Fourier différa son consentement pendant deux ans, jusqu'en 1614.

Dieu cependant continuait à bénir la fondation de Verdun, témoin le fait suivant. On avait fait pour l'année une assez bonne provision de blé. Les charançons s'y mirent en telle quantité qu'aucun remède humain n'en pouvait triompher. La Mère Alix est tout à coup touchée de dévotion pour les noms de Jésus, de Marie et de leur serviteur, saint Ignace. Confiante dans le succès, elle dit à la servante d'étendre le blé en couches et d'y marquer ces trois noms. Le remède opéra si bien que tous les insectes disparurent et l'on n'en vit plus un seul, tout le temps de l'année (1).

M. Xandrin était depuis quelques jours parti pour Rome (mi-avril), muni des pièces officielles, lorsque le 1er mai 1613, le saint fondateur crut devoir convoquer à Nancy les premières religieuses en assemblée générale. On toucha à divers points et notamment au suivant. La Mère Isabelle, fatiguée des retards apportés à l'approbation de la Congrégation, avait obtenu de Mgr de Toul des lettres d'érection mettant les filles de Fourier sous la règle de saint Benoît, leur permettant de prendre l'habit régulier de cet ordre, quand elles voudraient, de le donner aux novices et de les recevoir à la profession, sans avoir besoin de recourir à Rome.

La Mère fut bien surprise de cette proposition. Le saint fondateur mit l'affaire en délibération sans vouloir témoigner son sentiment ni pour, ni con-

____

1. *Rel.*, LXII.

tre, soit pour connaître l'avis des Mères, soit parce qu'il avait des lumières surnaturelles relativement à la durée de l'œuvre.

Après beaucoup de raisons échangées entre les Mères, l'avis général fut de recevoir les lettres patentes et de les faire valoir, comme moyen immédiat d'organisation religieuse, attendu que la règle de saint Benoît n'était pas incompatible avec l'instruction des enfants. Seule, la Mère Alix fut d'un avis contraire ; mais comme elle était fort avisée et d'un esprit très doux, au lieu de s'opposer à l'ardeur des autres, elle se tourna vers le Bon Père et lui déclara avoir une telle répugnance au projet que, s'il ne parlait lui-même, toutes les raisons alléguées ne la pouvaient convaincre que ce fût la volonté de Dieu de changer si promptement des résolutions prises de longue main, avec tant de bons conseils et de mûres délibérations. En conséquence, elle suppliait de ne rien conclure et de recommander à loisir l'affaire à Dieu, avant de se déterminer. Le Père approuva cet avis et l'on ajourna la décision.

Cette difficulté toucha beaucoup la Mère ; néanmoins elle demeura ferme dans la confiance que Dieu y mettrait la main. De retour à Verdun, elle la recommanda chaudement à Notre-Seigneur et en reçut l'assurance que ce projet n'aboutirait pas et que le plan primitif réussirait selon ses espérances (1).

1. *Rem.*, p. 266.

A peine arrivé à Rome, M. Xandrin déploya tout son zèle pour le succès de la mission qui lui avait été confiée. On lui aurait accordé volontiers le pensionnat avec clôture, même pour les jeunes filles, selon l'usage d'alors, mais non l'externat. Or, comme pour les pétitionnaires, c'était là le point capital, M. Xandrin dut laisser les choses en suspens et quitter Rome sans avoir rien obtenu.

Cet échec n'ébranla point la confiance du serviteur de Dieu. Il écrivit à la Mère Alix de ne point perdre courage et de ne rien diminuer de ses espérances.

« L'auteur de vos dévotions a, dans les trésors de sa toute-puissance, assez d'autres moyens pour vous établir, quand il vous en jugera dignes. Tâchez que ce soit bientôt » *(12 décembre 1613).*

La vénérable avait passé six mois à Verdun dans une grande tranquillité d'esprit. Tout à coup elle fut travaillée plus violemment que jamais de ses grandes tentations. Elle avait l'âme tellement angoissée qu'elle se croyait à tout instant au moment de perdre l'esprit. Il en résulta une grande maladie qui persista longtemps. Elle avait besoin d'un peu de nourriture pour ranimer ses forces et cependant elle refusait de prendre un bouillon le matin ou un peu de pain, d'accepter à dîner un œuf au lieu de légumes, car alors on ne mangeait pas de viande à la Congrégation. Témoins de la situation, les sœurs prièrent le P. Lebrun qui la dirigeait, de lui commander de prendre ces petits soulagements et de demeurer quelquefois au lit le matin, quand elle se trouvait plus mal qu'à l'ordinaire et de ne plus faire les choses qui étaient au-dessus de ses forces. Il lui nomma une sœur avec ordre de lui obéir. Celle-ci était trop indulgente ; Alix en demanda une autre. Alors le P. Lebrun lui donna la plus jeune d'âge et d'entrée, la sœur Angélique Milly. Alix lui obéissait ponctuellement. Quand la jeune religieuse lui disait : « Ma Mère, faites ceci ou ne faites pas cela », elle répondait humblement : « Je n'ai pas besoin de telle chose ou je ferai bien cela ». Mais, si la sœur insistait, elle obéissait aussitôt sans réplique. C'était sa haute satisfaction d'être sous l'obéissance et si on eût voulu suivre ses sentiments, jamais elle n'eût commandé (1).

1. *Rem..* 218.

CHAPITRE XII

VOYAGE D'ALIX A CHALONS

1613-1614

Fondation de Châlons. - Vision d'autrefois. — Départ de la
colonie. — Voyageuses en péril. — Bon accueil à Châlons. —
Mlle Braux. — Retour pénible. — L'ange des égarés. —
Nuit d'angoisses.

FLEUR SPIRITUELLE. — *Sanctifier ses voyages par la pureté*
d'intention, la fuite des occasions. la charité et la prière.

Le P. Florent avait changé de résidence, mais
non de sentiments à l'égard des filles de saint Pierre Fourier. Envoyé à Châlons, il y parla d'elles en
termes si élogieux et si convaincus que les nota-
bles de la ville exprimèrent le désir d'en avoir
une colonie. Averti de l'affaire, Pierre Fourier la
discuta avec les principales Mères. La fondation
fut résolue : c'était la première en terre française. Cette considération ne fut sans doute pas étrangère à l'acceptation. Il fut convenu que la Mère
Alix irait installer la petite colonie comprenant la
Mère Isabelle comme supérieure, Marie, originaire d'Epinal, Nicolle Médreville, une servante et Angélique Milly que nous connaissons déjà comme
ange gardien d'Alix.

Trois ans avant d'aller à Verdun, la vénérable
avait vu la ville dans un songe prophétique : « Je
fus amenée, dit-elle ensuite, sur un lieu élevé près
de Saint-Vanne. Là, on me montra une grande ville

de France, assise en une plaine et fort éloignée de Verdun, où nous devions encore aller : c'était Châlons. Y allant quelques années après, je vis que c'était la même ville. Je pensais, en effet, avec étonnement que je l'avais vue dès Verdun et je ne pouvais comprendre comme quoi notre vue s'étendait si loin. »

Les attaques du démon qui avaient déterminé la longue maladie d'Alix, dont nous avons parlé à la fin du chapitre précédent, recommencèrent principalement lors du voyage à Châlons. Cette fondation nouvelle irritait sans doute le malin esprit. Alix répondit à ses attaques furieuses en chantant tout le long du chemin des hymnes et des cantiques (1).

Les voyageuses partirent de Verdun sur la fin de décembre 1613, c'est-à-dire dans le moment le plus froid du plus rigoureux hiver qu'on eût vu, de mémoire d'homme. Le trajet dura deux jours, ce qui n'est pas excessif vu la saison et la distance des vingt-sept lieues qui séparent ces deux villes. Sœur Nicolle Médreville faillit périr de froid. Pour la réchauffer, il fallut la frictionner et l'envelopper dans une peau de loup à l'usage du conducteur. Aussi, plus tard, disait-on d'elle : « C'est une brebis qui a trouvé son salut dans la peau d'un loup ». Elle devait servir encore, cette peau de loup, à un second emploi exceptionnel. En effet,

1. *Rel.*, LI, LII.

comme les voyageuses étaient à trois ou quatre
lieues de Châlons, elles aperçurent tout à coup un
homme couché sur la route et dans la neige. Aussitôt la Mère de faire arrêter le coche et de descendre avec quelqu'un pour voir ce qu'il en est.

C'est un malheureux transi de froid, sans parole, et bientôt sans vie. La Mère Alix s'empresse
de lui faire avaler du vin dans une cuiller, le ranime et lui donne asile dans la voiture, et la peau
de loup vient encore fort à propos pour envelopper notre homme. En moins de deux heures, il
est si bien réchauffé et si bien remis que les bonnes Mères le font manger et le mènent charitablement avec elles jusqu'à une demi-lieue de Châlons. Là, il les remercie, prend les devants, arrive chez lui au faubourg, raconte à sa femme comment « il serait mort sans une dame charitable
qui lui avait sauvé la vie ». Pendant qu'elle prépare un bon feu et une bonne collation, lui attend
sur la porte que le coche vienne à passer. Il presse alors les religieuses avec tant d'instances qu'elles
ne peuvent lui refuser de descendre chez lui. Pendant qu'elles se chauffent, il court avertir M. Jennin, curé de Saint-Éloi, en lui indiquant comme
rendez-vous l'hôtel du Petit-Saint-Menge. Elles y
vont et trouvent là, en effet, M. Itam, archidiacre
de la cathédrale, M. Jennin, plusieurs autres ecclésiastiques et deux ou trois demoiselles qui les
accueillent, dit la Mère Angélique, avec toute la
politesse et la bonté désirables.

On les conduisit ensuite en ville, chez Mlle Braux, qui les reçut de si bonne grâce, avec tant de joie et d'amitié que ce touchant accueil les consola beaucoup. Elles ne pouvaient assez admirer les délicatesses de la Providence divine à leur égard. Durant les quinze jours consacrés à régler leurs affaires et notamment à trouver un logement convenable, elles demeurèrent chez cette pieuse demoiselle, qui les traita avec des égards et une sollicitude dont elles étaient toutes confuses. Aussi ontelles toujours gardé, avec grand respect et vive reconnaissance, la mémoire d'une si louable charité.

La Mère Alix, voyant ses sœurs bien reçues à Châlons et assez convenablement installées pour un commencement, leur fit ses adieux et reprit le chemin de Verdun avec Angélique Milly et la servante. Le premier jour, mal renseignées par un guide, elles s'égarèrent. La nuit venue, elles ne savaient ni où elles étaient ni où trouver un gîte. Le cocher n'osait avancer par crainte de les jeter dans quelque précipice. Comme de coutume, la Mère eut recours à la prière et fit réciter les litanies de la sainte Vierge. Bientôt parut un jeune homme qui leur demanda où elles voulaient aller. « Si vous connaissez quelque bon chemin, vous nous obligerez fort de nous le montrer ». Heureuse rencontre ! car les neiges étaient d'une hauteur démesurée, le froid si excessif qu'on ne trouvait personne sur les routes. Le jeune homme les conduisit quelque temps jusqu'à la descente d'une colline. « Là, leur dit-il, vous trouverez un petit village où vous pourrez loger ». Puis, il prit congé d'elles. Le souvenir du jeune homme qui se présenta à Poussay pour enseigner les rubriques, ne vint-il pas à l'esprit des voyageuses et le Raphaël que nous venons de signaler n'appartiendrait-il pas, lui aussi, aux légions célestes?...

Connaissant l'état de santé de la Mère, dit Angélique Milly, dont nous mettons le récit au style direct, pour lui donner plus de mouvement, j'étais fort en peine pour elle, à cause des rigueurs de la saison. Dès l'entrée du village, je recommandai de chercher le meilleur logis. Hélas! nous eûmes le plus mauvais. En descendant de voiture, je m'avançai pour regarder et je vis, à la lueur d'une mauvaise lampe, qu'on faisait sortir à la hâte vaches et veaux de la chambre qu'on nous destinait : c'était la meilleure du logis. J'arrêtai notre Mère et lui dis : « Ne descendons pas ici, ou bien nous courons risque d'y passer une mauvaise nuit. » C'était dans l'octave des Rois. Elle me répondit en souriant : « Ma fille, il y faut descendre pour la même raison que vous appréhendez, afin d'accompagner le petit Jésus dans l'étable, où les Rois le trouvèrent, et non dans le meilleur logis de Bethléem. Quand nous aurions le choix du mieux, nous devrions nous en passer par amour pour lui. Sans doute ceci n'arrive pas sans la Providence de Dieu, qui ne fait rien sans justes motifs ». Nous entrons.

Or, il n'y avait quoi que ce soit au logis, ni bois, ni aliments, pas même un œuf. On installa un mauvais lit, mais, malgré toutes les instances, notre Mère ne voulut pas l'occuper. Elle se contenta de prendre son repos sur du chanvre entassé dans la pièce. Violemment attaquée pendant la nuit par le démon, elle élevait son esprit vers Jésus et Marie, les priant de la fortifier et de la préserver du péché. Vers les trois heures du matin, notre Mère m'appelle. Je n'avais pu dormir, parce que la maîtresse du logis avait gémi une partie de la nuit, tourmentée de si violentes douleurs et poussant des cris si épouvantables qu'elle semblait être possédée. Notre Mère me dit tout bas, en mots entre-coupés : « Hélas! ma fille, où nous sommes-nous mises? Il faudrait sortir d'ici le plus tôt possible ». On fit apporter de la lumière dans la chambre. Comme j'avais toute confiance dans la vertu de notre Mère, je la priai d'aller voir la pauvre femme qui me faisait pitié, et de lui adresser un mot de consolation. Quoique très faible et très débile à pouvoir à peine se soutenir, notre Mère y consentit néanmoins. Elle lui porta une parcelle d'*Agnus Dei* et quelques reliques. — Votre femme, dit-elle au mari, s'est-elle autrefois ressentie d'un pareil accident? — Non, avant votre arrivée dans la maison, elle se portait fort bien — Y a-t-il longtemps qu'elle ne s'est confessée? — Depuis Pâques ». La Mère l'instruisit avec grande douceur, lui fit demander pardon à Dieu de ses fautes et promettre d'appeler le curé de la paroisse, dès qu'il ferait jour, pour se confesser. Notre Mère se mit à genoux et fit réciter aux assistants quelques prières pour cette pauvre femme qui cessa de se débattre, s'apaisa et demeura depuis dans un repos complet. Cela ne nous empêcha pas de sortir de cette maison une heure avant le jour. Tout le long du chemin, notre Mère était triste et mélancolique à n'en pouvoir tirer un mot et, depuis lors, elle eut pendant la nuit des frayeurs qui se prolongèrent plus de six mois à Verdun. Elle demeura tout ce temps-là fort affligée. Elle voyait souvent le P. Lebrun, pour se consoler dans les grandes inquiétudes où elle se trouvait (1). Le seul souvenir, la seule crainte et appréhension de ces maux lui causaient d'étranges désordres dans sa santé.

La résistance invincible que la Mère Alix opposait à ces violentes tentations devait réjouir le Cœur de Dieu, attirer sur son œuvre l'abondance des bénédictions divines et multiplier ses mérites pour le ciel.

1. *Eclairc.*, pp. 101 et suiv.

CHAPITRE XVI

LA PREMIÈRE BULLE
1614-1615

Assemblée des Mères à Nancy. — Alix à Châlons. — Fourier à Bouxières. — Mgr de Lenoncourt consent à fonder le monastère de Nancy. — Il travaille à l'approbation de la Congrégation. — Mémoire à Rome. — Silence de la bulle sur les externes. — Assemblée des Mères. — On décide d'envoyer Alix à Paris.

FLEUR SPIRITUELLE. — *Consulter volontiers les autres, surtout les personnes d'autorité et de piété.*

A peine la Mère Alix était-elle rentrée à Verdun que, en février 1614, le Père instituteur convoquait les Mères à Nancy, en vue de donner aux six maisons existantes une stabilité plus grande. Elles prièrent l'homme de Dieu d'aviser aux moyens d'obtenir une bulle d'approbation du nouvel Ordre et le pouvoir d'ériger les résidences en monastères, dès qu'elles auraient des rentes suffisantes pour l'entretien d'un certain nombre de sujets. On se sépara, après s'être promis de travailler par les moyens que Dieu ferait connaître, et de provoquer dans chaque maison force prières et autres dévotions pour demander la lumière du Saint-Esprit. Quant à Fourier, il s'engagea à ne rien négliger. Et de fait, il redoubla ses pénitences, ses austérités et ses supplications, pour obtenir du ciel ce que réclamaient les circonstances (1).

En rentrant à Verdun, la Mère fut appelée à pro-

1. *Eclairc.*, p. 108.

téger la ville, par ses prières, dans une affaire qui
se rattache à l'histoire générale. Bien qu'en elle-
même elle n'ait pas une importance capitale, elle
montre le crédit de la vénérable devant Dieu.

En 1609, ou 1610, les duchés de Juliers et de Clè-
ves étaient tombés en déshérence par la mort de Jean
Guillaume, dernier prince catholique de cette maison. Il avait épousé la princesse Antoinette, fille
de Charles III, mais il n'en avait pas eu d'enfants.
Les duchés étaient convoités par deux princes protestants, Sigismond de Brandebourg et Guillaume de
Neubourg, tandis que l'Autriche, considérant ces
États comme fief de l'Empire, voulait les prendre
en sa garde jusqu'à la conclusion du débat. Henri IV, roi de France, avait promis du secours à
ses anciens coreligionnaires. Il fut assassiné peu
après ; alors la reine régente envoya les secours
promis et le duc de Lorraine permit aux Français
de passer sur ses terres. Mais ceux-ci furent re-
foulés par les Autrichiens et la ville de Verdun
menacée d'un siège. Alix priait pour la cité et Dieu
la rassurait. « Il me fut montré, dit-elle, beaucoup
de misères que les pauvres paysans souffriraient ;
mais je vis que la ville serait conservée ».

Elle le fut en effet, bien que le démon eût essayé
de lui faire croire, par une intervention ridicule
et vraiment digne de lui, que la ville venait d'être
prise, alors qu'il n'en était rien (1).

1. *Rel.*, XXXVIII.

Le saint fondateur était allé visiter Châlons une première fois, y avait séjourné cinq semaines et noué de précieuses relations. Il y retourna en juin, et, avant de repartir, y appela pour quelques jours la Mère Alix. La présence de la vénérable avait été vivement désirée. Elle causa une grande joie et un grand profit, pendant que le saint instituteur faisait un pèlerinage à Bouxières en l'honneur de saint Gauzelin, à l'effet d'obtenir de Dieu, par son intercession, un fondateur pour son premier monastère. Dès le commencement de la Congrégation, Pierre Fourier avait mis tous ses desseins sous la protection de ce saint pontife, qu'il invoquait comme évêque de Toul et fondateur des dames de Bouxières près de Nancy. Il affirmait en avoir eu souvent des assistances très spéciales et il conseillait à ses filles de s'adresser à lui pour leurs nécessités spirituelles ou temporelles.

Le 28 août suivant, fête de saint Augustin, il se retrouvait à Nancy. Offrant à cette intention le saint sacrifice de la messe, il eut l'inspiration de demander à Mgr de Lenoncourt la fondation du premier monastère de la Congrégation et sa protection pour toutes ses filles. Sa résolution était prise quand, descendant de l'autel, il rencontra le primat qui se disposait à y monter. Le Père ne voulut manquer ni un si beau jour, ni une occasion aussi heureuse qu'inattendue. Dès que le prélat eut achevé son action de grâces, il se jeta à ses pieds et sollicita la faveur désirée. Touché de l'esprit de

Dieu, ému de la piété et de l'humilité du saint homme, le prélat le releva aussitôt, l'embrassa étroitement et promit de fonder le monastère de Nancy et de travailler à l'approbation de la Congrégation. Consolé par cette assurance positive, Pierre informa les Mères de cette heureuse nouvelle et les invita à se rendre à Verdun pour délibérer entre elles, mais il ne put assister lui-même à la séance. « Pour plusieurs raisons bien pertinentes que sœur Gante vous déduira, écrivait-il à ce propos, j'ai jugé bon qu'elle et la sœur Jeanne allassent à Verdun pour communiquer et résoudre amiablement avec Notre-Seigneur, les saints Pères de là et vous toutes, de plusieurs points, tant à l'acquet de la maison que vous me proposez qu'à la généralité de notre Congrégation... Il est question de savoir aussi l'opinion de vous toutes pour la maison de Nancy. Vous avez de très bons personnages à Verdun, Dieu merci. Prenez la peine de m'écrire ce que vous aurez résolu..., pour à quoi vous aider nous procurerons des messes, des prières et autres bonnes œuvres » *(26 septembre 1614).*

Pierre Fourier rédigea un mémoire dont le prélat envoya copie à son agent de Rome, avec recommandation de s'y conformer scrupuleusement.

Ce mémoire signale l'intention des filles de Fourier et ce qu'elles ont pratiqué provisoirement de-depuis leur première dévotion. Il détermine les points principaux de l'œuvre, raconte les succès jusqu'ici remportés ; enfin il déclare sous quelle forme et dans quelles conditions ses filles sollicitent l'approbation de Sa Sainteté.

A Rome, les affaires furent poussées si activement que la bulle *Sacri Apostolatus*, datée du premier janvier 1615, fut enfin obtenue. Malheureusement, elle ne disait pas mot des classes externes, le Saint-Siège les regardant encore comme incompatibles avec la clôture. Ce fut une grande peine et pour Fourier qui était déçu dans son but, et pour ses filles qui n'avaient pas d'autre pensée que la sienne. Le saint instituteur avait, en effet, pour but principal, l'instruction des externes et il eût mieux aimé, dit la Mère Angélique Milly, laisser ses religieuses sans clôture, comme elles l'avaient fait par le passé, que de cesser l'instruction gratuite des externes, à cause des fruits merveilleux qu'on en voyait résulter partout, et dont les pauvres et les riches avaient moyen de profiter pour la piété et les bonnes mœurs (1).

En février 1615, le saint fondateur convoqua de nouveau les anciennes Mères à Nancy. On résolut de recourir à Dieu, de faire force prières, austérités et bonnes œuvres dans la Congrégation pour demander la lumière du Saint-Esprit sur les nouvelles instances qu'on devait faire à Rome. On fixa également l'emplacement du nouveau monastère : c'était précisément celui que Mère Alix, douze ans auparavant, avait vu et annoncé à une de ses com-

1. *Éclaire.*, p. 127.

pagnes par une lumière prophétique : « Voyez-vous
ce terrain ! Un jour nous y aurons un beau monastère ». Dès le 15 février, le primat versait mille
francs pour cette acquisition, la maison s'étant en-
gagée à payer le surplus. En même temps, il continuait ses poursuites auprès de Sa Sainteté, l'in-
formant soigneusement, par des cardinaux dévoués
à sa personne, des grands fruits que l'instruction
des externes procurait à la piété chrétienne.

Le saint instituteur présenta la Mère Alix comme
supérieure du futur monastère. « Vous avez, dit le
primat très satisfait, prévenu le dessein que j'avais
de vous la demander. » Et ils décidèrent de l'envoyer à Paris avec une compagne, chez les Ursulines du faubourg Saint-Jacques, pour étudier la
méthode d'instruction des externes et des pensionnaires. Pierre Fourier rédigea et remit à la Mère
Alix un mémoire détaillé pour faciliter toutes les
recherches qu'elle aurait à faire.

Il fut également décidé qu'on userait de viande
et de vin dans la Congrégation, vu la nécessité de
soutenir les santés dans les fatigues de l'enseignement.

Toutes ces résolutions prises et ces affaires réglées, les Mères se retirèrent chacune en leur maison. La Mère Alix s'en retourna à Verdun où elle
était supérieure, pour se préparer au voyage de
Paris.

CHAPITRE XVII

ALIX A PARIS

1615

La Mère Alix, après de rapides préparatifs, quitta Verdun le 12 mars 1615, se dirigeant sur Paris avec sœur Angélique Milly. Elle était porteuse du mémoire qu'avait dressé d'avance la prévoyance de Fourier. « Ce mémoire, dit le P. Chérot, est venu jusqu'à nous. Peu de documents témoignent à un égal degré de l'esprit d'observation et d'enquête du Père Fourier. Dans ces quatre grandes pages de cette liste de questions qui touchaient à tout, il n'oublie aucune des choses de l'administration intérieure ou extérieure d'une communauté, d'un pensionnat, d'un externat » (1).

La Mère Alix portait aussi à la Mère Isabelle, supérieure de Châlons, les lettres du saint fondateur. Celle-ci, en effet, n'avait pu assister à la dernière assemblée de Nancy. Il tenait à l'informer de ce qui s'y était passé et la chargeait d'organiser le voyage de Paris.

1. *Saint Pierre Fourier*, p. 72.

« Il n'est pas maintenant nécessaire, lui mandait-il, que je vous écrive ce qui s'est passé à Nancy touchant l'acquet d'une place pour vous en la Ville-Neuve et les dévotions de Mgr le primat, parce que sœur Alix vous racontera le tout. Seulement vous dirai-je que vous avez été bien désirée et souhaitée à nos colloques et ai pour mon particulier beaucoup regretté que Notre-Seigneur n'eût pas permis que vous vinssiez avec sœur Alix puisqu'elle était à Châlons, lorsque mes lettres lui furent délivrées ».

Il invite la Mère Isabelle à organiser le voyage de Paris, en attribue les dépenses non à la maison de Châlons, mais à celle de Verdun et fait des recommandations de prudence au sujet des compagnies que l'on peut rencontrer dans un voyage d'un aussi long cours.

La Mère Alix devait aussi, sur l'indication du saint fondateur, prendre avec elle, comme compagne, Claire de Médreville et la remplacer à Châlons par sœur Angélique Milly qu'elle avait amenée de Verdun à cette intention, mais une engelure retenait la première au lit. Pressée de partir, la vénérable fut obligée de prendre avec elle sœur Angélique Milly, son ancienne compagne de voyage, lors de la fondation de Châlons. N'est-ce pas là un trait de la Providence qui destinait cette jeune sœur à remplacer dans la suite la vénérable dans le gouvernement de la maison de Nancy, aussi bien que dans ses héroïques vertus, et qui pour cela voulait en faire le témoin et la consolatrice de ses afflictions, comme nous le verrons dans la suite? (1).

Après s'être arrêtées un jour à Châlons, la Mère Alix et sa compagne se mirent en route pour Paris. Par amitié et par respect, la Mère Isabelle voulut les accompagner jusque-là avec une de leurs amies de Châlons, Mme Dubois. Toutes deux devaient revenir à Châlons par le même coche.

Ces dames croyaient avoir pris toutes leurs précautions pour n'avoir pas dans le coche de compagnie désagréable. Or, à l'un des premiers relais, quatre ou cinq huguenots prirent place dans la voiture. Ces hérétiques ne voyaient pas les religieuses de trop bon œil, mais le grand silence qu'elles observèrent ne leur permit pas de les attaquer ouvertement. Ils s'y prirent d'autre façon. Un dimanche, sous prétexte d'affaires pressantes à Paris, ils firent partir le coche si matin qu'il fut impossible à ces bonnes sœurs d'entendre la messe. Elles en eurent beaucoup de déplaisir, mais elles se turent par prudence. Sur les neuf heures, à proximité de Montmirail, où l'on devait faire halte, le dernier coup de la messe sonnait dans un village. La Mère Alix aimait beaucoup l'exercice de la sainte messe; elle y assistait avec une dévotion toute particulière. Elle l'appelait le grand sacrifice d'amour par lequel nous adorons les incompréhensibles gran-

1. *Vie par un Carme déchaussé.*

deurs de Dieu et de son Fils bien-aimé. Là, nous le lui présentons, afin de satisfaire à sa justice et de solliciter des miséricordes pour nous et pour tous les pauvres pécheurs. A la messe, disait-elle encore, nous recevons en abondance les grâces en vue des assistances dont nous avons besoin pour bien passer la journée. Elle ne s'en exemptait jamais qu'en cas d'extrême maladie. En voyage, elle prenait si bien ses mesures qu'elle entendait toujours la messe avant de partir. Or, dans la circonstance, pareille précaution n'avait pas pu être prise.

La Mère, entendant sonner la sainte messe, crut devoir profiter d'une si belle occasion ménagée, semblait-il, par la Providence. Elle demanda à descendre sans cacher son dessein. Ces messieurs se prirent à rire et voulaient l'en détourner.

« Ce n'est pas par scrupule, répondit la Mère, que nous agissons ainsi, mais nous sommes bien aises de ne point manquer à ce précepte, puisque nous pouvons y satisfaire, sans retarder ou incommoder personne. Il n'y a, en effet, qu'une heure de chemin de ce village jusqu'à Montmirail, où le coche doit s'arrêter pour dîner. Nous vous affirmons qu'après avoir rempli notre devoir, nous vous suivrons de si près que vous n'aurez pas à nous attendre. »

On commençait l'eau bénite, lorsqu'elles entrèrent à l'église. On chanta la messe fort dévotement, le curé fit le prône ordinaire avec une belle instruction qui dura trois quarts d'heure. La messe finie, les quatre voyageuses partirent avec un guide pour leur montrer le chemin et marchèrent à pied très doucement, mais si heureusement qu'elles arrivèrent à la même heure que le coche, au grand étonnement de toute la compagnie. Il y avait parmi les voyageurs un gentilhomme et un chevalier catholiques qui leur racontèrent les disgrâces survenues depuis leur absence : arrêt subit de l'attelage en pays plat, impossibilité de le faire avancer d'un pas, nécessité pour le maître d'aller chercher des chevaux au village voisin pour pouvoir démarrer, et ainsi retard de deux ou trois heures sans cause connue (1).

La Mère Alix, heureusement arrivée à Paris, fut reçue au monastère des Ursulines avec les plus grands égards par Mme de Sainte-Beuve, leur vénérable fondatrice, et par leur digne supérieure, Mme de Villiers-Saint-Paul, qui avait été appelée de l'abbaye de Saint-Etienne de Soissons pour initier les religieuses de ce nouveau monastère aux usages de la vie conventuelle et qui fut depuis très digne abbesse de Saint-Etienne de Reims. La Mère Alix demeura près de deux mois dans la communauté, suivant tous les exercices réguliers, comme une simple novice, grâce qu'elle avait humblement sollicitée de la révérende Mère.

Elle s'entretenait souvent avec elle des pratiques de l'observance régulière et des divers offices de

1. *Rem.*, p. 239.

chacune des sœurs. Elle fut tout le temps très édifiée et très consolée des exemples de vertu et de piété qu'elle avait sous les yeux et n'eut jamais depuis que des paroles d'estime et de louange pour la conduite des religieuses et le bon ordre de la maison.

La pieuse Mère ne se doutait pas qu'elle produisait autour d'elle des impressions semblables.

Pendant la semaine sainte, on pratiquait dans la maison plusieurs louables et pieux exercices de dévotion. Elle obtint permission de la révérende Mère de faire des pénitences au milieu du réfectoire pendant le dîner.

La Mère Alix ne se livrait pas seulement à des pratiques extraordinaires. Dieu l'invitait aussi à veiller sur ses actions communes. Etant un jour au chœur avec les religieuses, elle fut vivement pressée de savoir ce qu'elle pourrait faire de plus agréable à Notre-Seigneur et elle lui adressa une prière à ce sujet. Tout à coup, elle fut ravie hors de ses sens, et Jésus lui dit de chercher intérieurement et extérieurement si toutes ses actions étaient toujours pieusement faites pour l'amour de Dieu (1).

Touchées de sa piété et de ses vertus, les Ursulines songèrent à la retenir chez elles et lui proposèrent d'unir la Congrégation de Notre-Dame à la leur et d'en écrire, pendant qu'elle était là, au saint

1. *Rel.*, **LXV.**

instituteur. La Mère Alix crut nécessaire avant tout
de consulter Dieu, comme elle avait coutume de
le faire dans toutes ses entreprises. De plus, elle
communiqua ce projet au cardinal de Bérulle. Le
fondateur de l'Oratoire lui promit d'y penser sé-
rieusement et de prier à cette intention. Quelques
jours après, il lui apporta cette réponse : « Je crois
que Dieu ne demande pas cette union et qu'il ne
faut plus y penser ».

Après un séjour d'environ deux mois à Paris,
Alix le Clerc quitta la communauté des Ursulines
pour regagner la Lorraine. Elle s'arrêta quelques
jours à Châlons, puis à Verdun *(juin 1615)*. Enfin,
elle fut mandée à Nancy pour y prendre soin de
la maison et préparer le futur monastère.

CHAPITRE XVIII

CONSTRUCTION

DU MONASTÈRE DE NANCY

1615-1616

Hésitation momentanée du primat. — Son zèle. — Zèle d'Alix.
— Argent venant à point. — Prédiction d'Alix. — Calomniateur converti. — Conférences du bon Père.

FLEUR SPIRITUELLE. — *Les matières propres à dresser l'édifice de la sanctification sont les vraies et solides vertus dont il nous faut faire provision.* (La Vén.)

Le traité de la fondation du monastère de Nancy étant arrêté, il fut communiqué à M. de Mauléon de la Bastide, official de Toul, chargé par le Saint-Siège, après informations canoniques sur la vérité de l'exposé envoyé à Rome, d'autoriser l'érection du monastère selon la forme et l'ordre prescrits dans la bulle.

Sur ces entrefaites, le saint instituteur vint à Nancy. Témoin de l'activité du primat à pousser l'affaire, il fit part de ses craintes à la Mère Alix. « Une seconde bulle, lui dit-il, est encore nécessaire pour confirmer nos projets ». Pénétrée de l'esprit d'obéissance, la Mère se rend chez le prélat, accompagnée d'une religieuse, et l'informe des craintes de Pierre Fourier. — « Puisqu'il en est ainsi, répond brusquement le primat, je ne veux plus me mêler de cette affaire, j'aime mieux tout quitter. »

A ces mots, la conversation est interrompue par l'arrivée de personnages importants. Les religieuses toutes peinées se retirent. « Adressons-nous à la sainte Vierge, dit Alix à sa compagne, je vois un grand renversement dans nos affaires, si sa bonté n'y remédie. » Et immédiatement elles se mettent en prière. Les visiteurs sortent de l'audience et les Mères retournent auprès du prélat. Elles le trouvent totalement changé. La prière des deux religieuses a dissipé tous les nuages. « Ne craignez pas, leur dit-il, que j'abdique mes titres ; je serai toute ma vie votre protecteur et votre père et dès l'instant j'écris à Rome pour lever les derniers obstacles » (1).

Rassuré, du côté de Rome, par les nouvelles favorables qu'il en recevait, le primat se mit à l'œuvre, dès le mois de mars 1616, pour se procurer les bois et les autres matériaux nécessaires à la construction du monastère ; puis il commença l'édifice lui-même. Il se chargea de surveiller personnellement les travaux, visitant les ouvriers plusieurs fois le jour et leur donnant des ordres. Quoique chargé d'occupations par ailleurs, il mettait celle-ci au premier rang. L'affection et le zèle ardent qu'il avait pour cette œuvre lui faisaient trouver du loisir pour la poursuivre activement.

La Mère Alix s'y appliquait, elle aussi, avec assiduité et ne quittait guère le chantier, de sorte que

____

1. _Rem.,_ p. 258.

le monastère avançait rapidement. Le bon Dieu bénissait l'œuvre.

Comme il y avait quantité d'ouvriers, il arrivait parfois, sur la fin de la semaine, que l'argent venait à manquer. La Mère ne s'en troublait pas. Avec sa confiance ordinaire, elle recourait à Dieu. « Seigneur, lui disait-elle, les **ouvriers** quitteront votre ouvrage, si votre bonté ne prend soin de leur envoyer de l'argent ». L'argent venait immédiatement et de la sorte on ne cessa jamais de travailler jusqu'à l'achèvement complet du monastère, qui cependant avait de grandes proportions (1).

Si on nous fait l'aumône cette semaine, dit un jour la Mère Alix, nous achèterons des cierges pour allumer à la chapelle pendant que nous réciterons l'office. — Mais, reprend la procureuse, il manque tant de choses à la cuisine. — Et si Notre-Seigneur envoie l'un et l'autre, vous serez bien trompée. Le même jour, **les Mères** reçurent d'une personne à laquelle elles n'auraient jamais pensé, une bonne somme d'argent et des cierges qui suffirent toute l'année (2).

La Mère Alix songeait aux pierres matérielles, mais elle **songeait** aussi aux pierres vivantes. Comme elle était d'humeur assez gaie, elle disait quelquefois en conférence, par manière de récréation : « Telle et telle demoiselle qu'elle nommait, des prin-

1. *Rem.*, p. 249.
2. *Rel.*, LXIII.

cipales maisons et familles de la ville, seront religieuses dans notre nouveau monastère ». Les
sœurs en riaient avec elle, prenant cela pour des
paroles de divertissement. Cependant, en peu d'années, on vit se réaliser de point en point ce qu'elle
avait annoncé et toutes les jeunes filles qu'elle avait
nommées se firent religieuses dans son monastère (1).

Un jour revenant du chantier, elle rencontra
dans la rue la femme du premier secrétaire des
commandements, avec ses deux filles. Elle les suivit du regard avec assez d'attention, puis elle dit
à la sœur qui l'accompagnait : « Nous aurons une
de ces demoiselles religieuse chez nous. — Elle
n'en porte guère la mine, répondit celle-ci et il n'y
a que ces deux enfants dans la maison. — Eh bien!
laissez faire Dieu et vous verrez que je vous dis
vrai. »

Cinq ou six ans après, l'aînée entra au monastère et y vécut en bonne et sainte religieuse (2).

Les rencontres que faisait Alix n'étaient pas toutes du même genre. Un homme de mauvaise vie
qui faisait le gentilhomme de cour (les seigneurs
s'en servaient pour faire des vers, des pasquinades
et d'autres choses plus mauvaises encore), rencon-
contra un jour en ville une fort honnête demoiselle, au moment où la Mère passait en se rendant

1. *Rem.*, p. 274.
2. *Rem.*, p. 275.

à l'église. Il calomnia la fondatrice de la façon la plus noire et la plus infâme. — « Vous êtes un menteur et un méchant homme, riposta la demoiselle, je connais parfaitement la Mère ». — Alors il répéta son propos avec d'horribles jurements. Quelque temps après, cette demoiselle qui était l'amie de la vénérable, prit soin de l'avertir. Celle-ci supporta cette calomnie avec la plus parfaite sérénité. « Si Dieu m'abandonnait, répondit-elle, avec une grande tranquillité d'esprit, je pourrais faire pis encore. »

Cette admirable patience alluma une charité si efficace en l'âme de cette bonne Mère que, quelques jours après, allant visiter le bâtiment de son monastère, elle rencontra cet homme dans la rue qui s'arrêta tout court et la suivit des yeux jusqu'à ce qu'elle fût près des ouvriers. La sœur qui l'accompagnait le remarqua s'arrêtant tout d'un coup et la regardant effrontément. — « Quel est donc cet homme? demanda la sœur. — Je ne le connais que de nom et ne lui ai jamais parlé; mais pourtant je demande tous les jours son salut à Dieu, avec grande insistance et j'espère l'obtenir par l'intercession de la sainte Vierge. Du moins, je ne cesserai de l'en prier et de faire tout ce que je pourrai pour obtenir cette grâce ». La sœur insista pour en savoir la raison. « Il faut, répondit la vénérable, prier et faire pénitence pour ceux qui nous persécutent », et elle lui raconta l'histoire.

Moins de six mois après, on vit les effets de ses charitables prières. Atteint d'une fâcheuse et douloureuse maladie, délaissé et abandonné des créatures, le calomniateur fut contraint de se rendre à Dieu par une conversion étonnante et admirée des religieux qui l'assistaient durant sa maladie. Il reçut les sacrements dans de merveilleuses dispositions, faisant des actes de contrition qui touchaient les plus insensibles, ne cessant d'admirer la bonté de Dieu et de louer sa miséricorde dont il était l'objet, sans l'avoir méritée par aucune bonne action. C'est dans ces belles dispositions qu'il rendit son âme à Dieu. Ceux qui connaissaient les faits ont toujours attribué cette conversion aux prières de la bonne Mère (1).

Pendant qu'on élevait l'édifice matériel, le saint instituteur, accouru à Nancy, travaillait non moins activement à l'édifice spirituel. Pendant qu'on taillait les pierres, il ciselait les âmes.

Dans des conférences spirituelles fréquentes, il instruisait les religieuses destinées au nouveau monastère, sur les vertus qu'elles devaient pratiquer pour se bien préparer aux exercices de la vie régulière. Il les poussait avec une telle ardeur vers les sommets de la sainteté que parfois elles hésitaient à avancer. Mais quand il les voyait en peine et comme toutes rebutées, il les encourageait, en leur disant : « N'avez-vous pas toujours prétendu faire ce

1. *Rem.*, p. 190.

que vous pourriez de plus **saint** et de plus parfait pour la gloire et service de Dieu et ne faut-il pas bien voir à l'occasion ce que vous savez faire ? »

Saint Pierre Fourier s'occupait activement par ses instructions des âmes présentes ; il s'occupait aussi des âmes à venir en travaillant **aux** constitutions. Etudions cet intéressant sujet où nous allons retrouver l'intelligente participation de la vénérable Mère.

CHAPITRE XIX

LES PETITES CONSTITUTIONS

1616-1617 février

Fourier travaille aux constitutions. — Seconde bulle. — Nancy
seul indiqué. — Présentation des constitutions au primat.
— Reconnaissance au primat. — Analyse et présentation
des constitutions à l'évêque. — Alix en sollicite et en
reçoit l'approbation. — Préparation d'Alix à la vêture.
Maladie. — Arrivée des religieuses des autres maisons.
Examen des sujets. — Allocution.

FLEUR SPIRITUELLE. — *L'âme n'aura jamais de repos, si elle
n'est unie à Dieu, parce que c'est là qu'elle a pris son origine et
qu'elle est créée pour cette fin. (La Vén.)*

On se souvient que la première règle suivie par
les filles de Pierre Fourier était composée de dix-
neuf articles verbalement approuvés par l'évêque de Toul, Mgr Christophe de la Vallée.

Le saint instituteur remania et augmenta cette
règle primitive qui, de dix-neuf articles monta à
vingt-sept, lorsque ses cinq premières filles sollicitèrent, pour leur Congrégation, l'approbation du
cardinal de Lorraine comme légat du Saint-Siège,
approbation donnée le 8 décembre 1603.

Il s'agissait maintenant, la bulle l'exigeait, d'a-
voir et dès lors de rédiger des constitutions basées sur la règle de saint Augustin. Cette troisième
forme, connue sous le nom de *Petites constitutions*,
ne restera pas elle-même définitive, et c'est le cas
de répéter le mot de saint François de Sales don-

nant ses constitutions aux Visitandines : « Il est très difficile que les choses qui dépendent de la pratique se trouvent tout d'un coup dans leur dernière perfection. »

Fourier entreprit ce travail et le mena à bonne fin ; de là, le long séjour qu'il fit à Nancy au cours de l'année 1616.

Nul mieux que lui ne pouvait réaliser cette œuvre. Depuis vingt ans, il avait pu voir, entendre, observer et comparer. Mais il était trop humble et trop prudent pour s'en rapporter à lui-même d'une manière exclusive. Il demandait des conseils aux Pères Jésuites chez lesquels il avait sa cellule et dont l'esprit se révèle en plusieurs endroits de son travail par la similitude des passages avec les constitutions de saint Ignace, similitude qui se retrouvera plus encore dans les dernières constitutions. Il demandait aussi l'avis de la vénérable Mère Alix : elle avait l'intelligence, l'esprit de Dieu ; c'est elle qui avait reçu d'en haut l'idée de fonder une Congrégation nouvelle. A Paris, durant son séjour aux Ursulines, elle avait dû faire quantité d'observations, puisque tel était le but de son voyage. Enfin, selon son habitude invincible, Pierre Fourier consultait Dieu dans une prière fervente et continue ; il purifiait son âme par la mortification, pour la rendre plus propre à recevoir la lumière d'en haut.

Ce travail du saint instituteur fut un instant suspendu par l'arrivée de la seconde bulle tant désirée. Elle était datée du 6 octobre 1616, signée du pape Paul V et permettait l'instruction des jeunes filles externes aussi bien que des pensionnaires. Par cette condescendance, Rome dérogeait à ses usages, cela est vrai; mais il restait un point noir. Le monastère de Nancy était seul indiqué dans la bulle; d'où cette question angoissante : Les autres maisons, quoique non désignées, avaient-elles les mêmes droits que celle de Nancy ?

Au lieu de communiquer les pièces, le primat, de sa propre autorité, résolut malheureusement la question d'une manière affirmative. Et ce fut là, dans la suite, pour Pierre Fourier, la source de difficultés longues et inextricables. Cependant le saint fondateur avait terminé les constitutions. Il les présenta à Mgr de Lenoncourt, assisté de quatre Jésuites des plus renommés en doctrine et en expérience. Le prélat prit également l'avis des quatre ou cinq Mères les plus anciennes dans la Congrégation. La commission fut très satisfaite de l'ensemble, modifia quelques détails et décida que le fondateur irait porter lui-même son travail à l'évêque, l'approbation de l'Ordinaire étant requise par le Saint-Siège.

La veille du départ pour Toul, les religieuses, à la demande de Mgr de Lenoncourt, signèrent un acte par lequel elles saluaient dans le prélat le fondateur de la maison et le bienfaiteur de la Congrégation entière. Comme témoignage de gratitude, elles s'obligeaient à faire célébrer chaque année, au jour anniversaire de sa mort, un service solennel pour le repos de son âme. Elles reconnaissaient de plus une rente de deux cents francs constituée par lui, garantie par un capital de deux mille huit cents francs et destinée à faire l'éducation de deux jeunes filles de sa famille qui se succéderaient à perpétuité dans le pensionnat (1).

Fourier partit le 5 mars pour Toul. Mgr de Maillane le reçut très bien. Dès le lendemain, il assembla son conseil auquel il adjoignit encore, par exception, deux hommes doctes, capables et expérimentés en ce qui concerne les communautés religieuses.

Les constitutions étaient écrites sur parchemin et en bonne forme. Elles sont divisées en six parties : la première traite de l'instruction de la jeunesse, qui est le but capital de la Congrégation; la seconde renferme ce qui touche de plus près à la gloire de Dieu que cette instruction doit procurer; la troisième indique aux religieuses le moyen d'avancer dans la perfection; la quatrième parle des secours qu'elles peuvent procurer au prochain; la cinquième traite de la forme du gouvernement des monastères; la sixième, des novices et de l'admission à la profession.

Saint Pierre Fourier présenta ces constitutions à Mgr de Maillane. L'évêque les lut, les exposa lui-même à l'assemblée et examina, avec soin et en

1. *Archives de la Meurthe.*

détail, chacun des articles. La révision dura trois jours consécutifs. On ne trouva rien à y changer.

L'évêque avait voulu que la Mère Alix vînt à Toul pendant l'examen des constitutions. Il s'entretint en particulier avec elle, désirant connaître son sentiment sur différents points, tant il avait foi en sa haute vertu et en sa grande sagesse. Il resta très satisfait et très édifié de ses réponses. Elle avait apporté une poupée vêtue conformément aux constitutions. Cet habit, examiné en présence de l'assemblée, fut trouvé bien régulier et approuvé par l'évêque. Le prélat fit grand cas de la Mère et lui promit de la servir de tout son pouvoir, pour le bon établissement de son monastère, l'assurant qu'il l'appuierait et l'aiderait en tout et partout, pourvu qu'elle se souvînt de prier pour lui.

La Mère Alix et sa compagne sollicitèrent alors juridiquement l'approbation des constitutions. Mgr de Toul en inscrivit l'acte authentique sur le cahier même, en date du 9 mars 1617. Il les rendit ensuite au saint fondateur, en présence de l'assemblée, avec mille éloges, les appelant le fruit de vingt ans de travaux, de prières, de pénitences et d'austérités.

De retour à Nancy, le saint fondateur témoigna sa satisfaction par des larmes de joie et de consolation, répétant plusieurs fois, les mains jointes : *Benedictus Deus ! Benedictus Deus !* Dieu soit béni ! Dieu soit béni ! Il ordonna à ses filles de venir à la chapelle chanter le *Te Deum* en action de grâces de faire la communion du lendemain et plusieurs autres exercices à la même intention.

Lui-même en informa par lettres les autres maisons de la Congrégation, leur demandant de remercier Dieu de cet événement comme d'une faveur particulière reçue de sa bonté pour l'établissement de l'institut.

A Saint-Mihiel, la mère Gante, impatiente d'être logée régulièrement, entreprit le bâtiment sans avoir de quoi subvenir aux travaux d'une semaine. Mais, avec son énergie et son entrain accoutumés et surtout sa confiance en Dieu, elle poursuivait l'œuvre, payant même de sa personne et encourageant les ouvriers par son exemple. Le ciel donna raison à sa foi généreuse; les secours arrivèrent toujours à propos, et, grâce à son activité extraordinaire, les travaux avancèrent avec une telle rapidité que Saint-Mihiel aurait pu devancer Nancy pour la clôture. Mais Mgr de Lenoncourt ambitionnait vivement pour son monastère l'honneur de la primauté; on se fit un devoir de le lui accorder, à raison des grands services qu'il avait rendus à la Congrégation.

La maison de Nancy était enfin achevée, après quinze ou seize mois de travaux. Les religieuses pouvaient l'habiter et y exercer toutes les fonctions de l'institut. Les âmes aussi s'étaient préparées, Alix surtout. Un jour se promenant seule et songeant à l'union des élus avec Jésus-Christ dans l'autre vie, elle jetait de grands soupirs, se sen-

tant pressée par son véhément désir de la mort :
« Je fus arrêtée tout court, dit la Mère, et il me
fut dit : « Si je suis avec toi, cela ne te suffit-il
pas ? »

« Deux ou trois mois avant de prendre l'habit,
continue-t-elle, je demandai à Notre-Seigneur que
par ses mérites il effaçât mes péchés; j'avais un
grand regret de n'avoir pas gardé la pureté de mon
âme dès mon enfance. Et étant ravie hors de moi-
même, il me semblait parler avec Notre-Seigneur,
premièrement de la sanctification de saint Jean-
Baptiste, et comme je lui disais : Mon Seigneur
vous avez fait de plus grandes grâces à quelque
autre de vos créatures. — Tu veux parler de ma
Mère bien-aimée? Je te dis que c'est aussi en elle
que je prends mes délices » (1).

Heureuses âmes qui savaient monter jusqu'à Dieu
et s'unir intimement à lui! Heureux jour que celui qui serait le témoin de leurs fiançailles avec le
divin Agneau! Ce jour allait enfin paraître, lorsqu'on fut pris d'une vive crainte pour la santé de
la vénérable Mère.

Elle eut une grave maladie. Les médecins la crurent mortelle et ils avertirent les sœurs de prendre les mesures que nécessitait la situation. L'une
d'elles, qui appréhendait extrêmement de la perdre, l'alla trouver et la pria de lui dire ce qu'elle
pensait de sa maladie : « N'ayez pas peur, ma fille,

____

1. *Rel.*, LXVI, LXVII.

lui répondit-elle, je vivrai encore plus de quatre ans dans le nouveau monastère ». Et de fait elle y vécut quatre ans et deux mois (1).

Alix continua donc avec zèle de donner ses soins aux pierres vivantes dont allait être composé le monastère. Elle-même s'efforçait de croître en ferveur. La famille des religieuses et des pensionnaires se transporta dans le nouveau monastère avec grande satisfaction.

Afin de rendre cette prise de possession plus solennelle, Fourier résolut d'appeler le plus possible les premières élues à cette cérémonie et de leur donner le saint habit. Les premières à la peine, n'était-il pas juste de les admettre les premières à l'honneur ? Il voulut aussi recevoir à la vêture des postulantes choisies dans les maisons « où se retrouveraient des dispositions plus prochaines à la clôture », Saint-Mihiel et Châlons en particulier (2).

La vêture fut fixée au 21 novembre 1617, fête de la Présentation de la sainte Vierge. On ne pouvait choisir meilleur jour : le mystère s'en appliquait admirablement aux élues. La Mère Alix avait plus tard grande joie à prendre les fêtes consacrées à Marie comme jour de vêture pour les postulantes. Elle se souvenait du bonheur qu'elle avait savouré en ce jour.

Elle reçut affectueusement les Mères des autres

1. *Rem.*, p. 273.
2. *Éclairc.*, p. 135.

maisons convoquées à Nancy pour le 29 octobre, afin d'y délibérer sur divers points. Mais toutes ne devaient pas prendre l'habit. Treize seulement étaient admises à cette faveur : la Mère Alix avec six postulantes de Nancy, la Mère Gante, de Saint-Mihiel et la Mère Isabelle de Louvroir, de Châlons avec leurs postulantes, deux de chaque maison.

Mais il ne suffisait pas que la maison fût nouvelle, il fallait que les âmes fussent renouvelées. Et voilà pourquoi à la préparation éloignée, elles ajoutèrent la préparation prochaine des exercices spirituels.

Cette retraite eut un épisode qui nous montre à quel point Alix était unie à Dieu.

Elle s'était chargée du soin de sonner une petite clochette pour réunir les religieuses en vue de lire ensemble les points de la méditation qu'elles allaient ensuite faire chacune en leur cellule et pour en marquer et annoncer la fin.

La bonne Mère était si occupée en Dieu durant ses oraisons qu'elle s'oubliait elle-même et faisait continuer démesurément les leurs aux retraitantes. Un jour elle les y laissa depuis deux heures jusqu'à cinq heures. Au moment où sonnèrent Complies, la Mère crut que c'était seulement Vêpres et sortit de sa chambre pour annoncer par un coup de clochette la fin de la méditation.

Rencontrant la sacristine qui venait de sonner, elle lui demanda si c'était le second coup de Vêpres, parce qu'elle n'avait pas entendu le premier.

La sœur lui répondit que c'étaient les Complies.
Toute honteuse de son oubli, elle se confondit en
excuses devant la communauté et donna sa charge à une autre, afin d'éviter à l'avenir de pareils
inconvénients (1).

Pour obéir aux prescriptions du saint concile de
Trente, l'évêque devait examiner préalablement les
postulantes pour s'assurer si elles se rendaient compte de la valeur de leur démarche et surtout si elles
agissaient en pleine liberté. Il confia ce soin au
Père de Mattaincourt. Il ne pouvait faire un meilleur
choix : ce choix honorait tout à la fois et le fondateur de l'institut et l'évêque de Toul. Il fut également décidé que la cérémonie aurait lieu à la collégiale Saint-Georges, paroisse des ducs de Lorraine.

Après l'examen des postulantes, Fourier leur fit
une allocution touchante : « A quoi vous servi-
raient, leur dit-il, les vêtements nouveaux dont on
va vous couvrir, si auparavant vous n'étiez revê-
tues de Jésus-Christ ? Il faut que le vieil homme pé-
risse, si vous voulez que le nouveau triomphe. Le
sépulcre blanchi au dehors n'ôte rien à la corrup-
tion du dedans. Ce n'est pas l'habit régulier qui
nous dépouille du cœur mondain, et l'importance
de la piété, comme dit un saint Père, ne consiste
pas dans les apparences, mais dans les effets.

« L'enfance de Marie est ici votre exemple : ce
qu'elle fit à Jérusalem, vous allez le faire dans nos

____

1. *Rem.*, 228.

temples sacrés ; vous avez voulu vous présenter comme elle. Que la foi vous conduise au pied de l'autel, que l'espérance vous y soutienne, et qu'une ardente charité préside à votre immolation. Prenez dans la divine simplicité de l'offrande de cette Vierge encore enfant le modèle de la vôtre ; formez la démarche que vous allez faire sur celle qu'elle fait et ne rendez point passager par votre inconstance ce qu'elle a rendu éternel par son amour » (1).

Les élues de Dieu pouvaient bien dire maintenant en toute vérité : Mon cœur est prêt, oui, Seigneur, il est prêt. *Paratum cor meum, Deus, paratum cor meum.*

1. *Conduite de la Providence.*

CHAPITRE XX

LA VÊTURE

21 novembre 1617

La collégiale Saint-Georges. — La foule et la cour. — Le
primat préside. — La cour céleste. — Le primat interroge,
— bénit les habits, — les présente. — Thérèse de Jésus. —
Retour au monastère et clôture.

Fleur spirituelle. — *Se dépouiller du vieil homme, se revêtir de Jésus-Christ et être résolu à le prendre pour le modèle de sa
vie.* (La Vén.)

Depuis sa fondation en 1330, par Raoul, duc de
Lorraine, la collégiale Saint-Georges avait été le
glorieux témoin de fêtes nombreuses et mémora-
bles à des titres divers. Elle avait vu célébrer des
victoires insignes sur les ennemis de la patrie, des
alliances importantes, des naissances princières, des
deuils nationaux ; mais cette fois la cérémonie est
d'un ordre supérieur et vraiment unique dans son
genre. Il s'agit de célébrer une série de triomphes
éclatants remportés sur le prince des ténèbres, les
fiançailles de vierges d'élite avec le grand Roi, la création d'une dynastie appelée à régner sur l'enfance, la
prise de possession officielle d'un bénéfice vacant
dans la sainte Église de Dieu : l'instruction gratuite des enfants du peuple. Aussi, grâce à la sollicitude de Mgr de Lenoncourt, la collégiale a reçu l'ornementation des grands jours, de magnifi-
ques tentures et des fleurs artificielles, à défaut de
fleurs naturelles dont la saison est passée.

Le 21 novembre 1617, la foule envahit de bonne heure l'église. Les filles de Fourier jouissaient d'une grande réputation. Précisément cette année-là, 1617, dans son histoire de la vie de saint Sigisbert, Georges Aulbéry fait des nouvelles institutrices un éloge enthousiaste. « Les élèves formées par elles, dit-il, donneront au monde un salutaire exemple, ne se pouvant faire autrement que le vaisseau ne retienne l'odeur de la première liqueur dont il est imbu. » La cour, dans son brillant appareil, est venue assister à cette cérémonie. Les élues de Dieu s'avancent processionnellement, sans doute accompagnées de leurs marraines ou paranymphes, comme il est indiqué au pontifical romain pour la bénédiction des vierges. Elles vont occuper les prie-Dieu qui leur ont été préparés devant la table de communion, en dehors du chœur. C'est sur elles que la terre et les cieux reposent leurs regards.

Le clergé fait son entrée solennelle. Le pontife, précédé des chanoines de la collégiale et de nombreux ecclésiastiques de la ville, s'avance avec majesté. Le saint instituteur est là aussi, se dissimulant le mieux qu'il peut, mais incapable de cacher l'allégresse et la reconnaissance dans lesquelles est plongée son âme et que trahissent son visage et ses larmes.

Splendide est le spectacle qui se déroule aux yeux des hommes, mais plus splendide encore est celui qui s'y dérobe et que seuls atteignent les regards de la foi. Elle vient ici donner un heureux supplément au témoignage des sens.

A côté de la scène terrestre, elle contemple la scène céleste ; à côté de l'assistance visible, elle admire l'assistance invisible ; près d'une cour mortelle, elle voit la cour immortelle des anges et des saints. Là, sous ces voûtes séculaires, viennent de s'abattre des légions d'anges : anges des élues et du saint fondateur, du prélat et de son église, de la cité et de la nation ; anges des religieuses qui vont s'enrôler à l'avenir sous l'étendard de Notre-Dame ; anges des innombrables enfants de tout siècle, de tout pays, de toute condition qui leur seront confiées dans la suite des temps.

Parmi les groupes des anges voici les groupes des saints.

Nous saluons le législateur de la vie canoniale, saint Augustin, qui apporte sa Règle à cette nouvelle famille ; le titulaire de la chapelle ducale, saint Georges, qui leur ouvre les portes de son sanctuaire ; saint Romaric et saint Amé, ces premières fleurs de sainteté écloses au Saint-Mont et qui s'inclinent vers une humble fleur de la vallée, germant du même sol et répandant les mêmes parfums ; saint Fabien et saint Sébastien, les saints martyrs, les glorieux témoins de la nuit lumineuse du 20 janvier, dont l'éclat céleste a dissipé tous les doutes de l'esprit du saint instituteur ; saint Ignace et saint François Xavier, le premier qui fit voir à Alix dans les modestes petites pailles les gerbes opulentes

des moissons futures, le second, modèle achevé du
zèle apostolique, dont le nom va rayonner sur les
novices au jour de leur profession; saint Gauzelin et saint Nicolas, invoqués dès les débuts sur
la nouvelle entreprise, l'un plus spécialement par
le saint fondateur à Bouxières, l'autre plus particulièrement dans sa basilique par ces vierges d'é-
lite comme patron du pays et protecteur de l'enfance.

Nous saluons sainte Elisabeth et sainte Claire,
les premières à signaler le berceau symbolique et à
indiquer la vocation d'Alix; sainte Manne et sainte
Thérèse, l'une qui a inauguré les préparatifs des
fiançailles à l'abbaye de Poussay, l'autre qui, béa-
tifiée trois ans auparavant, va les clôturer par l'im-
position de son nom à la reine de cette phalange;
deux illustrations lorraines, saint Léon IX, qui acheva la célèbre abbaye, premier asile des filles du
Bon Père, et la bienheureuse Jeanne d'Arc, fière de
trouver une compatriote et une émule dans Alix
qui, par sa prière et ses immolations, avait *bouté*
le protestantisme hors de la Lorraine.

Voici le collège apostolique, élite et avant-garde
de l'ordre canonial et dont les princes Pierre et
Paul apparurent à Alix avec Notre-Seigneur dans
l'église de Poussay; sainte Anne, mère de la très
sainte Vierge, si chère à la vénérable et qui un
jour, alors qu'elle était plongée dans une prière
extatique, déposa un baiser sur son visage et disparut ensuite; saint Joseph, l'époux virginal de Ma-

rie, qu'elle s'est plu à contempler si souvent à Nazareth.

Nous saluons enfin la reine des anges et des saints, Notre-Dame, qui s'est montrée bien des fois à Alix, qui l'a appelée, dirigée et consolée. Comment ne serait-elle pas là, en ce jour solennel, fête pour sa protégée, fête pour elle-même ? Nous avons ainsi sous les yeux une délégation de la cour du grand Roi, du céleste Fiancé, qui tout à l'heure descendra sur l'autel, puis dans ces cœurs si admirablement préparés.

Tels sont pour ainsi dire les témoins d'office des fiançailles qui vont être conclues entre l'Epoux céleste et les premières filles de Notre-Dame.

« Le primat officie pontificalement avec toutes les plus belles cérémonies et préparations que l'on pouvait apporter pour rendre édifiante » (1) la solennité de cette vêture. La grandeur de l'acte qui se prépare et dont il ressent la profonde impression, la part active qu'il y a prise, l'intérêt qu'il porte à l'œuvre, l'espérance qu'il conçoit de ses débuts, tout avive la foi, la piété et la majesté du pontife. Il est en parfaite communauté de sentiments avec les élues. A ce jour et à cette heure on comprend de quelles délices sont enivrées ces âmes, mais qui donc essaierait de redire ces secrets ?

La messe terminée, le pontife, vêtu de la chape d'or, coiffé de la mitre, crosse en main, revient

____

1. *Eclairc.,* p. 136.

à l'autel pour commencer la cérémonie proprement dite. Le *Veni creator*, les versets et les oraisons chantés, le prélat prend place au fauteuil. Les treize élues quittent leur prie-Dieu et viennent s'agenouiller devant lui avec un air de modestie qui ravit tous les spectateurs.

Mais, avant d'agir, le prélat veut s'éclairer dans cette grave affaire; il interroge :

Que demandez-vous?

Vingt ans de désirs et d'aspirations, de combats et de victoires, d'efforts et d'immolations ne parlent-ils pas assez haut?

Ce qu'elle demande, Alix? Elle demande à entrer définitivement, sous l'autorité et la bénédiction de l'Eglise, dans ce nouvel institut que le ciel lui a inspiré de fonder pour y faire tout le **bien** possible.

Ce qu'elle demande, Alix? Elle demande à nourrir et à faire grandir sous le regard de l'Eglise et dans la personne des enfants du peuple et de la société, l'Enfant Jésus que Marie a remis un jour dans ses bras avec ce mandat clairement exprimé.

Ce qu'elle demande, Alix? Elle demande à exercer auprès des enfants un ministère semblable à celui des anges, à s'en faire l'auxiliaire et la coopératrice « pour conserver les âmes des petites filles dans l'état d'innocence, en leur imprimant de bonne heure la crainte de Dieu et l'horreur du péché » (1). En un mot, elle veut les instruire, les éclairer, les diriger, les préserver, les relever et les sauver.

Ce qu'elle demande, Alix? Elle demande à grouper sous l'étendard de Notre-Dame et la règle de saint Augustin une nouvelle famille canoniale, vouée à la vie apostolique qui n'est ni la vie purement contemplative, ni la vie purement active, mais « un mélange sacré de contemplation et d'action, alternative perpétuelle de soins sur soi-même et de soins sur les autres », ainsi que l'ont pratiquée les apôtres, à l'exemple de Jésus et de Marie.

Et toutes ces demandes, elle les renferme dans la réponse suivante, faite au délégué du Saint-Siège :

MONSEIGNEUR, JE DEMANDE EN TOUTE HUMILITÉ D'ÊTRE REÇUE EN L'ORDRE ET UNION DES RELIGIEUSES DE LA CONGRÉGATION DE NOTRE-DAME SOUS LA RÈGLE DE SAINT AUGUSTIN.

Et le prélat, désireux de compléter ses informations, poursuit son interrogatoire :

Pouvez-vous observer les règles et les constitutions?

Et tout aussitôt les anges et les saints avec leur céleste Reine s'affirment comme autant de témoins du passé, comme autant de garants de l'avenir, quand Alix répond avec l'accent de l'humilité et de la confiance :

1. *Opusc.*. p. 311.

Monseigneur, je l'espère avec la grace de Notre-Seigneur.

Mais que peut l'homme sans le secours d'en-haut?

Pénétrés de cette impuissance, le pontife et les assistants s'agenouillent et invoquent les anges et les saints de la Jérusalem céleste.

Au cours des litanies, à un moment donné, les postulantes se prosternent et l'évêque se lève; debout il chante sur elles ces trois invocations :

Daignez recevoir vos servantes à leur entrée dans la sainte religion. Daignez les confirmer dans la résolution de vous servir dans la sainte religion. Daignez bénir vos servantes et les sanctifier dans le service de la sainte religion.

Et, à chaque fois, le peuple répond : *Nous vous en conjurons, écoutez-nous.*

Le prélat bénit, asperge et encense les habits nouveaux, puis il bénit l'entrée des postulantes.

La cérémonie qui devrait se poursuivre et s'achever à l'intérieur du monastère, se continue dans le chœur de la collégiale, au chant de l'hymne : *Jesu corona virginum;* c'est l'hymne des vierges du ciel qu'on chante aux fiançailles des vierges qui luttent encore sur la terre, en attendant qu'elles arrivent au ciel pour suivre Jésus partout où il va.

Et voici qu'elles montrent leur mépris du monde en laissant tomber, sous les ciseaux du pontife, une mèche de leurs cheveux, pendant qu'on chante au chœur l'incomparable répons formé des pa-

roles de sainte Agnès : *Regnum mundi*. « J'ai mé-
prisé le royaume du monde et toute la pompe du
siècle par amour pour Notre-Seigneur que j'ai vu,
que j'ai aimé, en qui j'ai cru, à qui j'ai donné
mon cœur. »

C'est enfin l'antienne *Elegi abjectus esse*, enton-
née par les postulantes elles-mêmes : « J'ai choisi
d'être abjecte dans la maison de mon Dieu, plutôt
que d'habiter sous les tentes des pécheurs » et qui
précède l'admirable psaume : *Quam dilecta taberna-
cula tua.*

Sur cette déclaration, le pontife présente succes-
sivement chacun des habits : la tunique, symbole
de Jésus que doit revêtir l'élue de Dieu, la cein-
ture de la chasteté, le manteau de l'immortalité,
le voile de la modestie, de la pureté et de l'obéissance. Il présente ensuite le chapelet et le bréviaire,
livre de la prière, le cierge, signe de la lumière
d'en haut et de l'ardeur de la charité; puis il dé-
pose au front d'Alix et de ses sœurs la couronne
virginale, symbole de l'alliance avec Jésus et de
la couronne de gloire. Enfin à ces âmes transfigu-
rées il ne faut plus rien de terrestre. Elles ont
quitté les biens du monde et laissé leur costume
primitif, elles vont encore laisser leur nom. S'a-
dressant à Alix, au milieu du silence général, le
pontife lui dit :

*Vous vous nommerez désormais Thérèse de Jé-
sus.*

Thérèse de Jésus! Le beau nom!

A la suite d'un orage, quand le tonnerre gronde encore, il n'est pas rare de voir un arc-en-ciel se former au milieu des nuages. Derrière vous, vous avez le soleil et devant vous ce beau météore étalant ses brillantes couleurs, tournant vers le ciel son disque éclatant et reposant ses deux extrémités sur la terre. Souvent aussi **un** second arc-en-ciel se dessine au-dessous du premier, reproduisant avec une fidélité parfaite et un ordre identique les sept couleurs du précédent. N'est-ce pas la frappante image de l'événement du jour? Dans le ciel de l'Eglise nous avons vu resplendir cet arc-en-ciel qui s'appelle Thérèse de Jésus, la vierge d'Avila, et voici qu'apparaît un **autre** arc-en-ciel, semblable au précédent et qui s'appelle du même nom, Thérèse de Jésus, la vierge de Remiremont.

Le pontife donne ensuite la bénédiction et, au milieu de l'émotion générale, entonne l'hymne de saint Ambroise et de saint Augustin. La procession se forme et reconduit en leur demeure les fiancées de Jésus. Elle s'arrête à la porte pour leur laisser passage. Arrivées à la clôture, elles se retournent, saluent profondément l'assistance et entrent dans leur cher monastère. La porte se referme, tandis que le primat fulmine l'excommunication contre quiconque aurait la témérité de violer cet asile sacré des vierges du Seigneur.

Ainsi se termine cette cérémonie qui réjouit le

ciel et la terre, ravit le Cœur de Jésus et le cœur de ses fiancées, et fait tressaillir de reconnaissance le primat et plus encore le saint instituteur, qui sans doute répète de cœur et de bouche la parole d'autrefois : *Benedictus Deus ! Benedictus Deus !* Dieu soit béni! Dieu soit béni!

CHAPITRE XXI

LE NOVICIAT

1617-1618

Clôture à Châlons et à Saint-Mihiel. — Fondation de Bar-le-
Duc. — Jésus et Marie, modèles. — Epreuve. — Marie
apparaît à Alix. — Paix recouvrée. — Dévotion à la Passion.

FLEUR SPIRITUELLE. — *Regarder toujours le Fils de Dieu et la
Vierge Marie, afin de les imiter au plus près qu'il sera possible.*
(La Vén.)

Quelques jours après la cérémonie de la vêture, les Mères supérieures de Saint-Mihiel et de
Châlons s'en retournèrent chez elles avec leurs novices pour préparer l'érection de leur maison en
monastère et celles de Verdun, de Pont-à-Mousson,
simples témoins de la solennité, regagnèrent leurs
résidences.

Le saint instituteur aurait voulu récompenser la
la Mère Gante de son humilité et de sa générosité
à accepter Nancy comme premier monastère, en
établissant le plus tôt possible la clôture à Saint-
Mihiel, mais l'évêque étant empêché, il y eut for-
cément un retard. D'autre part, Châlons était prêt.
L'évêque, Mgr Cosme Clausse, fixa la vêture au
11 février 1618, dimanche de la Septuagésime. Dès
le commencement du mois, le Père se rendit à Châlons et prépara de son mieux les huit postulantes.
La chapelle de la maison étant trop étroite pour

la cérémonie, on choisit l'église Saint-Eloi. M. Jennin reçut à la porte les postulantes qu'avaient accompagnées les dames les plus distinguées de la ville. Tout contribua à rendre la cérémonie émouvante : la piété du Père qui célébra la messe au milieu des larmes, la parole onctueuse de l'évêque et la modestie des religieuses. Le clergé et les fidèles reconduisirent ensuite en procession les novices en leur monastère, et la clôture fut établie selon le même cérémonial qu'à Nancy.

Après Châlons ce fut le tour de Saint-Mihiel avec ses douze postulantes, et où les pensionnaires s'avancèrent portant les robes, les voiles, les bréviaires pour les présenter à la bénédiction du pontife, Charles de Lorraine.

En septembre 1618, sur les instances réitérées de l'évêque de Toul, le pieux instituteur forma un nouvel établissement à Bar-le-Duc. Dieu bénit tellement les travaux des religieuses qu'en très peu de temps, c'est-à-dire dès l'an 1621, leur maison fut érigée en monastère et devint bientôt un des plus célèbres de la Congrégation, grâce aux libéralités de Mme du Jar, son illustre fondatrice, qui en fut aussi la première professe.

Revenons promptement visiter nos novices de Nancy et particulièrement la vénérable Mère Alix. On sait comment, dès les premiers temps de sa vocation, elle s'était attachée à l'humanité de Notre-Seigneur, aux actes de son enfance et de sa vie cachée, ainsi qu'à la méditation de la vie de son auguste Mère. On sait aussi avec quel soin elle pratiquait ce qu'elle recommandait. Or, elle voulait que « les actions des religieuses fussent ardentes en charité et luisantes en bonnes œuvres et en exemples de vertu. » Elle les invitait « à regarder le Fils de Dieu ou la très sainte Vierge, agissant et conversant avec le prochain, afin d'y profiter selon la règle de l'institut, sa fin principale étant d'honorer leurs saintes actions et de les suivre au plus près qu'il leur serait possible, joignant l'exercice de Marthe à celui de Marie, cherchant toujours l'honneur et la gloire de Dieu avec le salut des âmes » (1).

« La sainte Vierge au temple travaillait comme les autres filles, faisait les actions communes avec elles, mais, à certains temps et heures ordonnées, elle se retirait pour s'employer à l'oraison et à la sainte contemplation; devenant par ses exercices l'exemple de ces religieuses qui sont obligées, par leurs règles, d'employer la meilleure et la principale partie du temps à prier, méditer, chanter les louanges divines, se recueillir elles-mêmes en la présence de Dieu, pour recevoir la rosée et la manne céleste qu'elles doivent départir aux âmes de leurs petites écolières, ainsi que faisait la sainte Vierge aux petites filles du Temple pour les instruire et entretenir en dévotion, leur donnant par elle-même l'exemple de la parfaite vertu. En quoi

1. *Opusc.*, pp. 311, 312.

ces religieuses la doivent imiter, non seulement pour plaire à Notre-Seigneur, mais pour servir d'exemple d'humilité, de modestie aux filles qu'elles enseignent ».

« Notre-Seigneur et sa sainte Mère avaient toujours parmi leurs actions extérieures l'intention et l'esprit élevés en Dieu; c'est ce que les religieuses de cette Congrégation doivent faire en toutes les actions qu'elles exercent le long du jour, les unissant tant qu'elles pourront aux leurs, s'accoutumant dès le commencement de leur vocation à opérer avec grande présence d'esprit, marchant toujours devant Dieu et le cherchant en simplicité de cœur».

« Par ce moyen, elles arriveront à la parfaite union, leurs âmes seront plus agréables à Notre-Seigneur et elles l'imiteront de plus près. Il bénira leurs travaux et leur donnera des grâces plus abondantes pour profiter au salut des âmes, l'une desquelles est plus devant Dieu que tout le monde, puisqu'il n'a pas dédaigné de donner sa vie et son sang précieux pour elles et qu'il a dit de sa divine bouche : « Qui fera et enseignera sera grand au royaume des cieux » (1).

La paix complète dont la vénérable jouissait depuis deux ans et demi, ne tarda pas à être l'objet des attaques du démon. Huit jours après l'entrée au nouveau monastère, les tentations recommencèrent et la tourmentèrent dix mois avec fort peu de relâche.

1. *Opusc.*, pp. 313, 314, 315.

« Une fois, raconte-t-elle, étant travaillée de cette tentation toute la nuit, jusqu'à deux ou trois heures du matin, je priai bien instamment Marie de me donner un peu de trève. Je m'endormis. A quatre heures, je m'éveille au son de la cloche. J'ouvre les yeux, que vois-je? Marie elle-même présente dans la chambre. Je m'écrie : Ma très chère Mère et Maîtresse! Je m'en suis bien repentie depuis, car elle disparut aussitôt. Je ressentis dans mon cœur une nouvelle confiance en elle, et je tiens qu'elle m'a procuré la tranquillité que j'ai eue depuis sa Nativité. En effet, retirée dans ma chambre, j'étais envahie par la tristesse. J'éprouvais de la difficulté à faire profession. Il me semblait que renouvelant le vœu de chasteté que j'avais déjà fait, et ce vœu étant cette fois solennel, sa violation serait plus grave. Et je n'osais compter sur la grâce de Dieu qui me serait nécessaire pour ne pas l'offenser » (1).

« J'étais plongée dans ces pensées, mon esprit en fut tout à coup tiré, je fus reprise du peu de confiance que j'avais et je reçus l'assurance d'être assistée de la grâce de Notre-Seigneur. De douces larmes coulèrent de mes yeux, chose qui m'est assez rare, quelles que soient les circonstances, si ce n'est en occasion de ce genre que je présume être de Dieu, qui veut m'aider à supporter ma faiblesse et me faire ressentir par là les touches de

1. *Rel.*, LVIII.

son infinie miséricorde. Car ces attraits qui s'emparent de moi, assoupissant le plus souvent tous mes sens, laissent toujours ma mémoire remplie et ma volonté enflammée de l'amour de Dieu avec un grand désir qu'il fasse toujours en moi ses saintes volontés. Ces attraits m'arrivent parmi mes plus grandes tentations, non pas au moment même, mais après que mon âme est fort humiliée, et le plus souvent en considérant les mérites infinis de la sainte vie et passion de mon Sauveur, que je voudrais avoir continuellement dans ma mémoire » (1.

« Il y a quelques mois, raconte encore la vénérable, qu'entendant la sainte messe dans le chœur, où étaient toutes les religieuses, je priai instamment Notre-Seigneur d'imprimer toujours le souvenir de sa Passion et l'exemple de sa sainte vie dans ma mémoire, il me fut dit : Jette un œil vers moi et un autre sur tes défauts pour les corriger, et tu arriveras à ton désir (2).

Elle y arriva en effet, au témoignage des Contemporaines. Ecoutons-les : « Sa dévotion à la Passion de Notre-Seigneur était si grande que c'était un des sujets les plus ordinaires de ses méditations. Elle recommandait fort de s'accoutumer, dans les angoisses intérieures et les peines d'esprit, à considérer Jésus en son agonie et ses tristesses, ou au jardin des Oliviers et dans tout le cours de

1. *Rel.*, LIX.
2. *Rel.*, LXVIII.

sa sainte Passion, disant que c'était l'unique
moyen d'adoucir nos maux et de nous encourager
à les supporter volontiers pour son amour ».

Le vendredi saint, quand elle lisait en communauté le récit des souffrances de Notre-Seigneur,
elle fondait en larmes et se voyait contrainte de faire
de grandes pauses pour se remettre un peu afin
de pouvoir achever sa lecture (1).

Pénétrée d'une profonde et tendre dévotion envers la Passion du Sauveur, elle se livrait à de
grandes pénitences pour répondre, au moins par
quelques actes, à l'amour immense que le divin
Maître avait témoigné aux hommes par l'excès de
ses douleurs.

A part les souffrances assez longues de la vénérable, l'année du noviciat s'écoulait douce pour
les âmes qui goûtaient la sainteté de leur abri,
mais dure pour les corps éprouvés par la fraîcheur
du bâtiment.

Le 21 novembre approchait, et pour la profession comme pour la vêture, personne n'était dis-
posé à prolonger notablement les délais. L'évêque
fixa la cérémonie au 2 décembre, jour anniversaire de la mort de saint François Xavier, pour lequel les religieuses de Notre-Dame avaient une dévotion particulière, parce qu'il leur apparaissait,
nous l'avons dit, comme un des plus beaux modèles
du zèle apostolique.

1. *Rem.*, pp. 232, 233.

CHAPITRE XXII

LA PROFESSION

2 déc. 1618

La Relation. — Origine. — Caractère. — Fourier délégué
pour l'examen et les vœux. — Sœurs de Saint-Mihiel et de
Châlons présentes. — Profession le 2 décembre. — Allocution de Fourier. — Cérémonie de la profession. — Départ des autres religieuses.

FLEUR SPIRITUELLE. — *Faisons tout, souffrons tout avec Jésus et en l'esprit de Jésus, afin de pouvoir dire avec saint Paul :
Je vis, non plus moi, mais Jésus-Christ en moi.* (La Vén.)

La profession religieuse fut précédée, comme la
vêture, des exercices spirituels. Il est probable que
c'est au cours de ces exercices, ou peu avant, que
fut rédigée la Relation, c'est-à-dire l'autobiogra-
phie de la vénérable à laquelle nous avons emprunté la substance de notre récit. Elle y parle,
en effet, de la paix que Marie lui procura depuis
sa Nativité, paix un instant troublée par l'idée des
graves devoirs qu'impliquerait pour elle la profession religieuse. D'autre part, elle ne cite plus aucun événement ultérieur. La conclusion s'impose :
c'est donc à cette date que la Relation fut rédigée. Elle l'adresse à son confesseur en ces termes :
*Relation à la gloire de Dieu et de sa sainte Mère et
au salut de mon âme pour l'amour de lui, et parce
que Votre Révérence m'oblige à cette reddition de
compte.*

Ce confesseur, le P. Guéret, Jésuite, recteur du noviciat de la Compagnie à Nancy, eut la bonne inspiration d'exiger cet écrit. La Mère Alix accepta cette tâche par obéissance, mais, visiblement, elle ne dévoile les secrets de son âme que dans la mesure où elle s'y croit obligée.

La dédicace respire la plus profonde humilité. Le corps du travail comprend une série de 68 articles.

L'auteur termine par ces lignes : « Je finis, me jetant aux pieds du Sauveur, implorant ses miséricordes, que je vous supplie de m'obtenir par ses mérites. »

Et, sur l'original, le P. Guéret a écrit lui-même ces lignes : *Mère Alix le Clerc, de Remiremont, première religieuse de la Congrégation de Notre-Dame, a écrit ce que dessus de sa propre main.*

Ces explications prémises, il est intéressant de savoir quelles sont, à ce moment solennel de la vie d'Alix, les dispositions de son âme. Or, voici ce qu'elle en écrit : « J'aurais beaucoup à dire, si je voulais déduire les traits de la divine Providence sur nous, mais (cela) n'étant pas nécessaire pour ce que je prétends, je prie seulement Votre Révérence, ainsi que je fais souvent Notre-Seigneur, de le prier que je lui sois agréable, et que, connaissant ses voies et ses jugements si profonds, il n'épargne ni le vert, ni le sec à m'envoyer des maux et des afflictions; encore que je tremble en disant ceci, car ma nature indomptée les craint merveilleusement, mais j'espère (s'il lui plaît de m'en donner les occasions), qu'il me fera la grâce de les supporter avec patience, pourvu que je puisse obtenir de lui une dernière miséricorde pour le louer à jamais; c'est ma dernière ambition » (1).

Voilà donc, à l'approche du moment solennel de sa profession, le suprême désir d'Alix : la souffrance, et cette souffrance, elle la réclame avec une insistance merveilleuse; souffrir pour obtenir de louer à jamais Jésus, c'est là le comble de son ambition. Elle se prépare à ses vœux par une revision générale des grâces de Dieu, qui provoque sa reconnaissance et son humilité, et qui la dispose ainsi à de nouvelles grâces.

Mgr l'évêque de Toul, une seconde fois empêché, délégua le saint instituteur pour l'examen canonique et la profession. Autant la vêture avait été brillante d'apparat l'année précédente, autant la profession qui la couronnait, revêtit le cachet du recueillement et de l'intimité. La joie n'en fut que plus profonde pour le Père et pour les filles : pour le Père, appelé, par une circonstance providentielle, à recevoir les vœux des novices : pour ses filles, admises à se donner, sous les auspices du fondateur, totalement et officiellement à Jésus, par les trois vœux de pauvreté, de chasteté et d'obéissance et une simple promesse d'instruction, le vœu lui-même n'ayant été autorisé que plus tard, par la bulle d'Urbain VIII, en 1628.

1. *Rel.*, L.

Les supérieures de Saint-Mihiel et de Châlons, avec leurs compagnes, vinrent assister, mais comme simples témoins, à la cérémonie. Les amis de la ville s'empressèrent de témoigner, par leur présence et leurs prières, toute la sympathie qu'ils avaient pour l'œuvre de Pierre Fourier. Mais, ce qui valait encore mieux, la cour céleste, présente aux fiançailles par ses délégués, les anges et les élus, ne manqua pas de reprendre, dans la petite chapelle du monastère, la place qu'elle occupait à la collégiale Saint-Georges. Ni un ange, ni un saint ne pouvait déserter ce poste d'honneur, et tous accouraient, heureux de témoigner combien grande avait été la fidélité des fiancées du Christ, surtout de la Mère Thérèse de Jésus.

Le saint fondateur adressa aux sept novices une belle allocution que nous donnons en partie :

« Nous touchons enfin, mes chères sœurs, au terme tant désiré. Plus de retardement, plus de délai; il est temps de vous unir par les liens d'une charité plus parfaite à celui que vous cherchez depuis si longtemps par vos prières et par vos travaux. Enfin, le jour du Seigneur arrive, vous allez le voir dans la nouvelle terre où vous désirez le servir...

« Que l'homme s'humilie, Dieu va se montrer. Qu'est-ce que l'homme, ô mon Dieu, pour mériter d'être appelé à vos conseils?... Quel usage pensez-vous faire de mes ténèbres, de ma faiblesse, de ma misère?... Il est vrai que comme tout périt sans vous, tout aussi fructifie avec vous. Un ver de terre, un néant, le dernier de la tribu de Benjamin, peut beaucoup, quand la grâce daigne s'en servir. Hélas! que suis-je pour entrer dans les vues de Dieu?... Qu'on ne me regarde pas comme un ministre fort important : je n'ai ici presque d'autre part que celle qu'avaient la verge de Moïse, aux prodiges de l'Egypte; le manteau d'Elisée à la division des eaux du Jourdain, ou le bâton de ce prophète à la résurrection des morts ».

« Faible et vil instrument entre les mains de Dieu, je ne suis propre qu'à relever sa grandeur par ma bassesse, sa toute-puissance par mon infirmité ».

« Priez donc, mes chères sœurs, le ciel veut être importuné; que votre foi se réveille; que votre espérance prenne aujourd'hui de nouvelles forces; que votre charité pousse ses plus vives ardeurs, afin que le Seigneur, touché de votre état, continue lui-même son ouvrage, et que, oubliant notre lâcheté, il ne se souvienne que de ses miséricordes. »

« Représentez-vous, avec Salomon, la femme forte, ce modèle des filles et des femmes chrétiennes, qui travaille avec des mains sages et ingénieuses, qui manie le lin et la laine. Voyez-la, selon les paroles de l'Ecriture, dans les veilles de la nuit, dans les soins qu'elle donne à ses domestiques, dans les exercices de sa charité, dans l'assiduité de ses travaux, dans les éloges qu'elle mérite de son mari, dans la gloire qui lui revient

de ses enfants, qu'elle a bien élevés, enfin dans
cette réunion de bonnes œuvres, qui la louent au
milieu des gens de bien. Vous pouvez être la source de tous ces avantages pour un grand nombre
de jeunes filles, et quand vous ne gagneriez à Dieu
qu'un petit nombre d'enfants, une pareille conquête serait préférable pour vous et pour elles à
la conquête de toute la terre... » (1).

La cérémonie commence. Le *Veni Creator* est
chanté avec les oraisons. Le célébrant, assis au
fauteuil, interroge la novice à genoux devant lui :

— *Que demandez-vous ?*

— MON PÈRE, JE DEMANDE DE ME DÉDIER ET
CONSACRER A JÉSUS-CHRIST NOTRE-SEIGNEUR
PAR LES VŒUX DE LA SAINTE RELIGION.

— *Avez-vous suffisante connaissance de ce que vous
voulez faire et promettre ?*

— OUI, MON PÈRE, PAR LA GRACE DE DIEU.

— *Etes-vous fermement résolue de persévérer toute
votre vie en cet état ?*

— OUI, MON PÈRE, AVEC L'AIDE DE NOTRE-
SEIGNEUR.

Le célébrant présente à la novice le cierge, symbole de la lumière de Jésus-Christ, demandant à
Dieu, que, par cette sainte lumière et par le feu
de son ardente charité, elle mérite d'entrer un jour
dans le temple de la gloire. Il bénit ensuite, asperge et encense le voile et la couronne.

Célébrant, novices, assistants, tout le monde tom-

____

1. *Conduite de la Providence.*

be à genoux, pour invoquer les saints. A un moment donné, les postulantes se prosternent et, debout, tourné vers elles, le célébrant supplie Dieu, en une triple invocation, de confirmer ses servantes dans leur résolution, de les y affermir et de les bénir et sanctifier au service de la sainte religion. Et trois fois les assistants de répondre : Nous vous en conjurons, écoutez-nous : *Te rogamus, audi nos.*

Les oraisons des litanies terminées, le célébrant veut encore une dernière assurance :

— *Persévérez-vous dans la demande que vous avez faite d'être aujourd'hui reçue à vous dédier et consacrer à Notre-Seigneur par les vœux de la sainte religion ?*

— Oui, mon Père, j'y persévère par la grâce de Dieu.

— *Ma très chère fille, vouez et rendez vos vœux au Seigneur ; épouse du Christ, immolez à Dieu un sacrifice de louanges et rendez vos vœux.*

Alors, prosternée au milieu du chœur et élevant la voix à chaque reprise, comme pour mieux assurer le succès de son appel, elle exhale vers le ciel, par trois fois, sa supplication que les chœurs répètent fidèlement, *Suscipe me, Domine. Recevez-moi, Seigneur, selon votre parole et je vivrai et ne serai pas confondue.*

Le moment solennel est venu. La novice fait entendre ces paroles décisives :

Au nom de notre Sauveur et Seigneur Jésus-Christ. Amen.

Je, Alix le Clerc, fais vœu et profession et promets à Dieu, à la très sainte Vierge Marie, au bienheureux Père saint Augustin, à toute la cour céleste, et à vous, mon révérend Père, député de la part de Mgr l'illustrissime et révérendissime évêque de Toul, notre supérieur, de garder perpétuelle pauvreté, chasteté et obéissance, sous la règle de saint Augustin, en la Congrégation de la glorieuse Vierge Marie et selon les constitutions d'icelle : suppliant la divine bonté d'avoir pour agréable cette offre, et me donner la grâce de vivre et mourir en l'accomplissement de cette sainte profession. Amen.

Aux promesses de l'élue répondent immédiatement les promesses de Dieu. Fourier en est l'interprète et il les traduit en ces termes :

Ma très chère sœur et maintenant bienheureuse fille de la sainte Vierge Marie, notre digne et puissante Mère, j'accepte votre offrande et profession au nom de Dieu et vous promets la vie éternelle, si vous observez fidèlement ces choses.

Il invite l'assistance à demander cette grâce à Dieu, puis retentit de nouveau le beau répons *Regnum mundi*. Le voile et la couronne sont donnés à la professe qui exhale sa joie en chantant au milieu du chœur : *Posuit signum*, etc. *Le Seigneur a posé sur ma face un signe, afin que je n'admette nul autre amour que le sien. Il m'a revêtue d'un vêtement tissu d'or et m'a ornée des plus riches parures ; il m'a montré les trésors incomparables qu'il doit me donner, suivant sa promesse, si je persévère en lui·*

S. PIERRE FOURIER OFFRE SES RELIGIEUSES A NOTRE-DAME

Enfin la professe se prosterne et disparaît sous le drap des morts. Le chœur chante : *Mortuæ estis, etc. : Vous êtes mortes et votre vie est cachée en Dieu avec Jésus-Christ. Lorsqu'apparaîtra Jésus-Christ, votre vie, alors vous aussi vous apparaîtrez avec lui dans la gloire.*

Et le célébrant : *Levez-vous, vous qui dormez, sortez d'entre les morts, et Jésus-Christ vous illuminera.*

Il donne ensuite la bénédiction et, pendant qu'on chante le *Te Deum*, la professe est admise au baiser de paix par ses sœurs.

Les désirs de la Mère Alix étaient comblés. Elle était devant Dieu et devant l'Église l'épouse de Notre-Seigneur. Elle était placée dans le Paradis de la vie religieuse, pour y pratiquer les préceptes et les conseils évangéliques contenus dans les saintes règles et passer un jour au Paradis de la gloire éternelle.

Les religieuses des autres maisons demeurèrent douze à quinze jours à Nancy. Toutes ensemble devaient aviser avec le Père aux affaires de la Congrégation et aux moyens d'en maintenir la prospérité. La veille du départ, il les réunit toutes à la sacristie et leur donna un exemplaire authentique des constitutions, avec recommandation de les bien faire observer et de noter les points obscurs pour l'interroger à cet égard, et recevoir de lui des déclarations explicatives. Il y ajouterait des détails concernant quelques charges et certains offices qu'il n'avait pas jugé bon d'insérer (1).

Telle fut la première profession religieuse de la Congrégation de Notre-Dame, où brillait au premier rang la vénérable fondatrice et que présida le saint fondateur.

1. *Eclaire.*, p. 138.

CHAPITRE XXIII

L'ÉLECTION CANONIQUE

9 déc. 1618

Alix élue supérieure. — Nouveau Moïse. — Recueillement. —
Exemple. — Vie commune. — Affection. — Conduite avec
les anciennes, — les conseillères, — les malades, — les esprits difficiles.

Fleur spirituelle. — *Pour imprimer en nous le souvenir de
la Passion et l'exemple de la vie de Jésus. jeter toujours un œil sur
lui et un autre sur nos défauts.* (Jésus à la Vén.).

Tout n'était pas fini au monastère de Nancy par
la profession religieuse. Un acte important restait
à faire. Il s'agissait, en effet, de donner une tête
à ces différents membres, ou plutôt c'était aux
nouvelles professes à se nommer une supérieure,
par une élection, canonique cette fois, puisque
seules les professes ont droit de voter.

Saint Pierre Fourier, délégué par l'évêque de
Toul, pour présider à cet acte, le fixa au 9 du mois
de décembre. Sans doute, dans son humilité connue, la Mère Thérèse de Jésus nourrissait l'espérance ou au moins le vif désir d'échapper au danger d'une nomination ; mais, malgré ses efforts pour
décliner cette charge, elle reçut de ses sœurs l'unanimité des voix.

Première fille de la Congrégation par sa vocation et par sa vêture, première religieuse par sa

profession, Alix fut encore la première supérieure par son élection.

Alors, comme aujourd'hui, les constitutions limitaient à trois ans la durée de la charge. Elles permettaient ensuite de réélire jusqu'à trois fois la même religieuse ; mais, les douze ans écoulés, les vocales devaient porter leurs voix sur un autre sujet. Au bout du triennat de cette nouvelle supérieure, elles pourraient revenir à leur premier choix.

Depuis le commencement de la petite Congrégation, la Mère Alix avait toujours été supérieure et à Mattaincourt, au retour de Poussay et à Nancy et à Pont-à-Mousson et à Verdun, sauf les dix mois de sa résidence à Saint-Mihiel, et durant son épreuve à Mattaincourt. Partout elle avait su en pratiquer les devoirs à un degré éminent. L'éclat de son mérite n'avait cessé de grandir dans l'exercice de ses fonctions. Il allait maintenant revêtir toute sa splendeur et, pendant trois ans, répandre des rayons plus lumineux que jamais.

Ces rayons jetèrent bientôt un vif reflet au dehors et, en peu de temps, ils attirèrent au monastère un grand nombre de postulantes et d'élèves, appartenant aux meilleures familles du pays.

Nous connaissons le caractère général du supériorat de la Mère Alix, par l'histoire de sa vie ; mais voici une contre-épreuve des plus intéressantes. En effet, la vénérable a tracé dans ses écrits le portrait de la véritable supérieure. Or, elle n'a pas pris garde qu'elle nous donnait son portrait à elle. Nous allons donc le reconstituer avec les divers éléments qu'elle nous a laissés, et nous l'aurons, de la sorte, aussi véridique que possible.

La Mère Alix savait que la supérieure tient la place de Dieu et doit être son docile instrument. Aussi, consciente de sa faiblesse, elle s'appliquait de tout cœur à une grande union avec le Très-Haut, bien persuadée que, grâce à cette intimité, elle accomplirait plus saintement et plus efficacement les volontés du ciel.

Moïse, dont Dieu avait fait le chef et le conducteur d'Israël, gravit la montagne et, sur ce sommet, il traita familièrement avec le Très-Haut; puis il en descendit, pour parler au peuple et lui transmettre ses volontés.

Jacob vit une échelle mystérieuse où les anges montaient et descendaient. Ils montaient vers Dieu, pour recevoir ses ordres et ils descendaient, pour les transmettre aux hommes. Ainsi faisait la vénérable Mère. Elle montait comme Moïse et les anges : elle parlait à Dieu, puis elle redescendait, pénétrée de son esprit, et se faisait auprès des âmes qui lui étaient confiées, l'organe du souverain Seigneur de toutes choses.

Pour acquérir cette union, la conserver et l'augmenter, elle prenait les moyens les plus efficaces. Sachant que dans l'oraison elle recevrait les lumières nécessaires pour la conduite spirituelle des religieuses, elle était des plus exactes et des plus ponctuelles à tous les exercices de piété, tels que

méditation, lecture, examen de conscience, etc.
Elle s'en croyait moins dispensée que n'importe laquelle de ses religieuses.

Fille de grand silence, de recueillement et de retraite, autant que les affaires le lui permettaient, elle était si occupée de Dieu, que son oraison était presque continuelle et continuelle aussi son union d'esprit et de volonté avec lui.

La Mère Alix ne se laissait point emporter à la multitude des affaires et se remettait fréquemment sous les yeux cette sentence de Notre-Seigneur : « Que sert à l'homme de gagner l'univers entier, s'il vient à perdre son âme? »

Enfin, pour garder cette union si précieuse et si nécessaire, elle se maintenait en la sainte présence de Dieu, s'adonnait à la récollection intérieure, mortifiait ses sens, surtout ses yeux et sa langue, et, quand il fallait parler, le faisait toujours d'un ton modéré et avec une grande modestie, comme il convient aux personnes religieuses.

Elle avait appris du prince des apôtres, qu'elle devait être le modèle de son troupeau : aussi s'étudiait-elle à faire briller en elle toutes les vertus, l'humilité principalement qui est le fondement général de l'édifice sprirituel. La plus grande, elle se faisait la plus petite ; elle servait plutôt qu'elle n'était servie.

Rigoureusement attachée pour elle à la vie commune, elle repoussait toute particularité dans le vivre, l'habit et la cellule. Elle aurait tenu pour suspectes les officières qui, sans nécessité, auraient voulu la traiter autrement.

Quel amour n'avait-elle pas pour ses religieuses! Elle les aimait comme une mère aime et nourrit le fruit de ses entrailles, plus appliquée à inspirer l'amour que la crainte, dans l'espoir de provoquer leur confiance et de les obliger à recourir à elle, comme à leur bonne mère, dans toutes leurs difficultés et nécessités spirituelles et corporelles.

Cette affection était sincère, basée, non sur la naissance, ni sur les qualités extérieures, ni sur sa propre inclination naturelle, mais sur des principes de foi, et étrangère à toute familiarité.

Elle veillait à la santé des sœurs. Pour toutes, elle voulait sept heures de sommeil, une chambre et un lit propre et net, de bonnes viandes saines, convenablement accommodées et surtout du pain qui fût bon et bien fait.

Elle avait l'œil sur le régime général de la communauté, afin que rien ne manquât des choses nécessaires. Car, si l'abondance est contraire à la pauvreté, la parcimonie l'est à la charité. « Ce soin, disait-elle, gagne le cœur des inférieures, donne sujet aux supérieures d'exiger d'elles une plus exacte observance des règles et ôte beaucoup de sujets de plaintes et de murmures » (1).

Elle évitait toute amitié particulière, mais d'autre part, elle reconnaissait la vraie vertu, aimait

____

1. *Ecrits*, p. 297.

celles qui la possédaient, sans trop le montrer extérieurement, sinon par occasion et pour exciter les autres à suivre la même voie.

Elle entretenait de bons rapports avec les anciennes, parce qu'en leur communiquant les choses générales de la maison qui ne requièrent pas le secret, elle les amenait, par ce moyen, à maintenir et à faire trouver bon aux autres ce qu'elle faisait ou ordonnait.

Elle confiait les charges du monastère aux personnes capables et veillait à en faire suivre les règles, qu'elle connaissait parfaitement. Souvent elle visitait les officières par elle-même ou par la Mère assistante, privant des offices moins importants les incapables, mais le faisant avec prudence et après avoir pris l'avis des conseillères, et se gardant bien de changer celles qui remplissaient convenablement leur charge, à moins d'avoir des remplaçantes d'une égale capacité.

Elle aimait à recourir à ses conseillères et, une fois le mois, elle les réunissait pour examiner avec elles la situation générale de la maison et prendre des mesures opportunes.

Les pénitences servent à maintenir la discipline régulière. Elle corrigeait les religieuses qui avaient failli. Aux fautes publiques, elle donnait, selon les constitutions, des pénitences publiques.

Elle avait un grand zèle, pour empêcher que la discipline religieuse ne subît aucun déchet. Toutefois elle y mêlait une admirable douceur, pour modérer la correction, quand elle voyait cette correction nécessaire.

Elle se souvenait que l'apôtre recommande de corriger les délinquants en esprit de douceur et de mansuétude. Aussi s'appliquait-elle à acquérir cet esprit, afin d'atténuer, autant que possible, la peine que ressent un inférieur de la dépendance où il est, dépendance toujours un peu pénible à la nature, encore que la grâce et la vertu soient là pour la lui adoucir.

Par cette bénignité et cette douceur, elle s'étudiait à rendre à ses filles ce joug suave et facile, suivant la parole de Jésus, qui nous invite à apprendre de lui à être doux et humble de cœur.

Elle était aussi fort avisée, quand des rapports lui étaient faits sur le compte de quelqu'un. Elle ne croyait pas facilement à celles qui avaient inclination à servir ce genre de renseignements; elle excusait celles dont on lui parlait. Par cet accueil réservé, elle apprenait aux auteurs de ces rapports à ne pas accuser trop facilement à l'avenir, mais bien plutôt à envelopper, d'une charitable compassion, les âmes plus ou moins défaillantes.

Pleine de sollicitude pour les infirmes et les malades, elle voulait qu'elles fussent servies en toutes choses selon les ordonnances des médecins. Une religieuse était-elle plus gravement atteinte, elle la visitait tous les jours et la servait parfois de ses propres mains, selon que les affaires de sa charge le lui permettaient. Aux malades elle faisait donner, outre les remèdes prescrits par le médecin, une nourriture et une viande plus délicates et quelques autres douceurs, selon la maladie.

Elle savait si bien supporter les petites faiblesses du prochain, qu'avant sa vêture, toutes les pauvres filles infirmes de la Congrégation souhaitaient d'aller demeurer avec elle et, d'habitude, on les lui envoyait, particulièrement celles qui étaient moins utiles et plus difficiles à gouverner. Elle les recevait toutes à bras ouverts; elle était attentive à tous leurs menus besoins, avec tant de bonté, qu'elle leur faisait faire ensuite tout ce qu'elle voulait et les rendait très dociles par son bon exemple et par la douceur de son gouvernement. Sa manière de commander n'était ni impérieuse, ni importune, bien qu'elle fût très exacte aux obervances et qu'elle ne laissât rien négliger des règles, sans y remédier soigneusement. Habituellement elle n'usait que de prières et de douces paroles et on lui obéissait avec grand amour et profond respect (1).

Son abord était facile et affable, surtout avec les craintives et timides. Elle les prévenait si cordialement, qu'elle leur donnait la liberté de lui ouvrir leur cœur sur toutes leurs difficultés. Elle allait quelquefois les visiter dans leurs chambres, les interrogeant sur leur santé et sur leurs dispositions intérieures. Elle les consolait et les encourageait, selon qu'elle le jugeait nécessaire. Don-

_____

1 *Rem.*, pp. 193, 194.

nés avec tant de candeur et de suavité d'esprit, les avertissements étaient efficaces et les intéressées en tiraient consolation et profit. Chacune reconnaissait ses manquements et s'humiliait de ses faiblesses sans amertume de cœur.

Telle était sa bonté, qu'elle n'était jamais importunée par ses filles, pourvu qu'elle procurât leur repos et leur tranquillité, s'accommodant aussi doucement à ce qui la contrariait que si elle y eût trouvé beaucoup d'inclination. « Moins il y a du mien, disait-elle, plus il y a de Dieu ». Souvent interrompue par les sœurs, au milieu des plus pressantes affaires, elle ne les rebutait pas. Si elle ne pouvait les entendre sur l'heure, elle leur disait doucement de revenir un peu plus tard, et alors elles les écoutait avec patience.

Elle avait une grâce particulière pour supporter les défauts du prochain et s'accommoder à toute sorte d'humeur. Elle excusait de son mieux les petites faiblesses des religieuses et ne souffrait pas qu'on les blâmât, ou qu'on en parlât mal, ni en sa présence, ni ailleurs.

Elle recommandait constamment à ses filles l'esprit de douceur et de charité, l'estime et le respect des unes envers les autres. Apercevait-elle quelque manquement à cet égard, elle le redressait aussitôt, en faisant comprendre combien la condescendance à supporter le prochain plaît à Dieu et quel soin on doit avoir de la pratiquer. Elle insistait vivement sur les principes de la haute vertu et reprenait librement, sans intérêt propre ni respect humain, mais toujours dans un esprit de charité et de bonté profitable aux uns et aux autres (1).

Une telle supérieure ne pouvait être que bénie de Dieu et des hommes.

1. *Rem.*, pp. 194, 195.

CHAPITRE XXIV

LE MONASTÈRE

La chapelle. — Détails. — Dévotion eucharistique d'Alix. —
Elle aime à travailler aux objets d'église. — Office divin.
— Service divin. — Statue de Marie. — Cellule d'Alix. —
Enclos. — Classes. — Estime d'Alix pour l'œuvre de l'éducation. — Son habileté. — Son zèle à former les religieuses
à l'enseignement.

FLEUR SPIRITUELLE. — *Travailler volontiers pour les églises
pauvres.*

La vénérable Mère Alix, disent les Contemporaines, « avait en aversion les monastères bâtis
avec trop de splendeur » (1): c'est dire que tel
n'était pas le monastère de Nancy ; mais, par contre, fondateur et fondatrice n'avaient rien épargné
pour l'adapter le mieux possible à sa destination,
et leur esprit éminemment pratique nous est un
garant de leur réussite.

Le monastère comprenait trois quartiers bien distincts, mais reliés entre eux : le quartier des pensionnaires, le quartier des externes et entre les
deux le quartier des religieuses.

Ni le primat, ni le fondateur, ni la fondatrice
ne pouvaient omettre la bénédiction de la nouvelle
maison, cette cérémonie préalable que tous les bons
chrétiens aiment à réclamer pour une habitation ordinaire. A plus forte raison s'imposait-elle pour un

1. *Rem.*, p. 210.

monastère. On se souvient qu'à Mattaincourt, saint Pierre Fourier avait fait bénir le premier couvent que les religieuses devaient habiter au retour de Poussay, par M. Barnet, prévôt de la Mothe, pendant que lui-même, redevenu simple petit clerc, portait humblement le bénitier. On fut certainement heureux à Nancy de convier, par les prières de l'Église, les anges du ciel à garder la maison des anges de la terre et à faire épanouir dans son sein la paix, la santé, la sainteté, la prospérité.

La maison fut probablement bénite en même temps que la chapelle. Ici la cérémonie n'était pas seulement de convenance, mais de précepte.

Jetons un regard sur l'une et sur l'autre.

Le chevet de la chapelle est au midi. Une tour carrée y donne entrée au nord. Il n'y a qu'une seule nef. Une simple balustrade en bois sert de table de communion et sépare la nef du chœur.

Sur les murs sont des copies des Carrache, dues au pinceau de Constant et représentant les mystères de la vie de Notre-Seigneur, depuis l'Annonciation jusqu'à l'Ascension. Le plafond, lambrissé en planches et peint en détrempe, offre aux regards, par sections ou tableaux, la généalogie de Notre-Seigneur. A chacune des sections figurent les armes des Lenoncourt. Sur le brise-vent de la porte d'entrée est une tribune qui sert aux pensionnaires, pour assister à l'office divin.

On voit à l'autel un tableau de Marie tenant dans ses bras l'Enfant Jésus. La vénérable peut puiser dans la vue de cette image les plus douces réminiscences. On voit aussi une statue de la Vierge immaculée, bien chère dès lors à la Mère Alix, puisque l'Immaculée Conception est sa dévotion particulière.

Mais voici le centre de tout : l'autel. Jésus est là, lui, le bien-aimé, l'ami par excellence, le frère, l'époux, celui qu'Alix a reçu dans ses bras des mains de Marie. Avec quelle dévotion elle assiste au saint sacrifice de la messe ! Avec quel amour elle reçoit Jésus dans son cœur ! Ces jours-là, on la voit si appliquée et si absorbée en Dieu, qu'elle semble être animée d'un autre esprit que le sien. Il paraît même je ne sais quoi de mystérieux et de divin sur son visage qui prêche et inspire le recueillement autour d'elle. De ses lèvres, touchées par la charité infinie, tombent des paroles d'amour et de douceur qui ont le don d'émouvoir les cœurs les moins sensibles à la dévotion (1).

Avec quelle tendresse et quelle fréquence elle vient visiter, durant la journée, le divin Maître dans son sacrement !

D'ailleurs l'église, l'autel, tout ce qui regarde Jésus eucharistique, est son domaine, le domaine de son zèle et de son amour.

Tout ce qui le touche, tout ce qui l'approche, est d'une propreté et d'une netteté exquises. Elle confectionne elle-même des corporaux, des purifi-

1. *Rem.*, p. 232.

catoires des bouquets, des voiles de calice en broderie d'or et de soie, des dentelles de point d'Espagne et toutes sortes d'ouvrages, pour embellir les autels. Elle étend volontiers ses libéralités aux pauvres églises de village, fabriquant ou faisant blanchir corporaux et purificatoires à leur usage, pour que Notre-Seigneur soit traité avec plus de décence et de respect. Elle recommande instamment aux religieuses de maintenir cette tradition au monastère, préludant ainsi à la belle œuvre des tabernacles, sans autre impulsion que celle d'un cœur passionné pour Jésus eucharistique.

Et quand il s'agit de préparer les tabernacles vivants des enfants à la réception de leur hôte divin, quel empressement plus grand encore! quelle diligence de tous les instants! quelles recommandations aux religieuses à qui cette tâche est plus spécialement confiée!

Elle montre un grand zèle pour l'office divin. Elle y assiste avec un respect et une attention admirables. Souvent de grosses larmes lui coulent le long du visage, témoins des douceurs et des lumières qu'elle puise dans la récitation des psaumes. Au *Gloria Patri*, elle s'humilie de cœur et de corps devant l'adorable union des trois personnes divines. Douée d'une belle voix, elle officie, les jours de fête, ou pour remplacer les malades et les absentes, avec un recueillement parfait et une dévotion ravissante. Elle veille à tout ce qui concerne le service divin, exerce les jeunes sœurs aux

cérémonies, les range à leur place, leur montre ce
qu'elles doivent faire. Elle les encourage à chanter, leur donne le ton et les tient toutes au devoir
par ses soins. Elle recommande souvent à la maîtresse de chœur de veiller à ce qu'on chante et
psalmodie toujours d'un ton égal, ni trop haut, ni
trop bas et d'une allure sans lourdeur. Elle ne veut
pas qu'on vienne la déranger ni elle, ni aucune
des sœurs pendant l'office divin, si ce n'est pour
des nécessités inévitables.

S'agit-il de dresser un reposoir pour l'octave du
Saint-Sacrement ou pour les Quarante-Heures, ou
d'orner l'autel pour des fêtes, alors de la grille elle
organise, commande avec un art admirable. Quand
le Saint-Sacrement est exposé, elle vient se pros-
terner des heures entières devant Jésus : elle y envoie les religieuses tout le long du jour, à tour de
rôle, toujours deux ou trois ensemble, quand la
communauté est en nombre. Elle veut aussi de la
cire blanche et un luminaire magnifique, si la maison est en état de satisfaire à cette dépense.

Elle a soin que les fêtes de Notre-Seigneur et
de la sainte Vierge soient célébrées avec toute la
solennité possible. Ces jours-là, elle témoigne une
joie spirituelle en toutes ses actions, fait rouler ses
entretiens sur le mystère du jour et y puise avec
ses religieuses une sainte allégresse et une douce consolation.

Jetons maintenant un regard rapide sur l'intérieur du monastère. Tout y redit la piété d'Alix.

Voici, notamment, dans le vestibule, une grande statue de la sainte Vierge qui attire notre attention. Aux pieds de la statue, sur un fond d'or, nous lisons ces paroles : VOUS ÊTES NOTRE SUPÉRIEURE. Combien cette pensée rend facile l'obéissance. C'est devant cette image que la vénérable dirige les religieuses qu'elle sait tentées ou affligées de quelque peine intérieure. Après leur avoir adressé quelques mots d'encouragement et de consolation, elle les envoie devant la statue de la sainte Vierge, leur disant : « C'est l'image de votre bonne Mère, allez-y avec confiance. Si vous êtes résolues à la bien servir, elle vous accordera ce que vous lui demanderez. » Ce qui arrive ordinairement. Si une religieuse a de la répugnance pour quoi que ce soit, elle lui dit : « Allez voir Marie et ouvrez-lui votre cœur : elle vous dira assurément une bonne parole sur ce que vous devez faire » (1). Cette méthode lui réussit à merveille. Et sans doute les religieuses l'emploient plus d'une fois et avec succès auprès des enfants.

A l'étage est le vaste couloir du dortoir, c'est-à-dire la série des cellules.

Si nous voulons visiter la chambre de la vénérable, cherchons la plus pauvre et la plus incommode. C'est celle-là. Entrons-y respectueusement, pour en faire l'inventaire : un bénitier, un lit des plus modestes ; encore la vénérable couche-t-elle

____

1. *Rem.*, p. 246.

souvent sur la paille, et fait-elle difficulté d'accepter un oreiller pour son soulagement et des couvertures pour la garantir du froid, un petit banc de bois qui lui sert de siège, une table, sur cette table un crucifix et attachée sous le crucifix cette sentence écrite en gros caractères : *Le rien, l'ignorance et le péché.* Quand on s'étonne de cette inscription, « c'est, dit-elle, tout ce que nous avons de nous-mêmes, et la considération de cette vérité est bien suffisante pour abattre notre orgueil. » Elle s'estime moins que rien, car, dit-elle, « le néant ne s'oppose point à Dieu, mais le péché, qui est en moi, empêche ses grâces et ses opérations » (1).

Qui dira les actes de vertu dont cette cellule fut le théâtre ? les actes d'amour, les saints désirs, les ardents soupirs dont elle fut le témoin ? C'est ici que la vénérable écrivait ces petits traités si intéressants : Méthode de gouvernement pour connaître et aider à guérir les infirmités spirituelles ; ses sentiments sur l'institut, sur la paix, l'humilité, écrits bien pensés et tout pleins de l'esprit de Dieu. C'est ici qu'elle écrivit la Relation de sa vie, cette œuvre si importante pour l'histoire.

Pénétrons maintenant dans l'enclos du monastère. La vénérable a grande satisfaction d'y voir des oratoires et des autels en l'honneur des mystères et des privilèges particuliers de la sainte

1. *Rem.,* pp. 211, 275

Vierge pour la consolation des sœurs. Elle veut que tout y soit bien orné et ajusté; qu'on y allume quantité de cierges et de bougies blanches, et que la communauté s'y assemble pour chanter les litanies et des hymnes à la louange de Marie.

L'enclos nous rappelle aussi l'humilité de la Mère Alix. Elle mène souvent les novices travailler au jardin et les occupe à couvrir et à découvrir les planches d'asperges et à faire d'autres ouvrages, selon les saisons, prenant elle-même le fumier avec les mains pour leur donner l'exemple de se vaincre en ces petites occasions.

Nous voici maintenant au parloir. Que de saintes conversations aura là notre vénérable avec les personnes du monde pour les édifier, les consoler, les éclairer! Il nous rappelle aussi un trait de sa charité.

Une villageoise avait apporté des provisions au monastère. La Mère Procureuse lui compte son argent et le met au tour. La femme le prend, le cache dans sa poche, et déclare, même par serment, n'avoir rien reçu ni rien pris. Survient la Mère qui, informée des choses et peinée de voir cette femme offenser Dieu de propos délibéré, lui fait des remontrances, mais en vain. Elle ordonne alors à la procureuse de payer une seconde fois, puis tombe à genoux avec les deux ou trois religieuses présentes et prie Dieu de toucher cette femme. Elle est exaucée. La coupable qui s'en allait, revient sur ses pas, avoue sa faute et veut ren-

LA V. MÈRE ALIX INSTRUIT LES ENFANTS.

dre l'argent. La Mère refuse, mais en l'avertissant d'éviter une autre fois l'offense de Dieu. Les sœurs présentes attribuent ce changement si prompt aux prières de la vénérable.

Quelque sommaire que soit notre visite, nous ne pouvons oublier les classes. C'est là surtout qu'Alix traduit en actes sa devise : *Le zèle de l'instruction est le sujet de ma vocation.*

Elle ressentait, disait-elle, une consolation sensible de ce que la fin principale de son institut était d'apprendre aux enfants les saints mystères de la foi. Elle était heureuse d'aller souvent dans les classes pour les interroger et les instruire elle-même, choisissant toujours les plus pauvres et les plus inintelligentes comme étant les plus difficiles. Elle exhortait les religieuses, employées aux classes, à prendre soin par-dessus tout de bien instruire les élèves des vérités de la foi (1).

« On ne saurait, dit une de ses sœurs, expliquer le zèle qu'elle avait pour l'instruction des enfants. Comme Dieu l'avait choisie spécialement pour cette vocation, il lui donnait des lumières, des conduites et des adresses qui n'étaient pas communes aux autres » (2).

Elle relevait devant ses sœurs la grâce de leur vocation à l'enseignement. Elle leur disait que, si elles savaient bien ménager et utiliser ce grand talent, elles reconnaîtraient un jour la grâce que

1. *Rem.,* p. 263.
2. *Rem.,* p. 207.

Dieu leur avait faite de les appeler à un si digne emploi. Elle ajoutait que leur soin principal devait être de travailler à honorer les desseins de Notre-Seigneur, tendant à conserver les âmes des petites filles dans l'état d'innocence, en leur imprimant de bonne heure la crainte de Dieu et l'horreur du péché » (1).

Aux paroles d'exhortation la Mère Alix joignait des leçons pratiques. Elle dressait les filles qui demeuraient avec elle si soigneusement qu'en peu de temps elle les rendait capables d'être employées utilement comme maîtresses, et elle leur enseignait par la pratique les méthodes dont il fallait se servir. Lorsque le monastère de Nancy fut constitué, elle recommanda à la maîtresse des novices de bien instruire ses sujets sur l'importance et l'excellence de cette vocation et de leur faire comprendre qu'elles ne pouvaient rendre des services plus agréables à Dieu, après le soin de leur propre perfection, que d'apprendre aux enfants à le connaître, à le craindre, à l'aimer et à le servir. Elles devaient surtout tâcher de les conserver dans l'innocence, en leur inspirant la crainte du péché et en leur indiquant les moyens de s'en relever, quand elles avaient eu le malheur d'y tomber (2).

En un mot, partout où nous trouvons la vénérable, nous la voyons appliquée à sa vocation, veillant sur son petit troupeau, en communication

1. *Rem.*, p. 311.
2. *Rem.*, p. 291.

intime avec Notre-Seigneur, le regardant, le contemplant et faisant tout pour le reproduire dans son âme et le faire briller dans l'âme des religieuses et des enfants.

Le monastère prospérait. Les élèves se multipliaient ainsi que les postulantes : « C'est merveille, écrivait en 1621 saint Pierre Fourier, de voir toutes ces braves demoiselles qui se présentent » *(26 janvier)*.

Le monastère devenait trop étroit et il fallait l'agrandir : « Je vous recommande, tant qu'il m'est possible, écrivait encore le saint instituteur, une poursuite que nos sœurs de Nancy font sur une grosse maison, que Monsieur le président a tout au milieu de la ville... elle vaut je ne sais combien de mille... Priez bien pour ce sujet-là, je vous en supplie, il faut un grand secours du ciel pour en venir au-dessus. »

Le secours vint du ciel et combla les espérances de la fondatrice et du fondateur.

CHAPITRE XXV

SÉJOUR D'ALIX A SAINT-NICOLAS

1620

Visiteur. — Fondation à Mirecourt. — Clôture à Epinal. —
Saint-Nicolas paie ses dettes. — Alix y donne l'habit à onze
postulantes. — Clôture à Mirecourt. — Rôle ultérieur de ce
monastère. — Maladie d'Alix. — Marie lui apparait. —
Prédiction d'Alix. — Rentrée à Nancy.

FLEUR SPIRITUELLE. — *Quand on n'en peut plus et que le
désespoir se présente, recourir à la sainte Vierge, mère des affligés*
(La Vén.)

Tout en étant renfermée dans son monastère de
Nancy, la vénérable Mère ne laissait pas que d'é-
tendre sa sollicitude aux diverses maisons, moins
par une action directe que par ses prières et son
entente avec saint Pierre Fourier. A cette époque
fut soulevée la question d'union entre les monastères. Les Pères Jésuites avaient suggéré l'idée de
les grouper sous une supérieure générale; mais,
jusqu'alors, pour les monastères de femmes, c'était
une nouveauté que le temps seul pourrait consacrer. On s'en tint donc à l'idée d'un visiteur, idée
qui ne se réalisa pas du temps de la vénérable,
attendu que la présence du saint fondateur rendait le visiteur inutile.

L'institut nouveau voyait augmenter le nombre
de ses maisons. Le P. Fagot, célèbre missionnaire
de la Compagnie de Jésus, prêchant à Mirecourt
l'Avent de 1618, décidait les habitants à fonder
une maison de la Congrégation. Saint Pierre Fou-

rier fut heureux de favoriser ce projet, espérant adoucir par là la tension des rapports entre Mattaincourt et Mirecourt.

Malgré un usage immémorial, les bourgeois de Mirecourt refusaient aux habitants de Mattaincourt le droit d'acheter des grains à leur marché, tant que les Mirecourtois n'avaient pas fait eux-mêmes leurs achats et levé un panonceau sur la place publique. Cette affaire ennuya fort le saint curé pendant deux ans. Elle finit par s'arranger au profit de Mattaincourt. La nouvelle fondation devait contribuer à calmer les esprits.

Des religieuses arrivèrent à Mirecourt, au commencement de mars 1619, au milieu de l'allégresse générale, escortées de sept à huit jeunes personnes qui voulaient se joindre à elles.

Le 2 février 1620, eut lieu la clôture du monastère d'Epinal. Cette fondation, tentée l'année précédente au nom des dames chanoinesses de Saint-Goëry et des bourgeois de la ville, favorisée par le primat, souriait médiocrement à Fourier. Cependant il n'y fit pas d'opposition et trois religieuses de Nancy y furent envoyées sous la conduite de la Mère Marie Royer. Après un court séjour à l'abbaye, elles furent conduites processionnellement au monastère, accompagnées des notabilités de la ville. Le 2 février, fête de la Purification de la très sainte Vierge, le Père de Mattaincourt célébrait le premier la messe dans leur chapelle (1).

1. *Conduite de la Providence.*

La maison de Saint-Nicolas devait suivre le mouvement général et avoir, elle aussi, la clôture. C'étaient des difficultés financières qui avaient retardé cet heureux moment. Mais la Providence vint au secours de la maison. Des mains généreuses payèrent tout, sauf une dette de deux mille francs que Jeanne de Louvroir ne savait comment acquitter. Elle accourt au saint instituteur et sollicite son intercession auprès d'un riche propriétaire de Hymont, pour le décider à prêter la somme désirée. Pierre Fourier s'y refuse, en disant : « Retournez chez vous, vous trouverez, je vous le dis. » Elle obéit et voici que, peu après son retour, les Bénédictins lui apportent les deux mille francs.

En conséquence, on décida d'établir la clôture au monastère de Saint-Nicolas, le second dimanche après Pâques. C'était le 3 mai 1620. Le saint fondateur se hâta d'aller préparer les postulantes.

Les religieuses firent prier Mgr l'évêque de Toul d'agréer et de permettre que la Mère Alix sortît de son monastère, seulement pour quelques mois, et se rendît à Saint-Nicolas, afin qu'elles eussent la consolation de recevoir de ses mains le saint habit de la religion et qu'elle pût, par ses bons exemples et sa sainte conduite, favoriser l'introduction de la régularité dans leur monastère. L'évêque déféra à ce désir. La Mère Alix partit donc pour Saint-Nicolas avec la Mère Chauvenelle. Elle revêtit de l'habit onze postulantes à l'église, au milieu d'un grand concours de prêtres et de fidèles.

Dans ses lettres aux religieuses de Mirecourt et de Saint-Mihiel, saint Pierre Fourier raconte que « la fête présidée par Monsieur le doyen, assisté d'un nombreux clergé, se fit avec un grand appareil et un concours si pressé que jamais on n'avait vu telle foule en l'église de Saint-Nicolas et par toutes les rues jusqu'au cimetière ».

Après la cérémonie, les religieuses furent reconduites processionnellement dans leur cloître et la clôture établie par Monsieur le doyen, délégué de l'évêque de Toul. La Mère Chauvenelle fut mise à la tête de la communauté.

A la fin de ce même mois de l'année 1620, eut lieu la clôture du monastère de Mirecourt. L'accroissement rapide du nombre des sujets avait augmenté les ressources. Les religieuses avaient acheté plusieurs maisons voisines de leur demeure et s'étaient fait un bonheur, en dehors du temps consacré aux enfants et aux exercices de piété, de travailler activement en faveur du monastère.

La clôture fut mise le 31 mai 1620. Le soir de ce jour était marqué par l'accident de la petite fille tombée dans un puits, retirée sans vie et ressuscitée par la prière de Pierre Fourier dans sa paroisse de Mattaincourt.

C'est de ce monastère que partirent avec lui quatorze religieuses, quand il se réfugia à Gray, en 1636. Après sa mort, en 1640, les unes revinrent à Mirecourt, les autres allèrent fonder la maison d'Aoste. Enfin, c'est aux religieuses de Mirecourt que saint Pierre Fourier, quatre jours avant sa mort, envoya la copie des grandes constitutions qu'il avait achevées peu de jours auparavant.

Il venait d'opérer à Mattaincourt le prodige éclatant que nous avons signalé. Si Dieu donnait au fondateur puissance sur son cœur, il n'était pas moins empressé de favoriser son humble et généreuse coopératrice.

Après un séjour d'environ trois mois à Saint-Nicolas, la Mère Alix vint à tomber dangereusement malade et se vit de nouveau aux prises avec des épreuves morales très pénibles. Elle recourut alors à Marie, la conjurant de tout son cœur de l'assister dans cette nécessité pressante. A l'heure même, cette Consolatrice des affligés lui apparut tout proche de son lit, comme enveloppée dans une nuée. Elle était d'une majesté admirable, toute rayonnante de lumière. Sa robe paraissait chargée d'étoiles plus brillantes que le soleil. Elle tenait l'Enfant Jésus entre ses bras et, s'approchant de la malade, elle lui dit : « Ma fille, consolez-vous, je vous apporte mon cher Fils, pour vous assurer qu'il a exaucé la prière que je lui ai faite pour vous », et lui présentant les pieds du divin Enfant, elle les lui fit baiser et la vision disparut. La Mère resta entièrement délivrée de la tentation qui l'obsédait et elle ne fut plus inquiétée durant cette maladie (1).

1. *Rem.*, p. 247.

Les religieuses de Nancy avaient sollicité le prompt retour de la Mère Alix. Elle revint effectivement en son monastère, où toutes ses filles l'accueillirent avec de grands sentiments de joie et de consolation.

La Mère Claude Chauvenelle ne pouvait se consoler du départ de la vénérable. Celle-ci lui dit en souriant : « Ne pleurez plus, vous reviendrez à Nancy et accompagnerez mon corps avec un cierge blanc allumé et en chantant le *Laudate Dominum de cælis.* » Bien que cette bonne religieuse ne fût point à Nancy à la mort de la Mère, la prédiction se réalisa néanmoins. En effet, six ans après, il fut nécessaire de relever le chœur des religieuses et, dès lors, d'exhumer le corps de la vénérable défunte et de le porter momentanément ailleurs. Les religieuses l'accompagnèrent processionnellement avec des cierges, en chantant le *Laudate,* sans avoir jamais entendu parler du propos de la vénérable. La bonne Mère Chauvenelle fut fort étonnée de voir l'accomplissement de ce que la Mère lui avait dit, sept ans auparavant. Elle le raconta aux religieuses avec grande consolation (1).

Rentrons avec la vénérable au monastère de Nancy, où Dieu, par une dernière maladie, va préparer son âme à la récompense suprême.

1. *Rem.,* p. 274.

CHAPITRE XXVI

LA DERNIÈRE MALADIE

1621-1622

Préparation d'Alix à la mort. — L'ennemi. — Le P. Dominique. — Sa visite empêchée. — Communication miraculeuse. — Alix reconnaît le portrait du Père. — Réserve d'Alix sur son intérieur. — Médecins. — Triennat expiré. — Alix supplie qu'on ne la renomme pas. — Election de la Mère Angélique.

FLEUR SPIRITUELLE. — *Supporter les souffrances et les maladies avec résignation à la sainte volonté de Dieu.*

La vénérable Mère, quoique peu avancée en âge, touchait au terme de son exil. Elle ne l'ignorait pas. On se souvient, en effet, qu'elle avait prédit au cloître Notre-Dame, qu'elle vivrait encore plus de quatre ans dans le nouveau monastère. Elle y vécut encore quatre ans et deux mois.

Il n'est donc pas étonnant qu'elle se soit préparée avec beaucoup de soin à ce grand passage dont elle connaissait la date prochaine.

Un an auparavant, par conséquent au commencement de 1621, la servante de Dieu fit faire un cercueil avec représentation et drap mortuaires. On le plaça dans une chambre qui n'était à l'usage de personne, et, tous les jours, à certaines heures, elle allait s'y renfermer et méditer longuement sur ses fins dernières (1).

1. *Rem.*, p. 276.

Il n'y a pas lieu de s'étonner de cette manière d'agir. Ce fut la pratique de plusieurs saints
et même de personnages séculiers, tels que Char-
les-Quint.

Cette mort à laquelle elle se préparait si bien,
elle ne la craignait pas. « J'ai toujours eu, écrit-
elle, un grand désir de mourir depuis que j'eus
conçu le vrai bien et les dangers de ce siècle.
Ces désirs ont été quelquefois excessifs. Il y a
cinq ans qu'en étant pressée plus vivement, il me
semblait que je ne pouvais plus avoir de consolation en ce monde qu'en m'approchant du sacrement de l'autel, où je recevais par la foi tout le
bien de mon âme, et je sentais de grands désirs
de m'en approcher souvent ».

« Un matin, en m'habillant, étant dans les mêmes désirs de mourir, parce que je m'ennuyais à
servir le corps en tant de diverses choses, je fus
tout à coup surprise et privée des mouvements du
corps et, au-dedans de mon intérieur, il me semblait que mon Seigneur me reprenait et me disait :
« Quand je suis avec toi, il te doit suffire, mais
il y a encore ici de la recherche de toi-même »,
et depuis lors ces grands désirs se sont modérés,
car, quand ils se présentent, ils sont incontinent
suivis d'une douce et tranquille résignation à la
volonté de Dieu avec un dénuement de l'amour de
moi-même, que cette vérité m'enseigne intérieurement, et qu'il faut aimer Dieu pour l'amour de lui-
même ; et je suis très contente non seulement de

demeurer ici tant qu'il lui plaira, mais même quand ce sera son bon plaisir de m'appeler de ce monde, je suis contente, si telle était sa volonté, de ne pas jouir de la gloire des bienheureux, pourvu que je l'entende louer et bénir par eux » (1).

Si la Mère redoublait de ferveur dans sa préparation à la mort, l'enfer redoublait de violence dans ses attaques. Ses confesseurs, on le sait, avaient trouvé bon qu'elle allât chercher du soulagement auprès d'une religieuse de la maison. Elle communiquait tout particulièrement avec elle, lui racontait tout ce qui lui arrivait d'extraordinaire en son corps et en son âme. Celle-ci en donnait avis aux confesseurs, quand ses maladies l'empêchaient de les voir; elle avertissait aussi le médecin selon les occurrences.

Au cours de l'année qui précéda la mort de la Mère Alix, le P. Dominique de Jésus-Marie était venu à Nancy (2). C'était un ancien général des Carmes, légat du Saint-Siège, qui avait contribué, au commencement de la guerre de Trente ans, à la victoire que les Impériaux avaient remportée à Prague sur la coalition protestante, le 9 novembre 1620.

Le pape l'avait chargé d'une mission auprès de la cour de Nancy. Mgr de Maillane profita de la présence de ce haut personnage pour le prier d'exor-

1. *Rel.*, XXV.
2. V. *appendice* VIII.

ciser une femme célèbre de la Lorraine, Elisabeth de Ranfaing, dont le cas était vivement discuté entre les docteurs du pays (1).

La Mère Alix avait désiré s'entretenir avec le P. Dominique. Une religieuse tâcha de l'en dissuader, lui alléguant que ce personnage ne pouvait faire un pas dans la rue sans être suivi par le peuple et que, d'autre part, elle ne pourrait s'entretenir avec lui que par interprète. Néanmoins quelqu'un ayant parlé de la Mère Alix au vénérable religieux, il promit de venir la voir ; mais le jour qu'elle avait pris, elle tomba malade et il fallut contremander la visite.

Dieu, dans sa bonté, ne la frustra pas néanmoins de la consolation qu'elle attendait de cette entrevue.

Effectivement trois ou quatre jours après, la Mère Alix dit à cette religieuse : « Dieu m'a fait la grâce de voir le révérend Père Dominique qui m'a très bien satisfait sur tout ce que j'avais à lui proposer. »

A quelques jours de là, la portière entra ayant à la main le portrait du Père Dominique. Du plus loin qu'elle le vit, et sans qu'on lui eût rien dit, la Mère Alix le reconnut et dit tout bas à la religieuse : « Voilà le Père Dominique ; je l'ai vu de même que le voilà. »

La Mère Alix passa les trois ou quatre derniers

1. V. *appendice* IX.

mois de sa vie dans des langueurs et des faiblesses à garder presque toujours le lit. Mais elle souffrait avec une patience et une douceur admirables
tant de maux divers, tant de douleurs et d'afflictions qui l'accablaient, et montrait toujours un
visage gai et tranquille. Chose étonnante et presque
incroyable, mais pourtant très vraie, durant tant
d'années qu'elle fut affligée de tentations, elle s'y
gouverna avec une telle assistance du ciel et une
telle force d'esprit, qu'elle n'éveilla jamais en qui
que ce soit l'idée qu'elle en était travaillée, tant elle
était réservée dans ses paroles et avisée dans sa
conduite. Aucune des premières Mères, aucune des
filles ou des religieuses qui demeurèrent avec elle,
ne s'en aperçut jamais. Tout cela passait pour maladie corporelle et si ses confesseurs ne lui eussent
commandé, dans les dernières années de sa vie,
de s'en ouvrir à une religieuse, elle ne l'aurait jamais fait.

On consulta plusieurs fois pour sa maladie les
principaux médecins du pays. Ils répondirent qu'il
n'y avait point d'apparence de guérison. Elle ne
laissa pas cependant de faire tout ce qu'ils voulurent pour sa santé, exécutant ponctuellement leurs
ordonnances, quoiqu'elle eût une grande répugnance
aux remèdes que son estomac ne pouvait plus supporter. Elle la surmonta toujours et ne voulut jamais omettre le moindre détail des prescriptions
du docteur. L'infirmière, touchée de compassion,
l'engageait à ne pas se contraindre pour prendre

des médicaments qui ne servaient qu'à augmenter
ses maux, elle répondait doucement : « S'ils ne sont
pas profitables au corps, ils le sont à l'âme et il
faut obéir jusqu'au bout. »

Cette maxime, pleine de sagesse et féconde en
mérites, devrait être inscrite sur les murs des infir-
meries et des salles d'hôpital, et mieux encore dans
le cœur de tous les malades et de tous les chrétiens.

Dès le commencement de sa maladie, elle avait
fait de grandes instances pour être déchargée du
gouvernement de la maison, alléguant ses infirmités continuelles et beaucoup d'autres motifs que
son humilité lui inspirait. Les religieuses, ne voulant rien entendre, la prièrent d'avoir encore un
peu de patience, ajoutant qu'on verrait après sa
maladie ce que l'on pourrait faire pour sa satisfaction et son repos.

Un mois avant sa mort, elle renouvela ses instances. L'occasion était très favorable pour elle.
Son mandat de supérieure expirait le 9 décembre.
D'après les constitutions, il pouvait être renouvelé, mais la vénérable mit à ses réclamations tant
de prières et de larmes qu'elle toucha de compassion les plus résistantes ; néanmoins la communauté souhaitait ardemment qu'elle mourût dans la charge de supérieure. Les religieuses employèrent la
Mère Angélique, sa confidente ordinaire, pour l'aller trouver de leur part. Elle se jeta à genoux devant son lit, la pria et la conjura vivement, de la

part de toutes les sœurs, de leur donner cette dernière preuve de son affection, ajoutant qu'on la déchargerait de toutes sortes de soins, pourvu qu'elle abandonnât sa résolution. La Mère Angélique fit aussi valoir une foule d'autres raisons pour la persuader; mais la vénérable s'en excusa avec beaucoup de douceur et d'humilité, priant les religieuses, par la même considération de leur affection, de lui donner la consolation de mourir simple religieuse et dans l'esprit d'obéissance. Elle insista si vivement qu'il fallut céder à sa prière et, sur l'avis du Bon Père, procéder à la nomination d'une autre supérieure.

Cette élection eut lieu le 19 décembre, sous les yeux du saint fondateur. L'élue fut précisément la Mère Angélique Milly, la confidente de la vénérable Mère, jeune d'âge avec ses vingt-quatre ans, mais déjà mûre par ses éminentes qualités. Aussi réunit-elle les voix de toutes ses sœurs.

Elle essaya bien de se dérober au fardeau que la Providence mettait sur ses épaules. Elle plaida éloquemment sa cause, mais le saint instituteur lui ordonna d'accepter et la dispense d'âge et la charge, l'assurant que telle était la volonté de Dieu. Alors elle se trourna vers le Saint-Sacrement pour dire à Jésus l'acceptation de sa volonté sainte et se mit courageusement à l'œuvre (1).

1. La Mère Angélique Milly naquit à Ville-sur-Cousance, près Clermont en Argonne, en septembre 1597, et reçut au baptème le nom de Martine. Douée d'une très grande vivacité d'es-

prit et d'une profonde piété, elle entra comme pensionnaire à Verdun, vers 1611, s'ouvrit à la Mère Alix de son désir d'entrer dans la Congrégation, commença son noviciat en 1613, accompagna à Châlons la Mère Alix et lui fut donnée pour admonitrice. Elle fut aussi, par circonstance providentielle, sa compagne pour le voyage à Paris (1615). Elle prit l'habit le 21 novembre 1618, fit profession en 1619 et la Mère Alix, refusant les fonctions de supérieure, la communauté nomma, le 21 décembre 1621, la Mère Angélique Milly. Elle est l'auteur des *Eclaircissements* à la *Relation* de la Mère Alix. Elle mourut le 11 octobre 1660.

Nous aurions aimé à donner, dès maintenant, la biographie de chacune des fondatrices des maisons de la Congrégation. Ce travail, trop considérable, sera réalisé plus tard, nous l'espérons. Néanmoins, nous ne pouvons résister au désir de signaler la vénérée Mère Monique (Mtc de Busbasch). Née en 1579, la Providence semble l'avoir destinée à servir de modèle aux jeunes filles dans le monde, aux personnes mariées, aux veuves chrétiennes et enfin aux religieuses dans la vie humble et cachée.

C'est elle qui fit venir de Metz, en 1627, des religieuses de Notre-Dame pour fonder le monastère de Luxembourg. Elle y mourut le 6 septembre 1651, simple sœur converse, sous l'obéissance de sa propre fille. C'est de la maison de Luxembourg que sortirent les fondatrices de celle de Trèves. Le culturkampf ayant envoyé en exil les religieuses de ce monastère, elles se réfugièrent en Belgique où elles fondèrent les beaux établissements de Jupille et de Lede, puis de S. Paulo au Brésil et de Colle-Ameno en Italie.

CHAPITRE XXVII

LES DERNIERS JOURS

Janvier 1622

Obéissance d'Alix. — Souffrances. — Résignation. — Priè-
res. — Comparaison avec sainte Catherine de Sienne. —
Visite de l'évêque. — Le P. Fourier. — Viatique. — Paix
profonde. — Dernières paroles et bénédiction aux religieuses.
— Visite des dames de la cour. — Dernière communion. —
Mort le 9 janvier.

FLEUR SPIRITUELLE. — *Se préparer tous les jours à une bonne
mort en mettant ordre à ses affaires spirituelles et temporelles.*

Déchargée de ses fonctions de supérieure et re-
devenue simple religieuse, la Mère Alix eut une
belle occasion de montrer à nouveau d'une manière éclatante sa soumission, son zèle et son affection
pour la parfaite obéissance.

Une première fois, on s'en souvient, Dieu l'a-
vait mise au second rang à Saint-Mihiel, l'offrant
ainsi dans la plénitude de la vie, de la force et de
la santé et au début de la vie religieuse, comme un
modèle à toutes les filles de Notre-Dame. Une seconde fois, à Mattaincourt, quand elle était sous
le pressoir d'une épreuve exceptionnelle, il la sou-
mit à la plus rude des supérieures. Dieu va compléter le portrait en mettant de nouveau, à la fin
de sa vie religieuse, la Mère Alix au second rang,
mais cette fois dans l'impuissance des forces bri-
sées, dans l'auréole d'une haute réputation, dans

les difficultés de la maladie et des derniers instants. C'est la troisième épreuve qu'elle nous offre comme modèle d'obéissance.

La Mère Alix répondit avec une fidélité parfaite aux vues de Dieu dans sa nouvelle position. Elle ne faisait rien sans permission expresse. Même pour s'accorder les petits soulagements qui lui étaient nécessaires, elle demandait chaque fois l'autorisation, et cela avec des sentiments si humbles et si soumis que toutes les religieuses étaient merveilleusement touchées de son amour pour la dépendance. Elle réclamait des pénitences en toute rencontre : pénitence, quand elle s'était plainte ; pénitence, quand elle croyait n'avoir pas été assez patiente ; pénitence pour une foule de petites choses vraiment inévitables. Elle demeura fidèle à cette ligne de conduite jusqu'au dernier moment de sa vie, ne perdant aucune occasion de s'humilier et de témoigner les bas sentiments qu'elle avait d'elle-même.

Ses douleurs augmentaient tous les jours, et telle était leur vivacité que la pauvre patiente faisait pitié à tous ceux qui la voyaient. Ses inquiétudes ordinaires la travaillaient sans relâche et de plus elle fut, dix ou douze jours durant, affligée de diverses autres tentations accompagnées de ténèbres si épaisses et de délaissements intérieurs si intenses qu'elle ne savait où elle en était.

Plongée dans cet abîme de langueurs sans nombre, elle s'écriait souvent : « Mon Dieu, mon Dieu, pourquoi m'avez-vous abandonnée ? Je mérite l'enfer, je le sais bien, mais j'ai toujours espéré être l'objet de vos grandes miséricordes. » Elle redisait souvent aussi quelques versets des psaumes, particulièrement du *Miserere* et du *De profundis*, les répétait fréquemment, tantôt en latin, tantôt en français, avec de grands sentiments d'humilité. Le médecin qui la traitait d'ordinaire, était fort pieux et très au courant de ses dispositions. Un jour, la trouvant dans une extrême désolation et voulant la consoler, il lui montra une image de sainte Catherine de Sienne qui était près de son lit, et lui dit de prendre courage en considérant cette grande sainte que Dieu avait mise quelquefois dans des épreuves semblables aux siennes. Ce propos lui donna tant de confusion que, tirant des forces de sa faiblesse, elle répondit d'une voix accentuée : « Ah ! Monsieur, la différence est bien grande : cette sainte était exercée par amour, pour glorifier Dieu, et une misérable pécheresse comme moi l'est par justice et en punition de ses fautes. »

Cette réponse révélait la profonde humilité de la Mère, mais comme en réalité ses souffrances extérieures et intérieures ont égalé et peut-être même dépassé celles que nous rapporte l'histoire de cette grande sainte et des autres que la Providence de Dieu a voulu éprouver par ce genre de tentations si fâcheuses aux âmes pures, nous avons juste sujet de croire que si Dieu, dans sa sagesse, donna pouvoir à l'enfer sur elle, ce fut aussi pour en tirer une plus grande gloire, montrer l'ardente charité de cette âme et son invincible générosité à résister si longtemps et si constamment à la fureur de ses ennemis.

Nous n'avons pas dit tout ce que l'on a su de ces rudes combats ; les attaques ont été si grandes et si importunes, les tentations si horribles que l'on a cru sage d'en parler d'une manière fort générale pour ne pas épouvanter les faibles. D'ailleurs son courage a été si ferme, sa résistance si forte et sa vertu si héroïque, qu'elle semble dépasser tous les exemples que l'on connaît en ce genre, et il suffit de dire qu'elle a souffert et résisté comme ont fait les saints. Mgr de Maillane avait la Mère Alix en haute estime : aussi vint-il la visiter plusieurs fois sur son lit de douleurs, la consoler, lui offrir toutes les assistances qu'elle pourrait désirer de lui. La dernière fois, il lui donna l'absolution générale de tous ses péchés et sa bénédiction et se recommanda à ses prières avec une grande confiance. Toutes les fois qu'il parlait d'elle, il témoignait l'estimer comme une sainte.

Le Père de Mattaincourt étant venu exprès à Nancy, elle désirait fort lui parler, mais fidèle à la réserve dont il s'était fait une habitude pour tous les monastères de la Congrégation, il ne voulut franchir la clôture qu'avec l'autorisation écrite de Mgr de Maillane. La Mère Alix le vit deux ou trois fois, se confessa à lui et l'entretint à loisir des affaires de sa conscience et de la Congrégation. Mais la proximité de la fête de Noël obligea le saint pasteur à regagner sa paroisse au grand déplaisir de la malade et de toutes les religieuses.

Huit ou neuf jours avant la mort de la Mère Alix, toutes les tentations et les inquiétudes cessèrent. Elle entra dans une grande paix et une profonde tranquillité d'esprit dont elle appréhendait de sortir en acceptant de converser même avec ses sœurs.

La supérieure qui ne s'éloignait guère d'elle, la voyant ainsi profondément recueillie, lui demandait de temps à autre ce qu'elle pensait et à quoi elle occupait son esprit. Elle répondait tout simplement : « Je m'entretiens avec Dieu et plus rien ne m'en empêche. — Interrogée si elle craignait de mourir. — Non, répondit-elle, il y a longtemps que je tàche de m'y préparer; j'ai eu pourtant beaucoup d'appréhension des jugements de Dieu, mais je n'y pense plus : j'ai confiance en sa bonté et j'espère qu'il me fera miséricorde. »

La supérieure l'invita à dire quelques mots de consolation et d'édification aux sœurs extrèmement affligées de la perdre et de voir qu'elle n'avait plus que deux ou trois jours à vivre; elle s'en excusa humblement. « Je n'ai rien de spécial à vous dire, sinon de vous demander très humblement pardon des mauvais exemples que je vous ai donnés. Je vous supplie de prier Dieu pour moi et vous assure que, si sa bonté me pardonne mes péchés, je me souviendrai de vous toutes devant lui. Je le prierai de vous faire la grâce d'observer exactement

LA V. MÈRE ALIX MOURANTE BÉNIT SES FILLES

vos constitutions et vos règles dans le plus parfait esprit de notre saint institut. Je vous recommande aussi de vous conserver toujours en union et charité les unes envers les autres, unique moyen de vous maintenir et de rester ferventes. Ne vous affligez point de ma mort, Dieu aura soin de vous toutes, à mesure que vous vous appliquerez à le servir fidèlement ».

La supérieure la pria de leur donner sa bénédiction. « Il ne faut pas, répondit-elle, user en mon endroit de cette cérémonie. Je ne l'ai jamais donnée à personne. » Enfin, après beaucoup de prières, la supérieure crut devoir lui demander ce témoignage de son obéissance; elle la leur donna incontinent.

Elle communiait souvent durant sa maladie et avait fait une revue exacte de sa conscience auprès du Bon Père pour recevoir la sainte Eucharistie en viatique. Quelques jours après, voyant qu'elle s'affaiblissait notablement, on lui donna l'Extrême-Onction. Elle la reçut avec une grande présence d'esprit et une vive application à cette action.

La duchesse de Lorraine, ses filles et les autres princesses exercèrent leur piété à son égard. Elles la visitaient tous les jours, demeuraient longtemps devant son lit et se faisaient un plaisir de lui offrir de la gelée et des consommés pour l'obliger à prendre de la nourriture. Elles la considéraient comme une âme choisie de Dieu et destinée à une grande gloire au ciel. Elles se recommandaient à elle avec beaucoup de confiance, afin qu'elle les assistât auprès de Dieu.

La vénérable Mère souffrit beaucoup dans tout le cours de sa maladie, mais sur la fin, les douleurs étaient extrêmes. Il semblait qu'on lui disloquât tous les os: ses convulsions étaient violentes et fréquentes. Elle ressentait dans tout son corps des ardeurs intérieures si brûlantes qu'elles ne peuvent s'expliquer. Elle avait trois grandes et profondes plaies dans le dos, causées par l'intensité de la fièvre et son long séjour au lit. Jamais de plainte, grande douceur d'esprit, joie et tranquillité d'âme dans une parfaite union avec Dieu. Les quatre ou cinq derniers jours, on croyait à tout instant qu'elle allait expirer. Trois des principaux médecins jugeaient qu'elle vivait surnaturellement. Ils ne laissaient pas de la voir deux ou trois fois le jour, plus pour admirer les merveilles de Dieu en elle que pour lui donner un soulagement qu'elle n'était plus en état de recevoir. Dieu semblait faire de cette âme une victime dont il voulait achever la purification. Elle ne parlait plus; seulement de temps à autre on la voyait élever son esprit à Dieu et dire quelques versets des psaumes qui lui étaient plus familiers.

Le 9 janvier 1622 devait être le dernier de sa vie. Le matin, sur les six heures, elle se confessa et communia avec une dévotion et une ferveur des plus ardentes, répétant souvent ces mots : *Ad te Domine clamavi in toto corde meo.* Elle prolon-

gea son entretien avec Dieu jusqu'à huit heures.
A ce moment, on sonna la messe conventuelle à
laquelle devaient assister et communier les religieuses qui n'étaient point occupées dans sa chambre, parce que c'était un dimanche. Pour ne pas
priver la communauté de la consolation d'assister à
une si belle et heureuse mort, la supérieure voulut faire retarder la messe, mais la Mère la pria
de ne pas interrompre l'ordre, assurant qu'elle ne
mourrait pas avant qu'elle fût achevée. La messe
était dite effectivement, quand, sur les neuf heures,
la malade entra en agonie. Elle expira en laissant
échapper trois légers soupirs et en prononçant les
noms de Jésus et de Marie. Elle avait quarante-
six ans, moins quelques jours, puisqu'elle était née
le 2 février 1576.

La mort des justes est précieuse devant Dieu :
que la nôtre soit semblable à la leur. « Heureux
et sage celui qui s'efforce d'être tel pendant la
vie qu'il souhaite d'être trouvé à la mort. Car ce
qui donnera une ferme espérance de bien mourir,
c'est le parfait mépris du monde, l'ardent désir d'a-
vancer dans la vertu, l'amour de la règle, le travail
de la pénitence, la promptitute à obéir, le renon-
cement à soi-même, la patience à souffrir toute sorte d'adversités pour l'amour de Jésus-Christ *(Imit.)*.

Telle a été la vénérable Mère Alix, tels puis-
sions-nous être nous-mêmes.

————

CHAPITRE XXVIII

LES OBSÈQUES

FLEUR SPIRITUELLE. — *Méditer ces mots de la vénérable :* Le
rien, l'ignorance et le péché.

Les obsèques de la sainte fondatrice furent un
véritable triomphe. C'était l'aube de la gloire qui
se levait pour elle, non d'une gloire fugitive et mon-
daine, mais de la vraie gloire, de la gloire. céleste.
C'était la vie véritable qui commençait, cette vie
qui ne prend jamais fin, dit saint Pierre Fourier.
N'avait-elle pas, cette élue de Dieu, cette virginale
épouse de Jésus, crucifié sa chair avec ses vices et
ses convoitises ? Son corps ne portait-il pas les mar-
ques évidentes de ses extrêmes et rigoureuses pénitences par ses cicatrices si prodigieuses et en
si grand nombre « que le tout n'en faisait qu'une ? »
Elle avait parfaitement et littéralement imité son
céleste Epoux que le prophète Isaïe contemplait
par avance en s'écriant : De la plante des pieds
au sommet de la tête, pas un seul endroit qui soit
sain en lui.

En rendant les derniers devoirs à la défunte, les
religieuses eurent sous les yeux cette vision élo-

quente de la douleur et de l'amour, et elles demeurèrent bien touchées et persuadées de sa haute vertu et de son amour pour Dieu.

Elles la revêtirent, selon l'usage, de ses habits de religion et l'exposèrent à l'intérieur des grilles de la chapelle pour satisfaire la dévotion du peuple.

La nouvelle de sa mort se répandit rapidement, et rapidement aussi amena au monastère une foule énorme de fidèles, grands et petits, pauvres et riches. En ville, l'émotion était universelle.

La piété de son Altesse, le bon duc Henri, était si grande; si grande était l'estime qu'il avait des vertus de la Mère qu'il alla lui jeter de l'eau bénite, dès le premier jour qu'elle fut exposée. Il l'envisagea longtemps, puis se tournant vers les seigneurs de la cour qui l'accompagnaient, il leur dit : « J'admire qu'ayant une horreur naturelle de voir des morts, je ne puis néanmoins m'éloigner de cette bonne Mère, et je la considère comme une sainte qui prie pour nous dans le ciel. »

Son Altesse le duc Charles et Mgr le duc son père y vinrent aussi avec les autres princes et la plupart des membres de la noblesse. Ils s'étaient fait précéder de leur peintre qui, se mettant à l'œuvre immédiatement après la mort de la vénérable, put faire convenablement son portrait. Ils le gardèrent toute leur vie avec beaucoup de respect et de dévotion et en envoyèrent des copies à leurs parentes la grande duchesse de Toscane et l'électrice de Bavière, en témoignant par lettres toute l'estime qu'ils professaient à l'égard de cette grande servante de Dieu.

Le peuple suivit les princes. Il fallut laisser le corps exposé pendant trois jours pour contenter la dévotion du public, et ce laps de temps fut à peine suffisant pour y donner satisfaction. En effet, le peuple affluait de toutes parts, et si grande était la presse que donner des ordres était devenu chose impossible. Il y avait bien des gardes à la porte de l'église et autour des grilles, mais ils furent absolument débordés. Personne ne voulait sortir que son chapelet n'eût touché aux restes de la vénérable. Pour abréger la besogne, on en chargeait de gros bâtons et on les faisait passer à travers les grilles. A l'intérieur des religieuses les recevaient et les appliquaient à la dépouille vénérée. Tout d'abord elles y apportèrent beaucoup de résistance, mais l'évêque de Toul, qui était alors à Nancy, apprenant ce qui se passait, invita les religieuses à donner satisfaction au peuple.

La duchesse de Lorraine et toutes les princesses vinrent aux obsèques, avec la plupart des dames de la cour qui les suivirent dans l'intérieur du monastère. Il restait au dehors un si grand nombre d'ecclésiastiques, de religieux et de personnes de qualité, et il y eut de leur part tant d'instances pour approcher du corps que Mgr de Toul, venu pour présider à l'enterrement, se vit contraint de faire transporter la dépouille mortelle au grand parloir intérieur et d'en permettre l'entrée à cette foule de

personnes honorables qui accouraient avec respect
et dévotion se recommander aux prières de la défunte. Les uns lui baisaient les pieds, les autres les
mains. On eut mille peines d'empêcher la foule de
mettre ses habits en pièces, chacun en demandant
pour relique. Il y avait à côté du corps deux religieux qui ne cessaient de faire toucher les chapelets. D'autres invitaient le monde à se retirer
pour faire place aux nouveaux venus qui se pressaient pour entrer. Il fallut retarder l'enterrement
de plus d'une heure pour permettre à ces innombrables fidèles d'approcher, tant ils étaient touchés d'une dévotion particulière pour la dépouille
mortelle de cette élue de Dieu, à qui la souffrance
avait valu l'éclatante réputation d'une héroïque
sainteté.

Sur les cinq heures, Mgr de Toul, accompagné de
saint Pierre Fourier, des Pères Bildstein et Fagot,
Jésuites, et d'autres ecclésiastiques, fit la cérémonie de l'enterrement. Par cette démarche, il voulut donner à la digne Mère le suprême témoignage
de la sainte affection qu'il lui avait toujours portée.

Le corps fut enfermé dans un cercueil de plomb et,
par ordre de l'évêque, déposé, non dans le petit
cimetière du couvent, où la Mère avait désiré d'être
inhumée, mais sous l'autel du chœur des religieuses.

Toute la semaine on fit des services pour la vénérable défunte en diverses églises de la ville. Au monastère, il y eut trois services solennels et quantité de messes que religieux et prêtres séculiers vinrent célébrer d'eux-mêmes, par dévotion particulière pour cette bonne Mère.

Par ses vertus, elle avait acquis une telle réputation de sainteté que chacun voulait avoir quelque chose qui eût été à son usage. Mgr l'évêque de Toul se fit donner un dizain de son rosaire et son diurnal; Son Altesse sollicita la faveur d'avoir son chapelet et le reçut comme un don très précieux. La duchesse de Lorraine demanda le verre dans lequel la vénérable avait bu pendant sa dernière maladie. Elle y attachait un tel prix qu'elle le fit enchâsser dans de l'or et le réserva uniquement à un usage de dévotion soit pour elle-même, soit pour quelque prince ou princesse malade, soit pour l'envoyer à quelque personne de condition qui se trouvait en pareille nécessité. Cette piété fut souvent récompensée par des guérisons extraordinaires, avouées miraculeuses par les médecins.

Une multitude d'ecclésiastiques ou de personnes de qualité venaient solliciter avec instance la faveur d'avoir un objet venant de la vénérée défunte. Pour satisfaire à ces pressantes prières on distribua en moins de trois jours rosaire, médailles, images, livres, discipline, cilices, ceintures de fer qui avaient été à son usage.

Un phénomène, qui s'est manifesté plusieurs fois au tombeau des saints, se produisit également au tombeau et dans la chambre de la vénérable Mère.

Plusieurs personnes honorables et dignes de foi, ecclésiastiques, religieux et séculiers, ont affirmé avoir ressenti près de son tombeau des odeurs très douces et très suaves qui excitaient des sentiments d'une tendre dévotion envers elle, et laissaient dans l'âme la conviction que ce phénomène était d'ordre surnaturel et la marque indubitable de l'admission d'Alix dans la Jérusalem céleste.

Les religieuses de la maison les ressentirent souvent durant deux ou trois ans, tantôt dans sa cellule, où elle avait l'habitude de prier Dieu, tantôt sur son tombeau. Ces parfums étaient quelquefois si persistants que les religieuses avaient le loisir de s'assembler en ce lieu béni pour en respirer la douceur, douceur telle qu'elle donnait un essor aux sentiments de leur dévotion, douceur si délicieuse que la plupart fondaient en larmes de joie et de consolation.

Il arrivait souvent aussi à des religieuses de la Congrégation de passage à Nancy pour aller commencer des monastères, de respirer ces parfums dès leur entrée dans la maison, alors cependant que jamais elles n'avaient entendu parler de ce phénomène extraordinaire ; les parfums se faisaient plus pénétrants quand elles priaient à son tombeau. Là, elles se sentaient touchées de mouvements de dévotion et de consolation si extraordinaires qu'elles n'hésitaient pas à les attribuer aux mérites et à l'intercession de la vénérable fondatrice. Parfums tout à la fois matériels et spirituels, symbole de l'odeur

que ses vertus répandaient dans les âmes et surtout dans les âmes de ses filles bien-aimées.

On sait fort bien où le corps de la vénérable a
été déposé au jour de ses triomphales obsèques;
mais, hélas! les révolutions sont survenues, la sur-
face du sol a été graduellement modifiée, les gar-
diens intéressés à ce trésor ont été dispersés, si
bien qu'on a perdu la trace de cette dépouille précieuse. Des fouilles ont été faites en septembre 1849
par M. l'abbé Deblaye, mais n'ont pas abouti. M.
l'abbé Jérôme, vicaire général de Nancy, n'a pas
été plus heureux en janvier et en février 1904.

Quoi qu'il en soit de l'avenir à cet égard, il nous
restera toujours la consolation de respirer le parfum des vertus d'Alix. Celui-là du moins est un
trésor inamissible que nous sommes libres toujours
et que nous serons heureux d'utiliser pour la gloire de Dieu, l'honneur de la vénérable, notre bien
particulier et le salut des âmes.

CHAPITRE XXIX

LES MIRACLES

Alix invoquée guérit des malades, délivre des mères en péril. — Un enfant ranimé reçoit le baptême. — Charlotte de Ravenel à Troyes. — Bernardine des Paux à la Mothe. — Charlotte de Rambervillers. — Les démons glorifient Alix.

Fleur spirituelle. — *Redoubler de ferveur dans la prière pour obtenir les miracles nécessaires à la béatification de la vénérable.*

Les vertus de la vénérable lui avaient acquis la réputation d'une sainte ; aussi jouissait-elle d'une grande confiance, tant auprès du peuple qu'auprès des personnes de considération.

On l'invoquait dans les peines intérieures et les afflictions d'esprit et on en recevait immédiatement un grand soulagement ou une délivrance complète. D'ordinaire même, pour être exaucé, il suffisait d'une petite élévation d'esprit vers la vénérable.

Elle montrait la même puissance pour la guérison des maux corporels, et étendait sa protection sur les berceaux des nouveau-nés et sur les mères en péril de mort. On accourait au monastère demander pour quelques heures son voile ou tout autre objet ayant servi à son usage ; on l'appliquait en invoquant la vénérable et on obtenait les plus heureux effets.

Un jour, une mère pleurait sur son enfant mort-né. Une demoiselle de sa connaissance, se trouvant là providentiellement, lui conseilla de vouer son enfant à la **vénérable Mère**. Elle le fit, et aussitôt le nouveau-né commença à remuer et à donner signe de vie à plusieurs reprises. On s'empressa de lui conférer le baptême. Le fait eut pour témoins oculaires des personnes dignes de foi qui allèrent en certifier la vérité au monastère (1).

Bonne aux étrangers, la vénérable Mère ne pouvait pas ne pas l'être pour ses filles ou ses sœurs.

Une de ses premières compagnes, la Mère Isabelle de Louvroir, supérieure de Châlons, s'était rendue à Soissons à l'occasion de difficultés qui surgirent au début de la fondation et qui la firent beaucoup souffrir. Comme elle s'était mise à genoux pour recommander cette grave affaire à Dieu, la bonne Mère Alix, morte depuis deux ans, vint la toucher à l'épaule, à l'endroit même où elle éprouvait une grande douleur. En même temps la vénérable se mit à chanter d'une voix mélodieuse : *Gloria in excelsis Deo*, puis elle dit à la Mère Isabelle : « Chante avec moi ». Elle le fit, mais demeura toute confuse en entendant sa voix si dissonante de la sienne. L'apparition s'évanouit et la Mère Isabelle demeura non seulement consolée, mais encore parfaitement guérie de son mal d'épaule (2).

Il y a quelque temps, écrivait le 10 mars 1641,

1. *Eclairc.*, p. 166.
2. *Rem.*, p. 278.

la Mère Angélique de Sainte-Marie, supérieure du monastère de Reims, on m'apporta un tableau de notre bonne Mère, pendant que j'étais près d'une de nos sœurs, affligée d'une grosse fièvre continue avec inflammation des poumons, enflure de tout le corps et même de la gorge. La malade était abandonnée des médecins et avait reçu les derniers sacrements. A la vue de ce tableau, j'eus l'inspiration d'engager la religieuse à prier cette bonne Mère et à lui faire vœu, si elle était guérie, de communier tous les ans au jour anniversaire de sa mort. Dès qu'elle eut fait ce vœu, elle commença aussitôt à mieux aller et fut si vite et si parfaitement guérie qu'elle put suivre, peu de jours après, les exercices de la communauté. Cette guérison nous donna à toutes une grande confiance et une vive dévotion à cette chère Mère (1).

Charlotte de Ravenel, religieuse de la Congrégation au monastère de Troyes, était malade de la petite vérole. Elle était couverte de pustules; la gorge en particulier en était tellement pleine que l'on craignait la mort par étouffement. La malade eut l'inspiration de se recommander à la vénérable et de s'appliquer un morceau de linge dont elle s'était servie. Elle le fit et se sentit immédiatement soulagée. De même, craignant de perdre les yeux, qui restèrent fermés treize ou quatorze jours par la quantité des pustules, elle promit par vœu de faire une neuvaine de prières devant l'image de la

1. *Rem.*, p. 278.

vénérable, dès qu'elle pourrait marcher. Alors ses yeux s'ouvrirent et furent si bien guéris qu'elle n'en éprouva plus aucune incommodité. Enfin cette même religieuse, toujours par l'invocation de la vénérable, fut délivrée d'une surdité qui la reprenait de temps en temps. Elle a signé de son nom le récit de ces diverses faveurs (1).

En 1637, raconte en substance la sœur Bernardine des Paux, alors au monastère de la Mothe, il me vint à la jambe un mal que soignèrent deux médecins et un chirurgien. Malgré tous les remèdes, l'inflammation augmentait d'un jour à l'autre. Les docteurs pronostiquèrent une aggravation qui m'obligerait à porter constamment un emplâtre sur cette jambe et à pratiquer un cautère sur l'autre pour détourner la fluxion. J'étais fort affligée de cette perspective, quand un soir, sur les six heures environ, il me sembla voir notre bonne Mère Alix qui mettait un emplâtre sur ma jambe et me regardait en souriant. Je m'éveillai toute consolée, avec la confiance qu'elle voulait me guérir. Je fis en son honneur une neuvaine durant laquelle je continuai les médicaments ordinaires. Mais ils ne firent qu'augmenter mon mal au lieu de le diminuer. Immédiatement je reconnus ma faute et, pleine d'une nouvelle confiance, je quittai tous les remèdes, sauf celui de la prière et commençai une seconde neuvaine. A mesure qu'elle avançait, le

1. *Rem.*, p. 279.

mal diminuait; à la fin il n'y avait plus ni mal, ni apparence de mal, au grand étonnement des médecins et de la communauté.

En 1639, continue la même narratrice, un chirurgien me donna un coup de lancette au pied pour me saigner. De la plaie, il sortit non pas du sang, mais une eau claire qui coula environ six semaines. Le médecin ayant examiné le cas, déclara que la jambe se desséchait et ne prenait plus de nourriture. Je m'en allai aussitôt devant l'image de notre bonne Mère avec l'espérance d'en être assistée. Je rejetai loin de moi tous les linges, enroulés par sept ou huit tours sur la plaie et qui étaient tellement trempés de l'eau qui en découlait qu'il fallait les changer deux fois le jour.

Chose admirable! Au même instant, avant même que je ne quitte la place où j'étais, l'eau cessa de couler, la plaie se ferma et je demeurai complètement délivrée (1).

Une religieuse fut guérie d'un mal violent qui la tourmentait fréquemment. Il lui suffit, dans l'intensité de ses souffrances, de prendre par dévotion cinq ou six grains de poivre laissés dans une boîte à l'usage de la bonne Mère.

Une religieuse, écrivait de Metz la Mère Charlotte de Rambervillers, avait une hydropisie avec fièvre violente et autres accidents fàcheux rebelles à tout soulagement. Le médecin ordonna le mê-

____

1. *Rem.*, p. 280.

me jour trois ou quatre remèdes : aucun ne réussit. La pauvre patiente, en proie à de grandes douleurs, ne pouvait respirer. Le médecin conclut qu'elle ne serait plus en vie le lendemain et conseilla d'administrer sans retard les derniers sacrements. Dans cette extrémité la religieuse malade se voua à la bonne Mère Alix. Elle se fit apporter une petite croix qui avait été à son usage et la mit sur sa poitrine. Au même instant l'enflure disparut et la malade fut entièrement guérie. Sur le soir, le médecin se présenta pour demander si on lui avait administré l'Extrême-Onction. Ce fut la religieuse elle-même qui descendit au parloir avec la **supérieure** pour recevoir le docteur et lui donner **réponse**. On juge de son étonnement. Il affirma la caractère miraculeux de la guérison et promit telle attestation que l'on voudrait. Ce médecin était M. Foès de Metz.

Encore un fait miraculeux, attesté par une religieuse de la Mothe. Elle le tenait de celui-là même qui en avait été favorisé.

Le P. Samuel, capucin de la province de Lorraine, était venu à Nancy pour y prêcher. Attiré par la réputation de sainteté de la **vénérable**, il alla visiter son tombeau. Mais captivé par les odeurs célestes qui s'en dégageaient et par les sentiments de dévotion qu'elles provoquaient en lui, il s'y attarda. Enveloppé dans cette atmosphère céleste, il oublia totalement qu'il devait prêcher en ville, le même matin, devant une grande assemblée. Tout

à coup il pense à son sermon, sort à la hâte et se
dirige vers l'église où déjà l'on chantait la prose.
De son sermon, ni un mot, ni une idée; tout son
esprit est aux vertus de la vénérable. Comment
faire? « Ah! sainte Mère, s'écrie-t-il, assistez-moi,
puisque je me suis oublié moi-même pour admirer
les bontés de Dieu sur vous, priez-le pour moi. »
Il monte en chaire et prêche avec tant de facilité
et de bonheur qu'au dire de ses auditeurs il n'a
jamais si bien parlé (1).

Ces faits, attestés par ceux-là même qui furent
l'objet des faveurs de la vénérable Mère, montrent
d'une part la haute confiance qu'on avait en elle
et d'autre part la grande puissance dont elle jouissait devant Dieu.

« L'invocation de son nom, dit le P. Frison, ef-
frayait les démons, et les contraignait à obéir dans
le temps où ils étaient le plus obstinés. Ils avouèrent
qu'ils comptaient l'humble religieuse parmi les plus
terribles ennemis qu'ils eussent eus au cours de
la possession de Mme de Ranfaing » (2).

Dans les exorcismes qui avaient lieu, les démons
craignaient son nom par-dessus toute chose, et
quand il entrait quelqu'un portant sur lui un grain
de son chapelet ou autre objet de dévotion de la
vénérable, ils commençaient à hurler, s'écriant qu'ils
brûlaient et qu'il y avait là les reliques de la Mère Alix, quand même ceux qui les portaient n'en

1. *Rem.*. p. 228.
2. *Vie de Mme de Ranfaing*. p. 178.

disaient rien. Ils allaient les distinguer parmi tous
les autres pour leur faire affront et les menaçaient
avec des regards furieux et des paroles pleines
de rage.

Quand les exorcistes, appliquant à l'énergumène
un objet venant d'elle, les adjuraient de sortir par
les mérites de la Mère, alors ils obéissaient promptement. Disait-on : *Mater Alexia*, les démons ré-
pliquaient : « Répète et dis : *beata beata,* tu lui fais
tort, car elle est bienheureuse et bien haut dans
le ciel. A notre grand regret, nous sommes con-
traints de lui rendre cette gloire et de proclamer
qu'ayant été livrée par la volonté de Dieu à notre
puissance, elle nous a vaincus : aussi avait-elle à
sa garde un séraphin qui la protégeait avec des
soins merveilleux. » Ainsi parlaient les démons.

Ils égalaient les souffrances qu'elle avait endu-
rées dans son corps et dans son âme à celles de
sainte Catherine de Sienne, de sainte Catherine de
Gênes et de la bienheureuse Angèle de Foligno. Ils
affirmaient enfin qu'elle serait une puissante avo-
cate aux personnes qui s'adresseraient à elle dans
les peines et les afflictions intérieures (1).

C'est ainsi qu'il plaît à Notre-Seigneur d'associer
ses élus à la gloire de son nom qui fait fléchir tout
genou au ciel, sur la terre et dans les enfers.

1. *Eclaire.*, pp. 167, 168.

CHAPITRE XXX

LES PREMIÈRES INFORMATIONS

Vénération de François II pour Alix. — Demande d'enquêtes
et de documents. — Insistance du duc auprès de Fourier
et de l'évêque. — Présentation des documents. — Mort de
l'évêque. — Vains efforts pour faire rédiger la vie. — Publication des documents. — Approbation de Mgr du Saussay.
— Vie abrégée et images publiées.

FLEUR SPIRITUELLE. — *Honorer, invoquer et imiter la vénérable Mère Alix.*

Le peuple n'était pas seul à croire à la puissance de la vénérable devant Dieu. La cour donnait
l'exemple. Le duc François II, père de Son Altesse Charles IV, estimait beaucoup saint Pierre
Fourier et le favorisait de tout son pouvoir. C'est
grâce à son intervention que l'homme de Dieu fut
appelé à partager les travaux de la mission de Badonvillers. Le duc aurait même voulu qu'il accep-
tât d'en être curé. Heureusement pour le bien de
la paroisse de Mattaincourt et de la Congrégation
de Notre-Dame, il ne put y réussir.

François II avait en même temps une grande
vénération pour la collaboratrice de saint Pierre
Fourier. Il avait obtenu de Dieu, par son intercession et la pieuse application de son voile, des
grâces d'une haute importance pour sa maison. Aussi de Badonvillers où il s'était retiré, après avoir
régné quelques jours et abdiqué en faveur de son
fils Charles IV, il vint plusieurs fois à son tombeau, faisant dire quantité de messes auxquelles

leurs Altesses et toutes les princesses assistaient
pour remercier Dieu des grâces obtenues par les
mérites de sa servante.

L'auguste prince ne borna pas là sa dévotion
envers elle : il mit tout en œuvre pour honorer et
faire honorer sa mémoire. Il pria l'évêque de Toul
de faire une enquête sur la vie de la Mère Alix, de
prendre des informations sur ses vertus et d'en
consigner le résultat dans un livre qui serait publié pour l'édification et la consolation des fidèles.
Il fit plus, il alla trouver lui-même le saint instituteur, le priant de donner des mémoires de ce
qu'il savait des actions particulières dè la servante
de Dieu et d'inviter les religieuses appartenant aux
maisons où elle avait séjourné, à lui envoyer par
écrit ce qu'elles avaient remarqué en elle de plus
édifiant. Deux ou trois fois encore le prince supplia les religieuses de Nancy de rédiger des mémoires analogues. En un mot, il témoigna pour cette
entreprise tout le zèle qu'on pouvait désirer. Mais
comme il fallait attendre les informations des autres maisons, l'affaire traîna un peu en longueur.

Témoin de ces retards prolongés durant trois mois,
le prince alla prendre l'évêque dans sa voiture, le
conduisit au couvent, fit appeler le révérend Père au
parloir et toutes les religieuses à la grille, et là il
conjura Mgr de Maillane de commander au Père
et aux filles de donner avec diligence les mémoires qu'il demandait pour faire la vie de la bonne
Mère (1).

1. *Eclaire.*, p. **168.**

Nous n'avons de l'intervention de Fourier dans cette affaire que deux fragments de lettres.

La première, datée du 10 mars 1622, est adressée aux religieuses de Soissons où se trouvait en ce moment la Mère Isabelle. Nous y lisons : « Le R. P. Fagot et autres révérends Pères de la sainte Compagnie de Jésus, désirent avoir par écrit toutes les vertus et saintes actions que vous avez remarquées en la Mère Alix pour en écrire la légende. Ils tiennent que c'est une grande sainte et veulent mettre sa vie en lumière. Je leur ai promis que je vous en prierais. Je vous supplie de m'en donner quelque réponse à votre commodité pour leur montrer que j'ai fait le devoir. ».

Aux religieuses de Mirecourt, il écrivait le 11 mai suivant : « Il faut que j'emporte avec moi par écrit tout ce que vous aurez pu ou remarquer de vous-même, ou entendre d'autrui, des actions de Mère Alix, pour le communiquer à ceux qui le demandent, et quant et quant vos annotations sur les Règles des cahiers que l'on vous envoya de Nancy. Tout cela s'attend avec dévotion par delà, et n'y serai le bienvenu, si je n'emporte tout plein de ces nouvelles-là : tenez-les donc prêtes, je vous en supplie ».

Comme on le voit, saint Pierre Fourier était évidemment plus passif qu'actif en cette affaire. On le pressait et alors il agissait pour montrer qu'il faisait son devoir. On devine la raison de cette attitude. En allumant ce flambeau à côté de lui, inévitablement il en serait éclairé. Provoquer l'éloge de la Mère, c'était provoquer l'éloge du Père, et il était trop clairvoyant pour ne pas comprendre qu'il allait être pris dans l'engrenage, si l'affaire réussissait : de là sa lenteur à répondre aux demandes qui lui arrivaient du duc, des religieuses et d'ailleurs.

Ces mémoires furent enfin rédigés et on les apporta au prince. Il les reçut avec beaucoup de joie et de satisfaction et prit le loisir, parmi ses grandes affaires, de les voir et d'en conférer avec Mgr de Toul, en présence de M. Viardin, écolâtre de la primatiale, et ils en conclurent qu'il fallait y travailler incessamment; mais il plut à Dieu d'en disposer autrement par la mort de Mgr de Toul en 1624, et par quantité d'affaires survenues à ce bon prince. Ainsi l'exécution de son dessein fut différée; les religieuses retirèrent les mémoires, bien résolues à réaliser ses intentions, lorsque les circonstances le permettraient.

Il y eut de nouveaux retards. Les religieuses cherchèrent « longtemps et en plus d'un endroit », un écrivain capable de composer la vie de la fondatrice. Mais, soit défaut de temps, soit déférence pour les divers auteurs de ces écrits, tous s'excusèrent et prétendirent que « ces préparatifs valaient mieux que le bâtiment qu'ils en feraient. » *Relation, Eclaircissements* et *Remarques* semblant dictés par la vérité même, leur paraissaient plus propres à traduire et à inspirer l'esprit de la Congrégation qu'un discours plus étudié. Enfin, ils n'oseraient toucher à ce qu'une sainte avait dit d'elle-même et à ce qu'une autre sainte (la Mère Angélique Milly) avait remarqué de sa Mère. Sous ces raisons, un peu spécieuses, se cachait peut-être une autre cause de refus. Un grand prélat, d'une haute capacité, avait promis de donner cette histoire ; les écrivains sollicités le savaient et ne voulaient ni lui enlever l'initiative, ni se mesurer avec lui (1).

Mais d'un autre côté, la Congrégation était impatiente de connaître en détail la vie de sa fondatrice. Voilà pourquoi, en 1666, les religieuses du monastère de Nancy publièrent, avec l'approbation de Mgr André du Saussay, évêque de Toul, sous le titre de *Vie de la Mère Alix le Clerc*, les différents documents qu'elles avaient entre les mains. Elles dédièrent l'ouvrage à Charles IV. La dédicace qualifie les informations de juridiques et déclare que François II « garda toutes les dépositions à dessein de les faire servir à la canonisation » de la bonne Mère.

« Nous estimons, dit l'évêque dans son approbation, qu'elle a été une fille extraordinairement appelée de Dieu, dans le commencement de ladite Congrégation pour en être la première religieuse et y servir de modèle à toutes les autres qui y seraient reçues par les admirables vertus qu'elle y a pratiquées depuis sa vocation jusqu'à sa mort :

1. *Avis des Religieuses de la Cong. de Notre-Dame du Monastère de Nancy.*

Dieu ayant éclairé son esprit de tant de lumières que nous ne pouvons assez admirer l'adorable Providence qui a rendu une fille, faible de complexion, si forte à supporter tant de mortifications qu'elle a souffertes en son corps et en son esprit, à faire tant d'actions merveilleuses dont sa vie est toute remplie, et à remporter tant de victoires sur les principaux ennemis du salut par ses continuelles résistances. »

Le prélat exhorte ensuite les religieuses à lire souvent la vie de la Mère Alix et à se rendre « imitatrices de ses actions et mortifications et surtout de sa parfaite résignation à la volonté de Dieu.»

Le livre fut lu évidemment, surtout dans les monastères de la Congrégation de Notre-Dame, où il provoquait efficacement à l'imitation des vertus de la sainte Mère. On y gardait fidèlement sa mémoire. Il est tel de ces monastères où l'on célébrait, d'une manière privée, sa fête annuelle. L'une des religieuses prononçait le panégyrique. Quelques-uns de ces éloges sont venus jusqu'à nous. Le public fut moins patient que les religieuses. Plusieurs abrégés de la Vie avaient paru en France, en Flandre et en Allemagne, et sept à huit sortes d'images différentes.

Tels sont les témoignages du dix-septième siècle en faveur de la Mère Alix. Voyons les témoignages que nous lèguent les siècles suivants.

CHAPITRE XXXI

L'ÉCHO DES TROIS DERNIERS SIÈCLES

Au XVIIIᵉ siècle; Boudon. — A. d'Hangest. — Petitmangin.
— Un Carme. — Lionnois. — Vente du monastère. — Au
XIXᵉ siècle, plusieurs historiens de saint Pierre Fourier.
— M. Chapiat écrit la vie de la vénérable. — Guérison à
Presbourg. — M. le comte Gandelet réédite la vie de 1666.
— *Fleurs de Notre-Dame.* — Procès canonique. — Dépôt des
actes à Rome. — Procès des écrits. — Vie par les reli-
gieuses de Lunéville. — Décret de vénérabilité. — Vie par
M. Gandelet.

Fʟᴇᴜʀ sᴘɪʀɪᴛᴜᴇʟʟᴇ. — *A quoi nous amusons-nous ? Nous ne
devons vivre que pour aimer Dieu ; regardons comme perdu tout le
temps qui n'est pas employé à l'aimer.* (La Vén. et S. Aug.)

Les malheurs de la Lorraine suscités par le ca-
ractère aventureux de Charles IV et l'ambition de
Richelieu furent une entrave à la cause de la Mère
Alix, mais ne purent éteindre son souvenir.

L'aurore du dix-huitième siècle nous apporte le
témoignage d'un homme remarquable par sa vertu et dont la piété, qui ne s'est jamais démentie, a
été telle, qu'on lui a attribué des miracles. Nous
avons nommé M. Boudon, docteur en théologie,
grand archidiacre de l'église d'Evreux, auteur d'un
grand nombre d'ouvrages ascétiques. En 1701, il
écrivait à M. Thomas, conseiller du Châtelet à Paris, une lettre qui se termine ainsi : « Ce 11 janvier,
deux jours après celui de la précieuse mort de la
B. Alix le Clerc, fondatrice, avec le R. P. Fourier

de Mattaincourt, des religieuses de la Congrégation de Notre-Dame. »

Au cours du même siècle, le R. P. Alexandre d'Hangest, chanoine régulier de la Congrégation de Notre-Sauveur, écrit une vie de saint Pierre Fourier, restée manuscrite. En retraçant l'existence du saint fondateur, l'écrivain rend un bel hommage aux vertus de sa digne collaboratrice.

Plus tard, deux écrivains lui consacrent leur plume : l'un, le chanoine Petitmangin de l'Eglise de Remiremont, compatriote de la vénérable et dont le travail est demeuré manuscrit; l'autre, Carme déchaussé de la province de Lorraine, dont l'ouvrage fut imprimé à Liège, en 1773.

Enfin, en 1778, Lionnois, dans son histoire de Nancy, décrit le monastère dont la vénérable avait été supérieure et la tombe où furent renfermés ses restes.

A la révolution française, le monastère fut vendu en deux lots, acquis l'un et l'autre par de bons chrétiens. L'oratoire ou chœur des religieuses, où reposait le corps de la Mère Alix, devint la propriété de M. et Mme Caye. La chapelle, séparée du chœur, fut vendue à MM. Genêt et Fischer, passementiers. Grâce au sentiment chrétien de ces propriétaires, on put y célébrer le saint sacrifice de la messe sans nulle interruption.

La Révolution avait détruit les soixante monastères de la Congrégation; vingt-trois seulement ont pu se relever, et celui de Nancy n'est malheureuse-

VITRAIL DE S. PIERRE FOURIER ET DE LA V. MÈRE ALIX
DANS LA CHAPELLE DU ROULE.

ment pas du nombre. A Saint-Nicolas, les religieuses Bénédictines gardaient avec un soin jaloux et la chambre de la vision, où Marie dans la gloire apparut à la Mère Alix malade, et un petit tableau, don de la famille d'Hofflize, qui reproduit la scène. Mais n'ont-elles pas dû céder devant le souffle révolutionnaire et prendre, elles aussi, le chemin de l'exil?

Le dix-neuvième siècle a donné plusieurs historiens de saint Pierre Fourier, tous unanimes à louer les vertus héroïques de la généreuse Mère : M. l'abbé Chapiat, M. l'abbé Barthélemy de Beauregard, M. le comte de Lambel, Mme la comtesse de Flavigny. M. Chapiat a même écrit spécialement la vie de la vénérable, en même temps que l'histoire de la Congrégation.

A Trèves, jusqu'à l'expulsion des religieuses au Culturkampf, on faisait, chaque année, au 9 janvier, une procession aux flambeaux, en chantant les vertus de la vénérable, en une sorte de litanies composées par un pieux ecclésiastique.

Après la guerre franco-allemande de 1870, le monastère de Presbourg, en Hongrie, fut témoin d'une guérison extraordinaire. Une jeune novice était malade, phtisique au dernier degré et condamnée par les médecins. Les religieuses invoquèrent la vénérable fondatrice, qui s'était toujours montrée si bonne à l'égard des infirmes et des malades. Elles lui promirent de donner son nom à la novice, si elle guérissait promptement. Elle guérit effectivement bien vite et devint religieuse sous le nom béni de la vénérable fondatrice.

En 1880, on vit se lever un noble chevalier qui, épris de la vertu, du caractère, du rôle de la Mère Alix, entreprit de promouvoir sa cause dont les malheurs des temps avaient forcé de suspendre les travaux préparatoires. C'était M. le comte Gandelet. En 1882, il réédita le travail de 1666, c'est-à-dire la *Relation*, les *Eclaircissements*, les *Mémoires*, les *Opuscules* : mesure excellente, moyen même nécessaire pour faire connaître l'héroïne et raviver son souvenir. Il chercha à compléter les lacunes de ce travail déjà ancien et publié sans être coordonné. Puis cet infatigable et zélé promoteur de la cause d'Alix dépensa généreusement vingt années de sa vie à recueillir les documents qui devaient permettre d'ouvrir le procès de béatification de la vénérée Mère. Avec un dévouement digne de tout éloge, il publia, pendant neuf ans, les *Fleurs de Notre-Dame*, revue mensuelle, honorée d'un bref de Sa Sainteté Léon XIII, où il donnait le fruit de ses recherches.

Cette publication lui permit de faire instruire le procès de l'Ordinaire et de soutenir à Rome l'introduction de la cause.

Le 3 décembre 1885, Mgr de Briey, évêque du diocèse de Saint-Dié, auquel appartient la ville de Remiremont, constitua un tribunal pour recevoir les informations canoniques concernant le procès de la Mère Alix. Singuliers desseins de la Providence ! Le pieux prélat qui reprenait la cause, comptait, parmi ses ancêtres, ces d'Apremont qui avaient été si dévoués aux intérêts de la Congrégation naissante de Notre-Dame.

Il voulut être le premier à déposer au procès *de fama sanctitatis*, c'est-à-dire sur la réputation de sainteté et de vertu, pendant que le cardinal Langénieux, archevêque de Reims, instituait une commission particulière pour le même objet et déposait à son tour.

Le tribunal, constitué par Mgr de Briey, se transporta à Mattaincourt, où les chanoines réguliers de Latran eurent l'honneur de recevoir ses membres. Au monastère de Notre-Dame, il entendit les témoins et spécialement les religieuses de diverses maisons de la Congrégation.

Un second procès fut ouvert à Nancy sur le non-culte : *de non cultu*, pour constater qu'on n'avait point rendu à la vénérable de culte public. Les deux procès durèrent trois ans et comptèrent cent trente séances et soixante témoins. Les actes forment deux volumes in-4° de dix-huit cents pages en tout.

M. le comte Gandelet fut chargé de porter les actes à Rome et, le 9 janvier 1888, il les déposait au secrétariat de la Congrégation des Rites.

En 1889, paraissait une nouvelle vie de la Mère Alix publiée par les religieuses de Notre-Dame de Lunéville, écrite, dit le rapport émanant de l'évêché de Saint-Dié, « avec autant d'exactitude doctrinale et historique que de piété et d'onction. »

En 1891, la Congrégation des Rites demanda les lettres postulatoires des cardinaux, archevêques et évêques. M. le comte Gandelet envoya plus de cent adhésions épiscopales. Puis, il fit remettre un mémoire à sa Majesté l'empereur d'Autriche, roi de Hongrie, dans lequel il attirait l'attention bienveillante de l'auguste souverain sur cette cause, autrefois entreprise par ses aïeux, les ducs de Lorraine.

En réponse à ce mémoire, Sa Majesté impériale et royale voulut, de sa propre main, écrire au souverain Pontife pour appuyer devant lui, de son haut patronage, la béatification de l'illustre vierge de la Lorraine. Il le fit en des termes inoubliables, le 27 février 1897.

Quelques mois plus tard, à la demande du comte Gandelet, S. A. R. le duc de Parme joignait ses vœux à ceux de l'empereur d'Autriche pour hâter l'heureux succès de cette béatification.

En 1895, Rome ordonna le procès des *Ecrits* de la servante de Dieu. L'évêque de Saint-Dié, Mgr Foucault, le fit instruire et en expédia les actes à Rome. Ce procès reçut, par un décret du 10 décembre 1895, l'approbation de la Congrégation des Rites.

Les noms du fondateur et de la fondatrice se mêlaient heureusement à Rome. En effet, en 1897, le 27 mai, au jour de l'Ascension, avait lieu dans la basilique de Saint-Pierre du Vatican, la canonisation de saint Pierre Fourier. L'année suivante, le 24 août, parurent les Objections de la Foi à la cause de la Mère Alix. La Réponse y fut faite le 22 novembre 1898.

Enfin, le décret d'introduction de la cause parut le 11 février 1899. Le pape Léon XIII l'approuva le 21 du même mois. La servante de Dieu, la Mère Alix le Clerc, en religion Mère Thérèse de Jésus, fondatrice de la Congrégation de Notre-Dame, portait désormais le titre de vénérable.

Ce fut une grande joie dans toutes les maisons de la Congrégation et on célébra cet événement par un triduum solennel. C'était le dernier rayon de soleil qui s'abaissait sur la Congrégation avant les douleurs de l'exil, les expropriations, les confiscations et les ventes.

Nous aimerions à refaire ici, pour les amis de la Congrégation, la statistique exacte de ses maisons que la persécution religieuse a bouleversées de fond en comble; mais ce travail, à notre avis, serait prématuré. Sans doute, plusieurs maisons de Notre-Dame ont acquis depuis lors un nouveau domicile assuré, autant qu'il peut l'être en nos temps troublés; ainsi le Roule a ressuscité à Bruxelles la maison que les religieuses de Saint-Nicolas y avaient fondée en 1643; trois monastères de la Congrégation ont émigré en Angleterre, les Oiseaux à Westgate au comté de Kent, Versailles à Hull, Orbec à Saint-Leonards on Sea; Lunéville revit à Vught près Bois-le-Duc, Gray à Ubbergen-lez-Nimègue; Reims est installé à Burnot, pro-

vince de Namur, Verdun à Arlon, Mattaincourt à
Törökbalint en Hongrie, etc. Mais il est d'autres
maisons qui sont encore pour ainsi dire sur le qui-
vive, hésitent et attendent l'heure de la Providence.
Puisse-t-elle bientôt sonner pour elles et puisse,
après l'orage, la Congrégation compter le même nombre, que dis-je? un bien plus grand nombre de maisons, en vertu de cet adage que le vent de la persécution porte au loin et multiplie les semences de
vie! Avec la grâce de Dieu et la protection de
saint Pierre Fourier et de la vénérable Mère Alix
le Clerc, la Congrégation réparera ses pertes et
gardera ses conquêtes.

En 1903, M. le comte Gandelet publiait une nouvelle vie de la vénérable « qui se distingue, écrivait l'archevêque d'Avignon, non seulement par l'é-
légance et la correction du style, mais encore par
la richesse et la puissante mise en œuvre des documents qu'il a su recueillir. » C'était le digne cou-
ronnement des efforts du noble comte en faveur
de la vénérable.

En 1904, s'ouvrait à Nancy le procès apostolique. La première partie a été présentée à Rome
et approuvée en 1908. La dernière partie est en
cours devant le même tribunal. Les pièces en seront transmises à Rome pour l'examen, et c'est après
leur approbation que pourront s'ouvrir, devant la
Congrégation des Rites, les débats sur l'héroïcité
des vertus que suivra la discussion des miracles

et que couronnera, c'est là notre désir et notre espérance, le décret de béatification.

La Mère Alix a le titre de vénérable. Dieu en
soit loué! Mais notre ambition ne peut s'arrêter
là. Nous faisons les vœux les plus ardents pour
qu'elle échange bientôt ce titre contre celui de bienheureuse et de sainte. C'est aussi le vœu, non
moins ardent, de toutes les religieuses, de toutes
les élèves et des nombreux amis de la Congrégation
de Notre-Dame.

Aux vœux sincères et constants nous joindrons
nos prières ferventes et persévérantes, afin que,
par son intercession, éclatent des miracles qui ob-
tiennent du Saint-Siège une décision favorable (1).

Enfin si notre piété filiale attend des titres au-
thentiques pour rendre à la vénérable des homma-
ges publics, nous mettrons notre gloire et notre honneur à marcher immédiatement sur ses traces et
à reproduire ses éminentes vertus, en notre qualité d'enfants des saints : *Filii sanctorum sumus.*

Que les religieuses de Notre-Dame ambitionnent
pour la vénérable les honneurs de l'Eglise, certes

---

1. Dans plusieurs maisons de la Congrégation, on a pris
le jeudi comme jour spécialement consacré à la vénérable
Mère, tandis que le lundi est le jour plus spécialement destiné
à honorer saint Pierre Fourier. Le jeudi de chaque semaine,
on pourrait donc se liguer dans les monastères, religieuses et
élèves, pour solliciter d'une manière plus instante les mar-
ques de la puissance de la vénérable sur le cœur de Dieu.
On peut aussi, dans le même but, faire des neuvaines se terminant le 9 janvier, anniversaire de sa mort et le 2 février,
anniversaire de sa naissance et de son baptême.

rien de plus naturel, rien de plus juste, rien de plus filial; mais n'est-il pas très juste également que les enfants, élevées par elles, se liguent à leur tour pour obtenir cette faveur?

N'est-ce pas pour elles, enfants, jeunes filles, plus tard mères de famille ou épouses de Notre-Seigneur, que la vénérable a travaillé avec tant de zèle à l'établissement de la Congrégation de Notre-Dame? Ne sont-elles pas l'objectif bien-aimé de la fondatrice et de ses filles, le but de leur vocation, de leurs vertus, de leurs prières, de leurs efforts, but garanti par un vœu? Ne sont-elles pas, ces enfants, la vie de leur vie? Qu'elles n'oublient pas, en particulier, les travaux, les souffrances, les épreuves, les mortifications de la vénérable Mère, toutes choses dont elles sont le motif. Qu'elles se souviennent, — et quel souvenir! — qu'elles sont ce Jésus, remis un jour par Marie aux mains d'Alix, et qu'en réponse à ce geste d'amour, elles donnent une telle somme de prières, d'efforts et de sacrifices, qu'elles fassent violence au ciel, pour obtenir que la vénérable Mère Alix soit placée bientôt sur les autels, à côté de saint Pierre Fourier.

Ensemble à la peine! Ensemble à la gloire!

APPENDICE

I.

DIVERS INSTITUTS DE NOTRE-DAME

Il n'est peut-être pas inutile de grouper ici les titres des congrégations qui ont dans leur vocable le nom de Notre-Dame et d'indiquer les différences qu'il y a entre elles, afin de prévenir ainsi les confusions.

1º La *Congrégation de Notre-Dame*, fondée à Mattaincourt par saint Pierre Fourier et la vénérable Mère Alix, commencée en 1597 et approuvée par Mgr Christophe de la Vallée, le cardinal de Lorraine, Mgr de Maillane, et par les papes Paul V, Urbain VIII, Innocent X.

2º Les *Filles de Notre-Dame*, fondées à Bordeaux, sous les auspices du cardinal de Sourdis, par la bienheureuse Jeanne de Lestonac et approuvées par le Saint-Siège en 1606.

3º Les *Pauvres Sœurs des écoles de Notre-Dame*, fondées par l'abbé Job, sous la protection de Mgr Witteman, évêque de Ratisbonne, en 1633, reconnaissent saint Pierre Fourier comme leur patriarche dont elles ont emprunté en partie les Constitutions. La Congrégation a une maison-mère à Munich et une autre aux Etats-Unis. Chacune d'elles a environ 200 succursales.

4º Les *Filles séculières de Notre-Dame*, fondées par la vénérable Marguerite Bourgeois, Enfant de Marie de la Congrégation externe des religieuses de Notre-Dame à Troyes. L'institut a été commencé au Canada en 1653, approuvé par Mgr de Québec en 1676 et ses règles signées à Montréal en 1698. Maison-mère à Montréal; 70 maisons en Amérique.

5º Les *Sœurs de Notre-Dame*. Cet institut fondé par la bienheureuse Julie Billiart a été commencé à Amiens, le 2 février 1804, approuvé par Mgr Pisani de la Gaude, évêque de Namur, le 8 septembre 1818, et par décret pontifical le 28 juin 1844. Maison-mère à Namur, avec 117 succursales en Belgique, en Angleterre, en Amérique, au Congo et au Zambèze.

6º Les *Pauvres Sœurs de Notre-Dame*, fondées, en 1853, par M. l'abbé Schneider, mort en odeur de sainteté. Leurs premières novices ont été formées à Munich par les Pauvres Sœurs des écoles Notre-Dame. Maison-mère à Horazdowitz avec 45 succursales en Bohème.

7º Le *Tiers-Ordre de la Congrégation de Notre-Dame*, fondé à Moulins, en 1853, par les religieuses de la Congrégation de Notre-Dame du monastère de cette ville, sur les désirs du gouvernement et avec l'approbation de Mgr de Dreux-Brézé, évêque du diocèse. Il est destiné aux écoles de la campagne.

Toutes ces congrégations ont pour but l'enseignement.

II.

ORDRE CANONIAL

Nous croyons à propos d'indiquer ici l'origine de l'ordre canonial.

Par son côté distinctif et essentiel, il est né avec le sacerdoce que Jésus-Christ institua à la dernière cène. Et c'est pourquoi l'arbre de l'ordre, parfaitement conçu, plonge ses racines au cénacle où l'on voit Notre-Seigneur avec ses apôtres. Pour ce qui constitue son genre spécial de vie, l'ordre canonial reconnaît pour ses fondateurs les apôtres eux-mêmes et particulièrement saint Marc qui établit dans l'Eglise d'Alexandrie la vie commune du clergé.

Le chanoine régulier professe deux choses : la perfection et la cléricature; la perfection, comme les moines, la cléricature qui lui est essentielle, tandis qu'elle ne l'est pas au moine. Il appartient à la hiérarchie. Saint Thomas appelle les chanoines réguliers *clerici religiosi*, des clercs religieux. Ce sont des prêtres vivant en communauté sous une règle.

« Leur point de départ, dit le cardinal Pie, ce n'est rien moins que la société et la vie commune de Jésus et de ses apôtres, type sur lequel s'était établie la primitive et toujours regrettable communauté de l'évêque et de ses prêtres. »

« Dès l'origine, dit à son tour le P. Lacordaire, Jésus-Christ, le premier des prêtres, sut unir dans sa vie la famille et la virginité, appelant autour de lui des disciples qui mangeaient à sa table, couchaient sous son toit, voyageaient à sa suite, le servaient et en étaient servis. Le Collège apostolique, héritier de ce grand exemple, n'oublia point de l'imiter. Les évêques primitifs s'entourèrent aussi d'une communauté qu'on appela leur *Presbyterium*, et saint Augustin, l'un d'entre eux, donna au sien cette fameuse règle qui porte son nom ». Un grand nombre de papes et de docteurs assignent à l'ordre canonial la même origine.

Quand se produisit la dissolution et la sécularisation de la majeure partie des chapitres des cathédrales et des collégiales, il se forma peu à peu de la part des chanoines, jaloux d'observer l'ancienne discipline, des collégiales spéciales qui se convertirent ensuite en abbayes et en prieurés sous la dépendance des évêques diocésains. Ces familles en produisirent d'autres, qui naturellement gardaient les lois de subordination immédiate avec celles qui leur avaient donné le jour, et ainsi naquirent les diverses congrégations de chanoines réguliers, lesquelles ne cessèrent de grandir en importance ou par de nouvelles fondations ou par l'adjonction d'autres monastères ou maisons canoniales.

Parmi ces diverses et nombreuses congrégations, nous pouvons citer celles du Saint-Sépulcre, de Saint-Ruf, de Saint-Victor, de Sainte-Geneviève, de Windesheim,

des Croisiers, des Prémontrés qui forment un ordre spécial, de Notre-Sauveur, dont Pierre Fourier mourut général, la jeune congrégation des chanoines réguliers de
l'Immaculée-Conception, fondée par le Rme P. Abbé dom
Gréa. Une des plus célèbres et des plus anciennes est
celle des chanoines réguliers de Latran.

On ne peut facilement assigner une date bien précise à
l'origine de cette congrégation.

Dès le temps du pape saint Sylvestre, des clercs furent
attachés à la basilique de Latran. Quand saint Gélase,
disciple et clerc de saint Augustin, chassé de l'Afrique,
lors de l'invasion des Vandales, vint à Rome, il fut incor-
poré par saint Léon le Grand au clergé de Saint-Jean de
Latran. Il le réforma en introduisant ou en restaurant la
vie régulière et commune parmi les clercs de cette basilique, qui, comme première église du monde et cathédrale
de Rome, donna au chapitre qui la desservait la préémi-
nence sur toutes les autres de la capitale du monde catholique.

L'ordre canonial compte 36 papes dont les plus célèbres
sont : saint Léon le Grand, saint Gélase, saint Grégoire II,
Alexandre II, Pascal II, Honorius II, Lucius II, Alexandre
III, Honorius III, Innocent III.

Outre les saints déjà désignés, l'ordre canonial en compte une foule d'autres : Saint Prosper d'Aquitaine, saint
Patrice, évêque et apôtre de l'Irlande, saint Eusèbe de Ver-
ceil, saint Gaudence de Novare, saint Isidore de Séville,
saint Ubald, saint Eucher, saint Remi, saint Yves de
Chartres, saint Laurent Justinien, saint Jean d'Osterwyk,
saint Pierre d'Arbuès, saint Pierre Fourier, le bienheureux Ruysbroek, saint Rombaut, etc., etc.

Il y eut aussi, dès le commencement, des congrégations
de femmes vivant de la vie canoniale et complétant pour
ainsi dire les congrégations d'hommes du même nom. Ci-
tons les chanoinesses du Saint Sépulcre, les dames An-
glaises de Bruges, les chanoinesses de Saint-Trudon, à
Bruges, les chanoinesses d'Ypres et un grand nombre de
chanoinesses hospitalières.

Par une bulle d'Urbain VIII, 28 août 1628, les religieuses de la Congrégation de Notre-Dame furent affiliées à l'ordre canonial avec tous ses privilèges. Aussi récitent-elles l'office des saints chanoines réguliers.

III.

CONFRÉRIE DU SAINT ENFANT JÉSUS

Si nous consultons l'histoire des ordres religieux et la vie des saints, tout semble nous autoriser à attribuer la gloire d'avoir institué la première confrérie de l'Enfant-Jésus à saint Pierre Fourier.

Contemporain du R. P. Cyrille, l'apôtre zélé du culte de l'Enfant miraculeux de Prague, et de la vénérable Marguerite du Saint-Sacrement, carmélite de Beaune, le saint curé de Mattaincourt établit, en 1635, une confrérie de l'Enfant Jésus parmi les jeunes écoliers des chanoines réguliers de Saint-Léon de Toul, ses confrères, comme le prouvent les extraits suivants de ses lettres.

En décembre 1634, il écrit de Belchamps au P. Manceau :

« *Gratia vobis et pax a Deo Patre et puero Jesu pleno gratiæ et veritatis* (c'est-à-dire : A vous grâce et paix de la part de Dieu le Père et de l'Enfant-Jésus, plein de grâce et de vérité.)

Mon révérend Père,

Votre Révérence a demandé la copie des articles de notre confrérie. La voilà donc. Si votre prudence et votre piété jugent qu'il soit bon d'essayer à l'établir à ce nouvel an chez Saint-Léon de Toul, ce sera très bien fait d'en parler de bonne heure (c'est-à-dire dès aujourd'hui), à M. le prieur, et de nous y conduire ou pour la laisser là ou pour la prendre, ainsi qu'il lui plaira. Ce n'est pas assez de faire des bonnes œuvres, mon révérend Père, mais il les faut bien faire. Au cas qu'elle se montre (ou pour mieux dire, qu'elle commence à se montrer) pour ce beau jour, ainsi que nous le désirons et l'espérons, ce crois-je, ce sera bien fait de coudre 10 ou 12 feuillets de papier pour écrire les noms des enfants qui se présenteront et diviser tout ce petit régiment des soldats de Jésus comme en trois escadrons séparés, en trois endroits du livre.

Le 1er sera des petits anges qui sont au-dessous de l'âge de sept ans, qui postulent et attendent avec une pieuse et enfantine espérance que l'âge les avance au 2e rang, où sont enrôlés ceux de 7 ans et au-dessus jusqu'à 14 complets.

Le 3e est pour ceux qui passent les 14 et militent sous le nom de Confrérie de Notre-Sauveur.

Lorsqu'ils demanderont, (il) conviendra les interroger et savoir d'eux, chacun à part, s'ils ont bonne volonté d'imiter l'obéissance, modestie et autres vertus que pratiquait l'Enfant Jésus, lorsqu'il était au même âge qu'ils ont présentement, (faudra leur expliquer brièvement qui est cet Enfant Jésus : le Fils de Dieu qui a créé le ciel et la terre, etc.)

En cette 1re proposition, conviendra leur exposer, selon leur petite capacité, les grands biens qui leur en reviendront en ce monde et en l'autre.

En 2e lieu, on leur demandera si c'est leur intention de conserver en leurs âmes la grâce du Baptême, et ainsi des quatre autres points qui suivent celui-ci.

3o On leur proposera les règles qui commencent ainsi : « Avoir en général un grandissime désir, etc. »

Si les pères et mères amènent leurs enfants, on pourra leur remontrer en gros le grand profit qu'ils en tireront eux-mêmes ; le grand trésor que c'est d'avoir de bons enfants, qu'ils en seront mieux aimés et secourus, etc., qu'ils auront part ès-messes et prières qui se feront et ès-litanies qui se diront en cette confrérie. Il importe beaucoup de la faire estimer par les pères et mères et de les y rendre bien affectionnés. J'espérais déjà beaucoup de cette bonne œuvre, mais depuis que je vois que Mgr de Toul l'approuve si dévotement et en attend du bien, c'est encore tout autre chose de mes désirs en cela et de mes espérances que ce n'était auparavant.

J'envoie douze petits *Agnus Dei* à votre Révérence pour étrenner les douze enfants qui se présenteront les premiers. Il y en a deux qui sont plus beaux que les autres dix; c'est pour ceux qui seront venus et auront demandé les tout premiers des douze. Je prie votre Révérence qu'ils soient distribués fidèlement à ces douze-là, qui seront comme les prémices de tout ce régiment. Je présume que ceux qui n'en auront point ne se dépiteront pas et ne perdront pas courage.

Votre toujours plus indigne et inutile frère et serviteur,

P. FOURIER.

Le lundi 1ᵉʳ janvier 1635, il écrivait de Belchamps au même Père :

Gratia vobis et pax annusque felicissimus et faustissimus à Deo Patre et Domino Jesu Christo Salvatore nostro. (A vous grâce, paix et année heureuse et favorable de la part de Dieu le Père et du Seigneur Jésus-Christ, notre Sauveur.)

L'aise, le plaisir, le contentement indicible que je ressens à écrire ou à parler de ces matières me transportent et me font oublier de moi-même et de plusieurs autres choses aussi.

J'envoie une image de Notre-Dame pour étrennes à votre confrérie : il y a un petit saint Jean qui embrasse Notre-Seigneur, il est au réciproque embrassé par lui.

C'est comme un portrait de ce qui se fera spirituellement entre l'Enfant Jésus et les petits innocents de cette confrérie. »

Les Annales du collège de Saint-Bening à Aoste disent de saint Pierre Fourier qu'il a jeté les premiers desseins de cette confrérie et qu'il en a fait les premiers règlements. Ces traditions se sont perpétuées dans les maisons de la Congrégation. C'est pour les continuer mieux encore que, sur les instances des religieuses et des élèves de la Congrégation de Notre-Dame en la maison du Roule, une confrérie de l'Enfant Jésus a été érigée canoniquement à Rome, le 17 décembre 1897, dans l'église de la Sainte Famille que desservaient alors les chanoines réguliers de Latran. Elle a été élevée au rang d'archiconfrérie, par bref du 12 septembre 1902. Enfin le siège en a été transféré en l'église paroissiale de Saint-Joseph, via Nomentana, par décret du Cardinal-Vicaire, en date du 5 mars 1909. C'est donc au Supérieur des chanoines réguliers qui desservent cette église, qu'il faut s'adresser pour affilier les confréries du Saint Enfant Jésus érigées canoniquement par l'Ordinaire.

La première confrérie affiliée à l'archiconfrérie de Rome fut celle du Roule.

La seconde confrérie érigée en l'honneur de l'Enfant Jésus et affiliée à l'archiconfrérie l'a été par Mgr Bressan, vicaire général de Son Eminence le cardinal Sarto, patriarche de Venise, aujourd'hui Pie X glorieusement régnant.

IV

DÉVOTION AU SACRÉ-CŒUR

DANS LES MAISONS DE NOTRE-DAME

Le Sacré-Cœur de Jésus a rayonné non seulement sur les débuts de la Congrégation, mais encore sur ses développements. Nous nous bornons à citer ici quelques traits et notamment l'origine du mois du Sacré-Cœur.

Le mois du Sacré-Cœur est dû à l'initiative d'une élève de la Congrégation de Notre-Dame, du couvent des Oiseaux, Angèle de Sainte-Croix. Elle avait passé huit ans au pensionnat sans avoir pu obtenir le seul titre qu'elle ambitionnât: celui d'Enfant de Marie. — Que faire, disait-elle à une des religieuses du monastère pour toucher le cœur de Marie et par Elle celui des associées? — Il me semble, répondit la Mère, qu'un des meilleurs moyens de gagner le Cœur de Marie, c'est d'honorer celui de Jésus. Le priez-vous tous les jours? — Oui, ma Mère, depuis longtemps je ne passe aucun jour sans réciter la petite consécration qui est dans nos cantiques. Puis, je ne sais pourquoi, pendant tout ce mois de mai je n'ai demandé avec le titre d'Enfant de Marie qu'une grande dévotion au Sacré-Cœur. Au fait, ce matin, dans mon action de grâces après la sainte communion, je me suis demandé pourquoi il n'y aurait pas un mois du Sacré-Cœur, comme il y a un mois de Marie. — Rien ne s'y oppose, mais il faudrait un livre, proposer la chose au pensionnat et prendre les moyens sûrs de le faire agréer. Après avoir débattu ces deux points, Angèle décida de laisser l'initiative de la proposition à Augustine G., premier médaillon de sagesse. Pour les lectures on puisera dans la vie et les écrits de la bienheureuse Marguerite-Marie, dans les Pères Nouet et Galiffet.

Mais, pour aboutir, il fallait des autorisations et le

temps pressait; car Angèle voulait que le mois du Sacré-Cœur fît suite au mois de Marie, lequel était commencé. Maman Sophie (la vénérée supérieure) donna toute permission de faire les propositions à Mgr de Quélen. Car, ajouta-t-elle, cette entreprise est toute vôtre, et je vous la laisserai conduire seule. Bien que cet arrangement ne plût qu'à demi à notre apôtre, il en prit son parti. Le Sacré-Cœur, la sainte Vierge l'aideraient, et puis Monseigneur était si bon. La sainte Vierge l'aidait visiblement, puisque le 27 mai, Angèle était reçue parmi ses Enfants. Monseigneur vint faire visite le 29. Les élèves entouraient le pontife. Angèle attendait le moment propice. Sur un signe de maman Sophie, elle s'avance et expose son projet. Sans hésiter et avec une grâce charmante, Mgr l'accepte. « Nous ferons le mois du Sacré-Cœur, ajoute-t-il, pour la conversion des pécheurs et pour le salut de la France. » Lui-même en règle les détails. « Afin, dit-il, de ne pas innover, nous suivrons la coutume déjà établie d'honorer pendant trente-trois jours de prières les trente-trois années de la vie de Notre-Seigneur. Il y aura un numéro pour chacun de ces trente-trois jours, dont le premier sera cette année le 11 juin, afin que le dernier tombe le troisième dimanche de juillet, désigné alors dans le diocèse pour célébrer la fête du Sacré-Cœur à laquelle ces exercices serviront de préparation. Chaque numéro sera assigné par le sort aux élèves, aux religieuses et même aux personnes du dehors. Chacun s'efforcera surtout de remplir le jour assigné par la communion et par toute sorte de prières, de bonnes œuvres et de mortifications, etc. Enfin, tous les vendredis du mois, je vous permets un salut du Saint-Sacrement, et tenons-nous en là pour cette année : *car plus tard qui sait !* »

Tel fut le premier essai; plus de huit cents personnes secondèrent cette institution, et ce nombre eût été plus considérable, si on avait pu commencer plus tôt. Le 11 juin arrivé, les élèves, exhortées par Angèle et Augustine, commencèrent solennellement le mois. Chaque jour, pen-

Ancien tableau de la maison de Jupille.

S. PIERRE FOURIER ET LA MÈRE ALIX ENSEIGNANT AUX ENFANTS L'AMOUR DU SACRÉ-CŒUR

dant la messe, cantique au Sacré-Cœur; après la messe,
consécration au Sacré-Cœur, lecture sur cette dévotion,
chant du *Cor Jesu* qui remplaçait le *Monstra te* au commencement de la récréation. La maîtresse du pensionnat
avait fait placer dans chaque classe l'image en relief
du Sacré-Cœur couronné d'épines et surmonté d'une croix.
Cette exposition rappela souvent à plus d'une enfant ses
bonnes résolutions. Angèle y veillait d'ailleurs. Tous les
vendredis, pendant le déjeuner, elle faisait, dans la chaire
de la lectrice, des homélies d'autant mieux écoutées qu'elle les appuyait de son exemple; aussi toutes les élèves
étaient-elles pleines d'ardeur. Celles du même numéro se
réunissaient la veille et convenaient des pratiques à
ajouter aux exercices communs : esprit de recueillement
et d'adoration perpétuelle au milieu même des études et
des jeux ordinaires, communion spirituelle pour celles
qui n'avaient pas encore fait leur première communion.
Ce mois du Sacré-Cœur, célébré avec tant de ferveur, se
clôtura le 15 juillet 1833 dans la chapelle des Enfants
de Marie, puisque l'idée de ce mois était venue de Marie
elle-même. On fit une consécration au Sacré-Cœur et
on brûla avec l'encens, au pied de l'autel, les billets
qui contenaient les actes de vertus pratiqués chaque jour
par la petite famille. On sait que la célébration du mois du
Sacré-Cœur s'est propagée rapidement dans le monde
catholique. Le petit livre composé pour la circonstance
a vu ses éditions se multiplier. Il a été traduit en alle-
mand *(Mémorial des Enfants de Marie.)*

Rappelons ici que la chapelle des Oiseaux a été dédiée au Sacré-Cœur et consacrée en 1841 par Mgr Affre.
Cet exemple de chapelles dédiées au Sacré-Cœur a été
suivi par la communauté de Mattaincourt (1892), et plus
tard en Hollande par les communautés de Vught en 1909,
d'Ubbergen en 1910 et de Törökbalint en Hongrie.

A propos de la dévotion au Sacré-Cœur, nous devons
une mention spéciale au monastère de Notre-Dame de
Strasbourg. Il y a dans cette maison un tableau représentant les religieuses entourant le Sacré-Cœur et lui offrant

leurs cœurs. Ce tableau date de 1730 environ. C'est un souvenir de la consécration des religieuses récemment établies dans le beau couvent octroyé par la reine Marie Leczinska. La consécration fut faite dans la salle du chapitre par tous les membres composant la communauté, et la reine, qui voulut s'y associer avec son royal époux, est représentée par la couronne royale qui surmonte le Cœur Sacré de Jésus.

Enfin dans cette note nous ne pouvons oublier l'Abbaye-aux-Bois. Sur une inspiration d'en haut, la Mère Saint-Ambroise réalisa dans la nuit de la Toussaint 1801 un projet antérieur à 1790, d'établir l'Adoration perpétuelle du Sacré-Cœur de Jésus au Très-Saint Sacrement dans la communauté alors groupée à l'hôtel de Chaulnes.

V

LA MÈRE GANTE ANDRÉ

Gante André, en religion Claire de Saint-Ignace, naquit à Mattaincourt d'une famille de laborieux industriels. « Elle montra dès l'enfance, dit le P. Bedel, un caractère ferme et viril, et la bonté de son âme la rendait accessible à toutes les souffrances, à toutes les misères. Il semble que la miséricorde de Dieu ait prévenu Gante, lui donnant d'une main libérale toutes les dispositions nécessaires pour être une pierre fondamentale de ce bel édifice (le nouvel institut), et des forces pour supporter généreusement toutes les fatigues qui sont inséparables de ces commencements. Elle était d'une complexion robuste, d'une santé ferme, d'un courage à vaincre toutes les difficultés et d'un sens commun si solide que les plus avisés des hommes ne craignaient pas de recourir à elle dans les affaires les plus embrouillées. »

Etant toute petite, elle avait tant de compassion pour les pauvres qu'elle prenait tout ce qu'elle pouvait chez

ses parents pour en faire des aumônes. A cet âge où
l'enfant fuit instinctivement la douleur, elle imprima
avec un fer chaud une grande croix sur un de ses bras,
pour montrer à quel maître elle voulait appartenir désormais, prenant de bonne heure le cachet que l'Epoux demande sur le cœur et sur le bras de sa bien-aimée. Elle avait
dix-sept ans quand elle se fit la compagne d'Alix. Elle
était avec elle le 25 décembre 1597, à la fameuse nuit
de Noël, à la retraite des billets en 1598 à Poussay, au
retour de Poussay à Mattaincourt, au pèlerinage de Saint-
Nicolas. En 1602, à la fondation de Saint-Mihiel, elles furent encore ensemble, pendant presque une année entière, mais c'était la Mère Gante qui était supérieure,
En 1605, elle dirigea la maison de Saint-Nicolas.

Ecrivant au Bon Père, elle lui donnait de bonnes nouvelles de la maison, mais se plaignait du départ de plusieurs pensionnaires et se disait bien pauvre : « Je vous
supplie, lui répondait-il, persévérez en ce contentement
et grande fiance que (vous) avez en Dieu, sans vous mettre désormais en peine de vos écolières. Quand bien
même elles s'en iraient toutes et dès aujourd'hui, c'est
peu de chose: (d') autres plus sages, plus fermes et
plus constantes y reviendront quand Notre-Seigneur le
jugera bon; et même si point d'autres ne se présentent si
tôt, ne vous en affligez aucunement, encore qu'au reste,
en même temps, toutes autres aides humaines semble-
raient vouloir vous manquer. Je vous enseignerai une
grande fontaine pleine de tous biens : d'or, d'argent, de
bois, d'huile, etc., où il ne faut que puiser, et si est toujours ouverte et à commandement pour les personnes
qui vivent comme je pense que vous faites. Ne craignez, mes bonnes sœurs, rien ne vous manquera. Ce
que je dis, non tant pour vous consoler ou autrement ex-
horter à mettre toute votre espérance en ce Seigneur
tout-puissant que vous servez si fidèlement, que pour
confirmer et louer le contentement et la fiance que vous
avez en lui, ainsi que vous me le dites par vos lettres. »

Au cours de l'année 1608, Mère Gante revint à Saint-

Mihiel et elle commença la chapelle. Elle n'avait que quarante francs, mais elle pensait, comme sainte Thérèse, que si Dieu voulait bien, à sa prière, se mettre en troisième ou plutôt en premier, Gante et 40 francs pouvaient suffire. Il en fut ainsi, en effet, grâce à son activité personnelle et aux libéralités de Mme Païen. Elle avait commencé la chapelle avec 40 francs, elle l'acheva promptement et sans aucune dette. C'est alors (1611) qu'elle songea à faire transporter et inhumer dans le nouveau sanctuaire les restes de Mme d'Apremont laissés à Poussay. On se souvient que cette noble chanoinesse avait fait don aux filles de saint Pierre Fourier de sa maison de Saint-Mihiel.

Mgr de Maillane, alors administrateur du diocèse de Verdun, sur la demande de la Mère Gante et de saint Pierre Fourier, sollicita et obtint des dames chanoinesses de Poussay, l'autorisation de transporter à Saint-Mihiel la dépouille mortelle de Mme d'Apremont. Le saint curé, la Mère Gante, avec une de ses compagnes et le chapelain de la communauté de Saint-Mihiel, se rendirent à Poussay et assistèrent à l'exhumation. Les ossements furent déposés dans un cercueil de plomb et placés sur la voiture de Mme de Gournay, sœur de Mme d'Apremont et femme du bailli de Nancy. On se mit en route en ce modeste cortège. Toutes les fois qu'on approchait d'un village, on prévenait le curé de la paroisse qui venait en surplis et en étole conduire le corps à l'église. Là on chantait quelques psaumes, on distribuait des aumônes et on se remettait en route. Au bout de quelques jours on arriva au terme du voyage, et le corps de Mme d'Apremont fut inhumé dans la chapelle du couvent en attendant que le cercueil en fût tiré, en 1662, pour être déposé au caveau du monastère.

C'est à l'occasion de cette translation que le saint fondateur vit la nouvelle construction pour la première fois. Il n'en dit pas mot à la Mère Gante, comme si cette chapelle avait toujours existé. La Mère conta sa peine au prieur des Bénédictins qui sourit et lui fit

S. PIERRE FOURIER BÉNIT DE GRAY LES RELIGIEUSES DE SAINT-MIHIEL

comprendre que le saint homme avait voulu l'éprouver par son silence.

Un autre jour encore, il lui dit les choses les plus dures, mais il ajouta, pour relever son courage : « Je fais comme un joueur de luth, qui, voyant une grosse corde à son instrument, se dit à part soi : Oh! si cette corde pouvait souffrir le tour entier de la cheville, le bon son qu'elle donnerait! De même, si vous étiez bien mortifiée, quelle gloire vous rendriez à Dieu! quel service au prochain! Notre-Seigneur aimait beaucoup saint Pierre, et cependant il le reprenait avec bien de la dureté jusqu'à l'appeler Satan. »

Dans les premiers mois de 1613, la mère Gante fut envoyée à Nancy pour gouverner la maison, elle y demeura jusqu'à la fin de 1615. C'est la Mère Alix qui lui succéda à son retour de Paris. Rentrée à Saint-Mihiel, elle déploya une telle activité à construire le monastère, qu'elle fut prête avant Nancy.

Ecoutons le récit du P. Bedel : « Etant à Saint-Mihiel, elle perdait patience qu'elle ne se vît logée régulièrement, ce qui la fit entreprendre ce bâtiment lorsqu'elle n'avait pas de provisions pour payer le travail d'une semaine. Mais la divine Providence lui a toujours été une fidèle trésorière qui ne lui a pas manqué au besoin. Pour animer les ouvriers par son exemple, elle couvrait ses habits de quelques vieux torchons et s'en allait à l'atelier; elle fournissait des pierres aux maçons, du bois aux charpentiers, préparait le ciment et le distribuait à ceux qui en avaient besoin. Ou, le hoyau en main, elle creusait les fondements de quelque muraille, croyant que la hotte ne faisait point de honte à ses épaules, non plus qu'à celles de Constantin; et, retournant au logis, elle prenait des herbes cuites dans l'eau; quelques morceaux de pain, ramassés çà et là et trempés dans ce bouillon, étaient tout son rafraîchissement. Pour son lit elle avait une couche, de vrai, mais il n'y avait ni duvet, ni paille, rien que des planches toutes nues pour la délasser d'un si pénible travail. »

Ces occupations extérieures n'empêchaient pas sa dévotion; car, outre l'office romain, elle récitait tous les jours celui de Notre-Dame et de la Passion, à laquelle elle était particulièrement dévote. Etant supérieure, bien que les occupations l'eussent obligée de veiller bien avant dans la nuit, elle se levait exactement à quatre heures, et si la nature y trouvait quelque répugnance : « Eh! quoi! misérable, disait-elle, tu voudrais demeurer en repos, tandis que tes sœurs chantent les louanges de Dieu! » et sans parlementer davantage, elle se jetait à bas du lit, croyant qu'il y aurait eu trop de lâcheté de donner les prémices de la journée au démon de la paresse.

Malgré la fatigue que devaient lui causer les veilles si souvent prolongées et une si grande activité, elle n'en était pas moins héroïque dans l'accomplissement de ses devoirs quotidiens. Elle reconnaissait soigneusement à quoi chacune de ses sœurs était propre et les occupait selon cette connaissance. Elle faisait la revue, par tous les offices, une demi-heure après Matines, pour voir si toutes étaient à leur devoir. Elle avait une inclination toute particulière à faire du bien à ceux qui l'avaient offensée. Elle aurait néanmoins plutôt rompu avec les plus nobles familles que de recevoir par respect humain une fille qui ne fût pas propre à la vie religieuse.

Bien que son monastère fût prêt avant celui de Nancy, elle accepta, par déférence pour Mgr de Lenoncourt, qu'on laissât la priorité à celui de Nancy. Elle vint y recevoir l'habit, le 21 novembre 1617, y revint encore le 2 décembre de l'année suivante; mais cette fois comme simple témoin de cette première profession, et prononça elle-même ses vœux à Saint-Mihiel, le 4 mars 1619.

En 1620, le 14 juin, jour de la Trinité, eut lieu à Saint-Mihiel la vêture de Mme du Jar, « une dame veuve très vertueuse, de grand esprit et de grands moyens, laquelle depuis quelque huit ou neuf mois en ça, n'a cessé de travailler aux consultes de tous côtés, qu'elle pensait propres pour bien assurer ses résolutions... et après tout

cela, elle s'est arrêtée à la Congrégation de Notre-Dame. »
(S. P. Fourier.)

En 1622, la Mère Gante va diriger la maison de Saint-
Nicolas et rentre l'année suivante au commencement de
mars à Saint-Mihiel. En 1628, elle est gravement malade
en même temps que la Mère Isabelle. Elle échappe à la
mort, tandis que la Mère Isabelle meurt à Saint-Mihiel
le 28 septembre. En 1629, après Pâques, elle va conduire une colonie à Provins et profite du voyage pour
faire accepter en France la nouvelle bulle du 8 août 1628
qui fait les religieuses de Notre-Dame chanoinesses de
Saint-Augustin. Elle porte la bulle en France dans un
second voyage; puis elle conduit, en janvier 1630, une
colonie à Etampes, dans un troisième voyage des plus
dramatiques où sa confiance en Dieu triomphe des difficultés. Les religieuses étaient parties le 30 novembre
1629 et avaient séjourné pendant l'Avent à Provins.

Mgr de Bellegarde, archevêque de Sens, vint rejoindre
à Etampes la Mère Gante et les quatre religieuses destinées à cette fondation. Il les accueillit avec grande
bonté et les présenta lui-même aux autorités locales.

Nous aimons à citer ici une lettre que saint Pierre
Fourier écrivait le 13 juin 1630 aux religieuses d'E-
tampes :

« Mes bonnes et bien-aimées sœurs en Notre-Seigneur,
» Il s'est vu du passé et se voit tous les jours, et se
verra encore à l'avenir, que des choses très grandes et
très excellentes prennent racine et fondement et force sur
des commencements de petite apparence.

» Par aventure que Notre bon Seigneur veut prendre
ce chemin-là pour la perfection de ce saint ouvrage qu'il
commence par vous en la ville d'Etampes. Vous n'y
avez que peu d'écolières, dites-vous, que quatre pensionnaires, qu'une novice qui n'a pas de grands biens; au
reste, point d'apparence d'avoir de longtemps plus grand
nombre de novices ni de pensionnaires, mais de la pauvreté, tant et plus.

» Voilà des fondements bien profonds à la vérité, mais qui néanmoins nous doivent consoler et nous donner courage et grande confiance; car nous y reconnaissons évidemment la volonté de Dieu qui le veut et qui le permet ainsi, et ce pour des causes qui nous sont voirement cachées; mais toutefois très bonnes et très justes; ainsi que dit notre père saint Augustin; et par aventure le fait-il tout exprès pour rendre avec le temps cet édifice plus admirable, plus éminent et plus élevé selon la règle commune, qui porte que de tant que l'on prétend dresser un bâtiment plus fort et plus puissant, de tant faut-il creuser les fondements plus bas.

» Par aventure, est-ce aussi pour affiner, comme dans le creuset, l'or de votre charité, de votre patience, de votre prudence, de votre conformité à la volonté de Celui auquel vous vous êtes données tout entières sans aucune réserve, et pour voir, avant que de passer outre à la conquête des âmes, si vous pouvez dire comme saint Paul et avec assurance : « Je sais bien supporter et l'abondance et la disette et la nécessité. » Le grand apôtre était tout aussi bien, tout aussi content, tout aussi joyeux, quand il se trouvait sans pain et sans provisions, pressé de faim et de nécessité que quand il se rencontrait dans l'abondance.

» Rien ne vous manquait à Saint-Mihiel, et vous vous y êtes montrées tellement vertueuses et parfaites que l'on vous a jugées propres et dignes assez pour commencer de nouveaux monastères et en des endroits de difficile abord. Il faut que Notre-Seigneur fasse connaître, et par expérience, si vous serez aussi fermes et constantes, et aussi saintement curieuses de faire toutes ses volontés, (ainsi que l'Ecriture le témoigne du Prophète et Roi David) parmi la pauvreté, la faim, la nécessité, les mésaises de corps et d'esprit, comme vous l'étiez jadis parmi le repos et l'abondance au premier monastère.

» Si l'intention est telle, ainsi que je le crois, vous y gagnerez beaucoup; et il n'est pas besoin que je vous instruise et console là-dessus; ce m'est assez que je vous

en congratule, comme je vois par vos lettres que, grâces à
Dieu, vous êtes très bien disposées. et prenez ces choses
et les portez tout ainsi comme il faut.

» A Belchamps, 13 juin 1630.

> » Votre frère et serviteur en Dieu
> » Pierre Fourier. »

La Mère Gante avait été en fonctions comme supérieure
pendant longtemps à Saint-Mihiel (1619-1631). Il fallait
procéder à de nouvelles élections, le 25 mai. Elles furent présidées par le saint fondateur. La Mère Gante
fut nommée assistante. Etant hors de charge, elle montra
qu'elle savait aussi bien obéir que commander. Elle obtint
d'être l'aide de la cuisinière. Elle lui demandait pardon
si, occupée ailleurs, elle n'était pas venue assez vite l'assister dans son travail. Elle sollicitait tous les huit jours
une pénitence et s'en acquittait avec tant d'amour que
toute la communauté en était très édifiée.

En 1634, le saint fondateur fait à Saint-Mihiel une
visite de quinze jours à la mi-septembre. Lorsqu'il est
en exil à Gray, la Mère Gante se plaint de la rareté de
ses lettres : il lui écrit le 28 septembre, peu de temps
avant sa mort, une vraie lettre d'adieu. Il dit sa reconnaissance au monastère et les moyens qu'il prend pour s'acquitter de cette dette : « Maintenant tous les soirs. environ les neuf heures, je prends en main une belle petite
image de Notre-Dame. qui est en sa chapellette devant
moi sur ma table où j'écris la présente et corrige encore
une fois vos constitutions prétendues et puis je me tourne
du côté du monde où est ce monastère, et faisant le
signe de la croix avec cette image, et parlant à la Mère
et à toutes ses bonnes filles, je dis gravement, posément,
lentement : *Vos cum prole pia benedicat Virgo Maria.*
C'est la bénédiction qui se donne sur la première leçon
des matines de l'Office de Notre-Dame; mais j'y change
ce mot de *Nos* en *Vos*.

» Je leur dis donc en ces six ou sept mots : La Vierge
Marie et son pieux enfant vous bénissent (cette image de

Notre-Dame tient son petit enfant), et puis j'ajoute : *In nomine Patris, et Filii. et Spiritus Sancti. Amen.* Bonsoir, mes chères sœurs... Répondez donc aussi dévotement toutes ensemble, environ les neuf heures du soir : *Amen*, après que la plus jeune professe aura dit à haute voix : *Nos cum prole pia benedicat Virgo Maria.* Cet *Amen* prononcé si solennellement et à si bonne intention, se rapporte au *Vos cum prole pia* que j'aurai dit ici (1). Je crois qu'à ce moyen nos petites mésaventures vous pourront profiter. » (1640).

La Mère Gante s'en va en France porter secours à une maison. Au retour elle tombe malade en passant à Soissons et meurt en cette ville, le 22 août 1645, six jours avant l'apparition de la bulle d'Innocent X, approuvant les grandes constitutions. Elle était âgée de 67 ans. De toutes parts se répandit le bruit de la sainteté de cette admirable servante de Jésus-Christ. Les religieuses de Saint-Mihiel réclamèrent son cœur et obtinrent même dans la suite presque tout le reste de sa dépouille mortelle et la conservèrent avec beaucoup de vénération.

VI.

ALIX LE CLERC

ET CATHERINE DE BOURBON

Henri IV, roi de France, avait essayé. à plusieurs reprises, de rompre l'union de Charles III, duc de Lorraine, chef de la branche régnante, avec les Guise. Le duc

---

1. Cette pratique est en vigueur dans certains monastères de la Congrégation. Le soir après la lecture du sujet d'oraison. la versiculière dit : *Nos cum prole pia benedicat Virgo Maria* et la supérieure ayant en mains une statue de Marie dit : *Vos cum prole pia benedicat Virgo Maria :* elle fait avec la statue le signe de la croix sur ses filles en ajoutant : *In nomine Patris. et Filii, et Spiritus Sancti.* Et toutes de se signer et de répondre : *Amen.*

avait épousé, en 1559, Claude, fille de Henri II, roi de France. Il la perdit en 1575. Maintes fois depuis, pour parvenir à son but, Henri IV avait offert au duc la main de sa sœur Catherine de Bourbon. Pour le moment le duc portait son attention ailleurs et il ajournait la réponse à ces offres intéressées. Quand Henri IV eut traité avec Charles en 1594, obtenu l'absolution du pape, soumis le duc de Mayenne, pacifié ses ennemis, rassuré les protestants par l'édit de Nantes (1598), il revint avec instance au projet du mariage de sa sœur, non plus avec Charles III, trop âgé au jugement de Catherine, et qui avait déjà des enfants aptes à lui succéder, mais avec son fils aîné, Henri, marquis de Pont. Les obstacles étaient nombreux et de divers genres. Henri était de quatre ans plus jeune que Catherine : il montrait peu d'empressement pour elle. Puis il y avait deux empêchements canoniques : la parenté du quatrième au troisième degré et la disparité de culte. On sait, en effet, que si Henri IV s'était converti, Catherine était restée dans le protestantisme et ne montrait aucune inclination à changer de religion, pas plus d'ailleurs que le pape à donner dispense. Cette ténacité de la princesse préoccupait fort le duc qui était très religieux comme prince et comme particulier, pieux même jusqu'à ne manquer la messe aucun jour de sa vie, sauf une fois seulement, dans un cas de peste. Il était donc retenu d'un côté par ses sentiments de foi, mais, d'un autre côté, il était poussé par son ambition. Henri IV n'avait ni enfants, ni espoir d'en avoir de Marguerite de Valois. En ce cas, les enfants du marquis de Pont et de Catherine auraient pu formuler, à la mort de ce monarque, des prétentions à lui succéder. L'ambition l'emporta sur la foi et le contrat de mariage entre le prince et la princesse fut signé au chateau de Monceau en 1598 et bénit sans dispense par un prélat complaisant, le 29 janvier 1599.

Pour ne pas froisser ouvertement les sentiments de foi des Lorrains, on n'osa pas introduire à la cour la nouvelle princesse. On l'installa à la Malgrange, aux portes de la capitale du duché. Elle se montra, elle, beaucoup moins gênée, pratiqua dans sa nouvelle résidence le culte calviniste et poussa le fanatisme jusqu'à faire venir des prédicants protestants pour faire des prosélytes. Ce grave événement avait ému la Lorraine, nation profondément catholique, et elle se demandait avec anxiété si elle allait partager le sort religieux de l'Allemagne et de l'Angleterre.

Alix veillait, elle priait, elle souffrait pour la cause de sa patrie.

Le pape Clément VIII, apprenant le mariage du prince, en fut fort peiné. Il l'avertit, par l'évêque de Toul, de sa nullité et lança contre lui une sentence d'excommunication. « Le jeune prince, dit M. d'Haussonville, non moins attaché que son père à la foi catholique, se retourna alors du côté de sa femme et tâcha d'obtenir de sa tendresse ce qu'elle n'avait point voulu accorder à sa politique. Par égard pour son mari, Catherine ne refusa pas d'écouter les théologiens de l'Université de Pont-à-Mousson; mais ils ne furent pas plus heureux à la persuader que ne l'avaient été les docteurs de la Sorbonne. Que fit alors le malheureux prince? Profitant du jubilé de 1600, il courut à Rome incognito pour fléchir le pape, mais il ne fut relevé de l'excommunication qu'en promettant de ne jamais retourner avec sa femme et de la répudier, si elle ne se faisait catholique. »

Cependant, sur les pressantes sollicitations du cardinal d'Ossat et des autres ministres de France à Rome, une commission de cardinaux avait été nommée pour s'occuper de la question des dispenses. Quand elles arrivèrent, après quatre ans de discussion, la princesse succombait à une maladie soudaine, incomprise des médecins, le 13 février 1604.

C'est ainsi que la prière d'Alix en faveur de sa patrie menacée du protestantisme avait été exaucée.

VII.

LA V. MARGUERITE BOURGEOIS

C'est à l'une de ces congrégations de l'Immaculée Conception, dirigée par les religieuses de la Congrégation de Notre-Dame pour les jeunes filles du dehors qu'appartenait la vénérable Marguerite Bourgeois.

Marguerite Bourgeois naquit à Troyes le Vendredi Saint, 15 avril 1620. Toute jeune elle eut le goût d'une vie laborieuse, d'une grande mortification et d'un zèle ardent pour le bien.

A dix ans, elle se plaisait à s'entourer de petites filles de son âge. Leur but, disait-elle, était de demeurer ensemble et de travailler en quelque lieu écarté pour gagner leur vie.

Ce que la pieuse enfant faisait par attrait auprès de ses compagnes, elle dut le faire bientôt par devoir après la mort de sa mère en 1630.

Son père lui confia le soin du ménage et l'éducation d'un frère et d'une sœur encore en bas âge. Elle s'en acquitta fort bien et sans négliger pour cela ses exercices de piété. Un instant néanmoins elle céda un peu à la vanité, mais elle y renonça après un regard impressionnant qu'elle jeta sur une statue de Marie qui lui parut d'une beauté ravissante et toute céleste.

En 1641, Marguerite Bourgeois entra dans la congrégation externe des Enfants de Marie, dirigée par la Mère Louise de Sainte-Marie, religieuse de la Congrégation de Notre-Dame. C'était la sœur de M. Chomedey de Maisonneuve, gouverneur du Canada.

Marguerite, désireuse de se donner à Dieu, projeta et essaya la fondation d'une communauté séculière. Mais c'est en Amérique que l'institution devait réussir. La Mère Louise de Sainte-Marie avait supplié (1641) son frère de l'emmener au Canada pour y fonder une maison de la Congrégation de Notre-Dame et travailler au salut des enfants infidèles. Elle en parla à Marguerite qui accepta de l'accompagner.

Sur ces entrefaites, elle perdit son père et dans un songe (1653) elle vit l'homme vénérable qu'elle devait suivre. Mais quel était cet inconnu ? Quelques jours après M. de Maisonneuve vint à Troyes. La Mère Louise lui présenta Marguerite. Quel n'est pas l'étonnement de la jeune fille en reconnaissant le personnage qui lui a été montré avec ces paroles : C'est celui-là que tu devras suivre !

La Mère Louise fut écartée malgré son zèle, à raison de la difficulté d'avoir la clôture dans une région où se renouvelaient sans cesse les attaques des Iroquois, et ce fut Marguerite Bourgeois qui lui fut substituée. « Vous nous aviez promis de venir avec nous, lui disait-on, pourquoi nous devancez-vous ? » Elle répondit agréablement : « J'avais promis d'être de la partie, si vous y alliez, mais je n'ai pas promis, si vous tardiez, de n'y pas aller sans vous. »

Marguerite traverse les Océans et arrive le 22 septembre 1653 à Ville-Marie. En 1657, le jour de la fête de sainte Catherine, elle ouvre une école à Montréal, revient en France chercher des aides, y fait un second voyage pour obtenir de Louis XIV (1671) des lettres patentes pour sa Congrégation qui est ensuite approuvée par l'évêque de Québec (1676).

Les compagnes de Marguerite Bourgeois la nommèrent supérieure, sous la haute protection de la sainte Vierge qu'elles choisissaient toutes pour supérieure première et véritable.

La Congrégation prit bientôt un essor considérable. Les sujets y affluèrent et les maisons se propagèrent sous le nom de *Missions*. La première fut établie en 1676, à la Montagne, pour les petites sauvagesses, et le roi la dota d'une rente annuelle de 1.000 livres. Ce fut à la Montagne que se formèrent les deux premières sauvagesses qui entrèrent dans la Congrégation. Nos bonnes sœurs, disait la vénérable, avaient ramassé ces âmes comme deux belles gouttes du sang de Jésus-Christ.

En 1685 se fonda la mission de l'île d'Orléans; en 1686, l'établissement de la Providence à Québec; puis s'ouvrirent des écoles.

La V. Marie Bourgeois, accablée de peines intérieures, réussit à faire accepter sa démission de supérieure générale.

Jusque-là, la Congrégation n'avait eu que des règlements provisoires, la non-clôture en retardant l'approbation. Grâce à M. Tronson, le sulpicien si connu, la constance de la vénérable finit par triompher. Les règles furent signées à Montréal, le 24 juin 1698, et dès le lendemain, les sœurs émirent les vœux simples de pauvreté, de chasteté, d'obéissance et d'instruction des petites filles.

Le 2 juillet suivant, elles y ajoutèrent le vœu de stabilité. Sœur Bourgeois reçut alors le nom de Sœur du Saint-Sacrement. N'ayant plus rien à désirer sur la terre, elle se prosterna, en présence de ses filles, aux pieds de son évêque, lui demandant la grâce d'être exclue désormais de toutes les charges, afin d'achever sa vie dans une obéissance absolue, ce qui fut accordé à son humilité. Elle vécut encore deux ans, donnant à ses filles l'exemple de toutes les vertus religieuses. C'est alors qu'elle mit par écrit les vues sublimes que Dieu lui avait communiquées pour cet établissement, écrits précieux où les Filles de la Congrégation puisent chaque jour l'esprit particulier à leur sainte et admirable vocation.

Elle rendit paisiblement son âme à Dieu, le 12 janvier 1700. L'institut comptait alors dix-huit maisons dirigées par ses filles. De nos jours il a pris un accroissement prodigieux. Il y a une supérieure générale et une maison-mère avec 70 maisons en Amérique.

La cause de la vénérable Marguerite Bourgeois est introduite en cour de Rome depuis 1887.

VIII.

LE V. PÈRE DOMINIQUE DE JÉSUS-MARIE

I. La guerre de Trente ans à laquelle fut mêlée la Lorraine et qui amena dans ce pays la plus effrayante dévastation, fut soutenue par la maison d'Autriche, **aidée par la plupart des nations catholiques,** moins la France, contre les nations protestantes. Commencée en 1618, elle se termina au traité de Westphalie (1648), par l'abaissement politique de la maison d'Autriche.

Irrités de se voir refuser la permission de construire des temples pour leur culte, les protestants de Bohême avaient levé l'étendard de la révolte contre le nouveau roi, Ferdinand d'Autriche, qui ceignit un peu plus tard le diadème impérial. Ils envahirent l'hôtel de ville de Prague et, « selon un vieil usage de Bohême », jetèrent par la fenêtre les conseillers royaux (23 mai 1618).

Cet acte ouvrit la guerre de Trente ans. Après la « défénestration », les rebelles proclamèrent roi de Bohême l'électeur palatin, Frédéric, qui avait embrassé l'hérésie. L'usurpateur entra solennellement à Prague. La guerre était déclarée. Tout en se préparant à la lutte, l'empereur Ferdinand et Maximilien, duc de Bavière, beau-frère de François II, duc de Vaudémont et de Henri II, duc de Lorraine, prièrent le P. Dominique de Jésus-Marie de venir en Allemagne soutenir la cause catholique et ils supplièrent le souverain pontife de vouloir bien le leur envoyer.

Le P. Dominique, originaire d'Espagne, habitait Rome en qualité de général des Carmes déchaussés. Il était renommé par sa sainteté et son zèle apostolique. Sur la proposition du pape, le vénérable religieux, malgré ses soixante ans, consentit au départ. Il donna sa démission de général et fut accrédité par Paul V, comme légat du Saint-Siège auprès de l'empereur Ferdinand II.

Le 1ᵉʳ août, il célébrait la messe en présence de l'armée et bénissait l'étendard du généralissime, Maximilien de Bavière.

L'armée catholique, dont faisaient partie trois régiments de cavalerie lorraine commandés par le prince Charles, fils de François de Vaudémont, fit sa jonction avec l'armée impériale et marcha sur Prague. Non loin de Pilsen, au château de Strakonitz, pillé par les hérétiques, le P. Dominique trouva un petit tableau peint sur bois, haut d'un pied et demi, couvert de boue, que ces malheureux avaient horriblement profané. Il le nettoya respectueusement et découvrit sous cet amas de poussière une représentation de la naissance du Sauveur. Tous les personnages, sauf l'Enfant Jésus, avaient les yeux percés de coups de poignard. A cette vue, le P. Dominique fondit en larmes et fit vœu de relever l'honneur et le culte dus à cette sainte image, puis se tournant vers son compagnon, il lui dit ces paroles prophétiques : « Cette image sera célèbre et vénérée dans le monde entier. »

Le 8 novembre, les généraux discutaient sur l'opportunité de livrer bataille, quand apparaît le P. Dominique, le crucifix à la main et l'image mutilée sur la poitrine. Il les enflamme par ses paroles et les décide au combat. Le mot d'ordre est : *Sainte Marie*. Il est midi; c'est le vingt-deuxième dimanche après la Pentecôte et on lit dans l'Évangile ces paroles : « Rendez à César ce qui appartient à César. » La bataille s'engage au signal donné par les douze apôtres. On appelait ainsi douze canons que Maximilien avait fait couler dans les arsenaux de Munich. Le P. Dominique parcourt les rangs, excite les soldats, se multiplie sur tous les points, toujours le crucifix à la main et le tableau de la Nativité sur la poitrine. Les protestants essuient une défaite sanglante qui met fin à la rébellion, et l'armée catholique victorieuse fait son entrée solennelle à Prague. Le prince Charles, dit dom Calmet, se distingua dans la bataille par son ardeur guerrière et son sang-froid au milieu du danger.

La guerre terminée, le P. Dominique put, du consentement de l'empereur, emporter à Rome le tableau miraculeux. Déposé quelque temps à Sainte-Marie-Majeure, puis dans l'église des Carmes, Sainte-Marie de la Victoire, il devint, en 1833, la proie des flammes. Une fresque exécutée plus tard à la voûte rappelle l'entrée triomphale de l'armée catholique à Prague et perpétue le souvenir du tableau miraculeux.

II. Le Père Dominique se disposait à rentrer à Rome, après la victoire de Prague, quand le souverain pontife l'envoya en Lorraine auprès du duc Henri et de son frère, François de Vaudémont.

Il arriva à Nancy, précédé d'une immense réputation de sainteté soit à la cour, soit auprès du peuple. Prince et soldats rentrés dans leur patrie parlaient de lui avec enthousiasme. Aussi vit-on une foule considérable se porter sur son passage pour recevoir sa bénédiction.

Voici quel était l'objet de sa mission. Henri II, duc régnant de Lorraine, n'avait que deux filles, les princesses Nicole et Claude. Son frère François, prince de Vaudémont, avait deux fils, Charles et Nicolas-François et deux filles, Henriette et Marguerite. Ces deux branches étaient profondément divisées et cette désunion pouvait mettre en risque l'autonomie de la Lorraine. Il s'agissait de les réconcilier par des mariages opportuns. Il fut réglé que le prince Charles épouserait la princesse Nicole; que prince et princesse régneraient conjointement; que leurs noms figureraient tous les deux dans l'intitulé des actes publics et leurs effigies sur les monnaies. Nous omettons d'autres dispositions que les événements devaient rendre inutiles. Malgré ces arrangements, la douleur restait dans les cœurs et l'inquiétude dans les esprits clairvoyants. Le mariage fut célébré le 22 mai 1621. Henri II mourut le 31 juillet 1624. Les conditions de règne simultané marquées au contrat furent d'abord observées; puis, un beau jour, François

de Vaudémont, invoquant un testament de René qu'on
prétendit avoir retrouvé dans les papiers des Guise à
Paris et par lequel la loi salique était applicable à la
Lorraine, somma son fils, en présence des trois ordres
de l'Etat, de le reconnaître comme le véritable duc.
Charles, qui était complice, salua dans son père le
véritable souverain des duchés de Lorraine et de Bar.
Celui-ci régna quelques jours et abdiqua en faveur de
son fils Charles. La princesse Nicole était ainsi évin-
cée. Telle fut la source principale des malheurs du
pays.

III. Le P. Dominique mourut le 16 janvier 1630 en
Lombardie. On commença aussitôt à Vienne et à Rome
son procès de béatification. La cause fut introduite en
1676. La Congrégation des Rites y travailla pendant
un certain nombre d'années. Mais la Révolution française interrompit ce procès qui n'a pas été repris.

Plusieurs vies du vénérable ont été publiées en diverses langues.

IX

MADAME DE RANFAING

Il est une contemporaine, une compatriote, une amie
de la Mère Alix dont la destinée singulière, soit naturellement, soit surnaturellement, a fait grand bruit dans
le public.

Cette femme était Anne de Ranfaing, bien plus jeune
qu'Alix, puisqu'elle naquit le 30 octobre 1592.

Elisabeth de Ranfaing fut élevée chrétiennement et
s'adonna à la vertu et à la mortification jusqu'à compromettre sa santé. Sa mère alarmée lui retira ses objets de piété et ses instruments de pénitence et la
lança dans le monde avec l'espérance de le lui faire aimer. Mais ce fut en vain. Elle fut maltraitée par sa
mère, puis par son père, et mariée, malgré elle, au

sieur du Bois, capitaine d'armes, gouverneur de la Vosge. Elle avait quinze ans et le capitaine cinquante-sept : une différence de quarante-deux ans ! Elle était un modèle de douceur et de piété et le capitaine un type de violence et d'irréligion. « C'est Dieu qui me l'a donné, disait-elle, je dois l'aimer et lui obéir. Il perdit tout : place, fortune, santé et vie. Mais avant de mourir, grâce à la sollicitude de sa sainte épouse, il se réconcilia avec Dieu. La mère d'Elisabeth, repentante elle aussi, de sa conduite, mourut à peine un an après, mais son père se remaria, la priva de sa fortune et d'une partie de celle de sa mère. Elle restait avec trois filles : trois anges de piété. Elle en confia deux à la Mère Alix et contracta avec elle une étroite amitié. Après son refus de se remarier, le démon s'empara d'elle. Elle fut exorcisée à diverses reprises, et une fois entre autres, par le P. Dominique de Jésus-Marie.

C'est ce fameux exorcisme qui fut accompagné des invectives de Satan contre Fourier, invectives que le saint homme accepta avec une pleine résignation, en répétant avec conviction : *Vere mereor, Vere mereor. Je le mérite vraiment ! Je le mérite vraiment !* Or, en même temps que le démon injuriait Pierre Fourier, ou durant cet exorcisme, ou dans une circonstance analogue, il préconisait la sainteté d'Alix, l'appelait *beata, beata, beata* et racontait plusieurs circonstances de sa vie, notamment le retour de la vénérable de Châlons à Verdun en cette nuit si tourmentée et si pénible. Mme de Ranfaing allait voir de temps en temps sa sainte amie. « Elles ne s'entretenaient, dit le P. Frison, que des effets admirables de la grâce, des moyens de glorifier Dieu et de se sanctifier elles-mêmes. » (1)

Voici ce que dit à son tour le pieux Boudon, archidiacre d'Evreux : « La sainte Mère Alix le Clerc, l'un des prodiges de grâce de notre siècle, avait une grande liaison avec elle : toutes deux mortes au monde, toutes deux

____

1. *Vie de la V. Mère Elisabeth de la Croix.*

unies parfaitement à l'aimable Jésus, elles devaient toutes
deux être unies ensemble à ce divin Sauveur. »

« Or la sainte Mère faisait ce qu'elle pouvait pour
la gagner à son institut. Elisabeth, de son côté, y pensait beaucoup elle-même. »

« Cependant, au milieu de ces terribles épreuves. Dieu
lui avait fait entrevoir qu'elle était destinée à ramener
les brebis égarées: même parfois il semblait qu'on lui
en mettait une sur les épaules... Mais ce que le Seigneur
ne lui découvrait que confusément alors, il le révéla
clairement et sans énigme à la fondatrice de la Congrégation de Notre-Dame. Pendant qu'elle priait pour la pieuse veuve, Notre-Seigneur montra à la Mère Alix dans
une grande lumière tout le dessein de l'Institut de Notre-
Dame du Refuge (1). »

« Ce qu'il lui en fit voir lui parut si grand, si élevé,
si important pour sa gloire, qu'au sortir de son extase,
elle ne put s'empêcher de dire à ses religieuses : « Ah !
que faisons-nous, mes chères sœurs, en comparaison
des merveilles qu'il a plu à Dieu de me faire voir.
Nous cherchons, nous, des filles bien faites et vertueuses,
nous les voulons avantagées des dons de la nature et de
la grâce et nous réputons notre œuvre à grand mérite...
Cependant il est probable que les personnes de ce caractère se sauveraient dans le monde... Mais un temps
viendra — et il n'est pas éloigné — qu'il s'établira un
Ordre, — quel Ordre, ô mon Dieu !... un Ordre qui n'aura pas d'autre fin que celle du grand Père de famille.
qui fit un festin en faveur de toutes sortes de personnes
jusqu'à contraindre plusieurs à venir y prendre place.
On y fera une profession générale d'y recevoir celles
dont le nom est un objet de mépris et d'horreur; on les
disposera à s'asseoir à la table des anges : et ces esprits célestes dont la pureté est l'apanage, feront dans
le ciel de grandes fêtes, en réjouissance des prodiges ad-

1. HENRI BOUDON. — Le triomphe de la Croix dans la personne de la V. Elisabeth de la Croix.

mirables qu'opérera cet Ordre... Mission vraiment digne d'envie que celle d'arracher ces âmes aux griffes du lion infernal pour en faire les temples du Saint-Esprit, les transformer en jardins de délices dont l'agréable parfum réjouira l'Epoux des âmes chastes et pénétrera avec suavité jusqu'au trône de celui qui est la pureté essentielle. (1) »

Affranchie plus tard du démon, Elisabeth de Ranfaing établit effectivement, avec ses trois filles, cinq autres demoiselles et quatre sœurs converses, l'Ordre de Notre-Dame du Refuge, sous la règle de saint Augustin, en faveur des filles repenties. Le pape Urbain VIII en approuva les statuts par un bref du 29 mars 1634. Elle mourut le 14 janvier 1649, âgée de cinquante-six ans, allant rejoindre au ciel son amie qui l'y avait précédée depuis vingt-sept ans et s'y entourer des âmes que son apostolat devait sauver en si grand nombre.

1. R. P. Frison, S. J. p. 222.

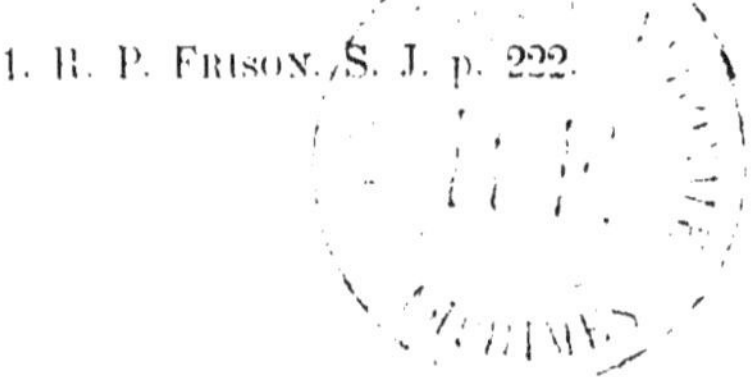

TABLE DES MATIÈRES

Imprimé par Desclée, De Brouwer et Cⁱᵉ, Lille. — 7301

DU MÊME AUTEUR:

A HEUVY-NAMUR

L'IMITATION DE L'ENFANT-JÉSUS, in-18. 0.30
(Seconde édition).

L'IMITATION DE JÉSUS-CHRIST, avec un éloge de ce livre d'or à la suite de chacun des chapitres 2.50

LA VIE DE SAINT PIERRE FOURIER, grand in-8 avec 200 gravures. *L'unité.* 12.00
(Réduction de prix si l'on en prend plusieurs exemplaires).

NOUVEAU VOYAGE AUTOUR DE MA CHAMBRE, in-8. *(Troisième édition)* . . 0.80

COURTE EXPLICATION DU GRAND CATÉCHISME DE PIE X 3.75

PARTERRE DE N.-D. DE LOURDES . . . 2.00
(Il ne reste que peu d'exemplaires).

CHROMOLITHOGRAPHIE DE S. PIERRE FOURIER . . . . *Le cent.* 3.00